# CSV 経営戦略

Creating
Shared
Value for
Management
Innovation

## 本業での高収益と、社会の課題を同時に解決する

名和高司
Nawa Takashi

東洋経済新報社

# はじめに

世界中で資本主義の有効性が改めて問われている。金融資本主義の暴走はリーマンショックという形で、世界経済の破綻を招いた。新興国の急激な成長を契機に、環境や資源の持続可能性が地球規模の課題として急浮上している。

その一方で、貧富の差は広がるばかりだ。『二一世紀の資本』(みすず書房)でパリ経済学校のトマ・ピケティ教授が証明したように、富の分配の不均衡は、「北(先進国)」対「南(新興国)」という縮図を超えて、あらゆる社会で進行している。

かつて才気あふれる若者は、一攫千金を夢見て、起業家をめざした。しかし最近では、クールな若者ほど、NPOやNGOを通じた社会貢献を志す。まるで資本主義、そしてその担い手である営利企業に対してレッドカードを突きつけるかのように。

このような逆風の中で、資本主義の復権をめざす動きがアメリカで産声を上げた。ハーバード・ビジネススクール(HBS)のマイケル・ポーター教授が、二〇一一年の初めに、『ハーバード・ビジネス・レビュー』誌に掲載した一本の論文がそのきっかけだ。"Creating

Shared Value”（邦題「共通価値の戦略」）というその論文の中で、ポーター教授は、社会価値と経済価値の双方を追求することこそ、次世代の資本主義のめざすべき姿だと論じている。

これまでの資本主義は、経済価値の創造のみを追求した結果、社会的な価値と乖離した利益至上主義を助長した。一方で、社会課題が幾何級数的に膨らんでいく中で、税金や寄付を当てにしたNPOやNGOの活動だけでは、焼け石に水だ。新しい富の創造なくして、富の分配を論じても、本質的な課題の解決にはならない。

社会課題を解くことによって新たな価値が創造され、それが経済的リターンを生む。そのような社会と経済の正の循環を作ることこそ、資本主義の本来の役割だとポーター教授は主張する。そして、単純な成長神話が崩れ、利害が複雑に絡み合う社会課題の解決が求められている今こそ、資本主義がこの本来の役割を果たすべき時だというのである。

競争戦略論の第一人者であるポーター教授が、突然、社会貢献論者へと宗旨替えをしたのだろうか？　一九八〇年代後半のHBSで、資本主義の申し子ともいうべきポーター教授の活躍を目の当たりにしてきた私は、驚きを禁じえなかった。

ところが、直接会って話してみると、それが全くの誤解であることに気づく。ポーター教授は、社会的課題こそ、次のメシ（経済的な価値）のタネだというのだ。そして、CSV（Creating Shared Value：共通価値の創造）はこれからの競争に勝ち抜くために不可欠なモデルだとまで論じている。筋金入りの競争戦略論者の面目躍如たるコメントに、私は再び舌を巻くことになった。

そして事実、ポーター教授のＣＳＶ論を信奉する欧米企業には、ネスレやＧＥなど、非連続な環境変化を乗り越えた勝ち組が並ぶ。また、グーグルやテスラモーターズなどのシリコンバレーの新興企業も、骨太な社会理念を掲げ、まさにＣＳＶを地で行くような経営モデルを実践している。


翻って日本ではどうか？

アベノミクスを契機に、日本経済は「失われた二〇年」の長いトンネルを抜け出しかけているように見える。そして二〇一五年は、さしずめＲＯＥ（自己資本利益率）元年。経産省主導による「持続的成長への競争力とインセンティブ——企業と投資家の望ましい関係構築」プロジェクトの報告書（いわゆる「伊藤レポート」）は、企業にＲＯＥ八％以上の目標を課した。議決権行使助言大手のＩＳＳ（International Shareholder Services）は、五年連続でＲＯＥが五％を下回る企業の取締役選任議案に反対を推奨する方針を打ち出した。日本版のスチュワードシップ・コードやコーポレートガバナンス・コードも整備され、日本企業もいよいよ資本市場と正面から向き合うことを余儀なくされつつある。

こうした動きは、欧米に比べて資本市場への配慮が不足していたことを鑑みれば、ある意味で健全な「外圧」といえるだろう。しかし、ＲＯＥをもって企業の本質的な価値とすり替えるかのような昨今の風潮は、短期的なリターンを求める一部の株主におもねりすぎではないだろうか。アップルやコカ・コーラなどの海外有力企業には、一見明確な数値目標はそもそも存在しない。ROEはあくまで通過点での一つのプロセス指標にすぎず、これを経営目標とするのは、時流に流されたいかにも底の浅い経営と言わざるをえない。

そもそも企業の価値は、ROEのような表層的な経済価値だけで測れるものではない。現に、先ほど挙げたネスレやGEなどのCSV企業は、ROEなどの単純な経済価値以外のKPIをきめ細かく定めている。

資本主義の暴走に懲りて、経済価値に加えて社会価値という上位概念を持ち出してきた欧米。それに対して、ROEというきわめて一面的な経済価値を拠り所にしようとする日本。このままでは、長いトンネルを抜けたとしても、世界企業からの周回遅れは取り戻せそうにもない。

しかし、日本企業は実はそんなにヤワではない。今後はROEを一つの指標として意識するとしても、経営の主軸は、より本質的な価値観からぶれることはあるまい。では、その本質的な価値観とは何か？

日本企業の価値観を代表するものとして真っ先に思い浮かぶのが、「三方良し」。江戸時代中期の近江商人の家訓とされ、二五〇年以上脈々と受け継がれてきた思想だ。あるいは、

「日本の資本主義の父」と呼ばれる渋沢栄一の「論語と算盤」。これも一〇〇年の歳月を超えて、日本企業のバックボーンを形作ってきた経営理念である。

「売り手良し、買い手良し」や「算盤」を経済価値、「世間良し」や「論語」を社会価値と置き換えてみる。すると、ＣＳＶ経営とは、実は日本企業の伝統的な経営思想ときわめて近いもののようにも見える。

資本の論理を優先してきた欧米も、リーマンショックを転機に、ようやく日本型経営の優位性に気づいたということだろうか？　周回遅れは、実は欧米企業で、日本企業のほうが実はずっと以前から、はるか先を走っていたということではないのか？

しかし、ポーター教授と突っ込んで議論してみると、この二つのモデルの本質的な違いが浮き彫りとなる。先述したとおり、ポーター教授のＣＳＶ論の主眼は、社会課題を解決することを通じて、自社にとっての大きな収益機会を獲得する点にある。一方、日本型経営の神髄は、自社のみならず、社会全体の進化を実現する点にある。

この本質的な違いを踏まえると、欧米企業は、生態系全体の持続的な進化を実現する「共進化」型の経営を、日本企業から学ぶことが多いはずだ。一方、日本企業は、そのような良循環型経済を自社の収益に変換する事業モデルを構築するスキルを、欧米企業からもっと学ぶ必要がありそうだ。

本書ではまず、ポーター教授が論じるＣＳＶの基本思想「ＣＳＶ１・０」とその先進事例を概観する。一方で、ＣＳＶ以前から社会価値創造の重要性を説いて世界的な広がりを見せている三つの思想を振り返る。

一つは、デンマークの製薬会社ノボ ノルディスク ファーマなど、ヨーロッパ企業に広がる「トリプル・ボトム・ライン（ＴＢＬ）」。二つ目が、ホールフーズ・マーケットの創業者ジョン・マッキーが主張する「コンシャス・キャピタリズム（覚醒した資本主義）」。そして三つ目が、バングラデシュのグラミングループの創設者ムハマド・ユヌス博士が提唱し、新興国市場で急速に広がっている「ソーシャル・ビジネス」。いずれも、知れば知るほどＣＳＶと似て非なる点があることに気づかされる。

そのうえで、社会価値創造に軸足を置いた最近の日本企業の事例を吟味する。ここでも、ＣＳＶとの類似点と本質的な相違点が浮かび上がってくる。そして、日本がＲＯＥという表層的な数値目標を超えて、より大きな広がりと持続性を持った経済価値の創造をめざすことで、ポーター教授のモデルを超える次世代のＣＳＶ経営「ＣＳＶ２・０」を標榜できることに気づかされるはずだ。

本書の執筆にあたって、いろいろな方々にお世話になった。

まず何といっても、四半世紀前、ＨＢＳ在籍時代から薫陶を受け、今回もＣＳＶを研究するきっかけをいただいたマイケル・ポーター教授。ポーター教授のきわめてシンプルながら本質を突いたＣＳＶ論を学ばなければ、本書が生まれることはなかった。また、ＨＢＳの竹内弘高教授には、ＨＢＳでの学生時代から始まり、マッキンゼー時代、それから、教員として一橋大学大学院国際企業戦略研究科（ＩＣＳ）に移ってから、そしてまた、今回のＣＳＶ研究を通じて、さまざまなご支援やアドバイスをいただいた。

また、グラミングループのムハマド・ユヌス博士からも、多くのことを学ばせていただいた。ダッカで初めてお会いしたとき、そして、東京で再会したときのユヌス博士の求道者のようなぶれない姿勢に、大変感銘を受けた。ＣＳＶ１・０を徹して超える視座を持ちえたとすれば、それはユヌス博士から受けた刺激によるところが大きい。

なお、本書では、私が過去に行ったシンポジウムでのポーター教授とユヌス博士へのインタビューを収録した。本文と併せて、本人の生の声からお二人のメッセージを読み取っていただければと思う。

そして、アカデミアの安住の地からリアルな経営の場へと私を常に引き戻してくださったファーストリテイリングの柳井正会長兼社長。「わが社の本業そのものが、ＣＳＶ以外の何物でもない」と喝破する柳井社長からは、経営の現場を通して、ＣＳＶを実践するうえでの覚悟とコミットメントのすさまじさを教わった。ポーター教授やユヌス博士とのパネルディスカッション、『ＤＩＡＭＯＮＤハーバード・ビジネス・レビュー』（二〇一五年一月号）誌上のインタビューなどのパブリックな席でも、ご多忙にもかかわらず、たびたびＣＳＶ

を実践する経営者としてご登場いただいた。この場をお借りして、改めてお礼を申し上げたい。

また、二〇一四年から筆者が主宰するICSでのCSVフォーラムのゲストスピーカーや参加メンバーの皆さん。このフォーラムでの研究や議論を通じて、CSVに関する本質的な論点を見極め、日本発の「J-CSV」モデルに磨きをかけることができた。紙幅の関係上、お一人お一人のお名前をここに挙げさせていただけないのが残念だが、この「同志」の皆さまにも、感謝の気持ちをお伝えしたい。

そして、本書の企画から仕上げまで、半年以上にわたって伴走していただいた東洋経済新報社の佐藤敬さん。本書は、佐藤さんの一見クールなようでいて、実は熱い魂のこもったご支援の産物である。また、ともすれば発散しがちな私の話を、本書のような読みやすい形に仕上げていただいた相澤摂さんの手腕は見事だった。お二人にも心からお礼を申し上げたい。

CSVが次世代の経営モデルとして、世界で注目されている。その中身は、一見、「三方良し」や「論語と算盤」などの日本の伝統的な経営思想と共通するところが多い。しかし、だからといって日本の伝統芸に頼ってばかりいては、またしてもガラパゴス化から抜け出せない。

社会価値を創造する一方で、それを生態系全体の経済価値に変換する知恵に磨きをかける必要がある。そしてその一回り大きく進化したJ-CSVモデルを、世界に発信し、グローバル規模で実践していかなければならない。

二〇世紀後半の高度工業化社会において、日本企業は、アメリカ生まれのTQC（統合的品質管理）を徹底的に学び、進化させ、グローバルリーダーの座に躍り出た。二一世紀型の持続的共進化社会の到来が待たれる今、日本企業がCSVを謙虚に学び、進化させ、「CSV2・0」として世界に逆発信することができれば、日本企業が再び世界をリードする日が必ず訪れるはずだ。

日本の経営の最前線に立つ皆さんが、CSVを切り口に、次世代のグローバル成長を力強く牽引していかれることを、心から期待してやまない。そして、本書がその新たな挑戦の一つのヒントとなれば、望外の喜びである。

二〇一五年一〇月

名和高司

目次

はじめに　iii

第1章　二一世紀型経営モデルの出現　1

蘇るポーター・マジック　1
二つのバリューを創出する　5
「責任」から「戦略」への転換　7
目覚まし時計としてのリーマンショック　9
NPOには開けられないカギ　11
CSVを実現する三つのレバー　15
CSVに対する反論　17
ポーター教授はなぜ激怒したのか　19
日本発のCSVで世界の羨望を呼ぶ　21
[INTERVIEW] どんな企業、事業でもCSVは実現できる［マイケル・ポーター］　25

第2章　CSVで世界をリードする欧米企業　35

[CASE] ネスレ――巨人が掲げた新たな競争戦略　36

ＣＳＶフロントランナーとしてのネスレ　36
三つの領域で価値を創出する　38
ＣＳＶを駆動するガバナンス構造　41
デジタル思考を打ち破る　42
ＫＰＩを公表する勇気　45
ネスレ・ボイコットを越えて　48

[CASE] **ホールフーズ・マーケット**——もう一つの資本主義　50

「世界でいちばん大切な会社」　50
コンシャス・キャピタリズムとは何か　52
ステークホルダーを巡る「幸福の循環」　54
報われる株主　57

[CASE] **ＧＥ**——ソーシャル・イノベーションをめざす　59

新ＣＥＯイメルトをのみ込んだ乱気流　59
エジソンは元祖ＣＳＶ経営者？　62
ウォーレン・バフェットの救いの手　64
リバース・イノベーションで新興国シフト　66
自己破壊を繰り返すＧＥ　68
バリューからビリーフへ　70

[CASE] **グーグル**——次世代ＣＳＶの旗手　73

知のフロンティアを拓く　73
セルゲイ・ブリンの「グーグルX」　75
ラリー・ペイジの「グーグルY」　77
【CASE】その他の企業群　82
先進国病と戦うノボ　82
インド農村の女性を解放するユニリーバ　86
バングラデシュの子どもを救うダノン　88
コミュニティを豊かにするスターバックス　90
IBMがめざすスマーター・プラネット　93
第3章　新興国発CSVの台頭
BOP戦略の新展開　97
【CASE】タタ・グループ——国民の、国民による、国民のための車　99
ラタン・タタの決意　99
デンソーの一本ワイパーへの挑戦　101
挫折を糧にインドの成長を牽引する　103
【CASE】アリババ——中国最初のCSV企業　105
儒教の国の不思議　105

ジャック・マーが築く社会インフラ 107
信用欠如を解決した第三者決済システム 109
未来に向かうタイムマシン経営 111
中国の若者を熱狂させるアリババ 112
新興国の疫病神か？ 救世主か？ 114

[CASE] **グラミングループ——ソーシャル・ビジネスの父** 116
グラミンが先導するソーシャル・ビジネス 116
マイクロファイナンスの奇跡 118
世界に伝播するソーシャル・ビジネス革命 121
ソーシャル・ビジネスの出資者が手にするコイン 122

[INTERVIEW] **ソーシャル・ビジネスの力で社会課題を解決せよ** [ムハマド・ユヌス] 126

## 第4章 日本のCSVフロントランナー 136

日本型経営こそ元祖CSV？ 136
ガラパゴスモデルの限界を突破する 139

[CASE] **キリン——CSV企業宣言で示した覚悟** 142
「世の中にお酒がなければいいのに」に応える 142
本業を否定せず真っ向から挑もう 144

【CASE】伊藤園――ポーター教授も称賛する日本発CSVモデル 146
3S経営をめざす 146
日本茶が世界を健康にする日 149
【CASE】三菱ケミカル――KAITEKIを提供する会社 151
三軸経営で化学産業の宿命に打ち勝つ 151
CSVを「見える化」する 155
【CASE】味の素――ASV経営でネスレを超える 157
世界一のアミノ酸メーカー 157
価値を正しく伝える 161
【CASE】三井物産――「良い仕事」を腹落ちさせてCSVエンジンを回す 164
業績評価にメスを入れる 164
「良い仕事」からCSVへ 166
【CASE】CSVフォーラムから 168
トップと現場が同期するヤマト運輸 169
「MUJIらしさ」にこだわる良品計画 172
世界の「住」を豊かにするLIXIL 174
社会課題を起点にした第二の創業・富士フイルム 176
リボンモデルで市場を創造するリクルート 179
トヨタグループの尖兵・豊田通商 183

ＣＳＶ企業を資本市場から支援する日興アセット　185

# 第5章　ファーストリテイリングのＣＳＶ経営

ムハマド・ユヌス博士との出会い　187
グラミンユニクロの挑戦　190
プラットフォーム企業をめざせ　194
ユニクロチャイナの快進撃　197
ユニクロが街にやって来た！　200
「個店経営」の主役は現場スタッフ　203
ＣＳＶとはビジネスそのもの　205
ブラック企業批判を超えて　207
経営者道場「ＦＲＭＩＣ」　209
ＣＳＶが最強の成長ドライバーになる　212
「オア」ではなく「アンド」の経営　214
ユニクロ２・０への進化　218
日本発のグローバル企業をめざして　220

第6章 CSV経営を実践する 223
中小企業が牽引するJ-CSV 223
二一世紀のTQCになる 225
ニッチに終わらない老舗企業へ 227
地域と一緒に世界をめざす 229
持続するベンチャーが自問する三つのこと 231
創業の志に立ち返ったDeNA 233
自社のDNAを問う 235
「拡業」でずらす 237
志か戦略か 240
CSV経営実現の七要件 242
CSV経営の落とし穴 258
【COLUMN】シマノのCSVストーリー 255
第7章 CSV2・0への道 264
残された課題に可能性を見つける 264
【I】ガバナンスモデル――社会価値をどう「見える化」するか 267

ポジとネガの両方のインパクトに着目する 267
リアルオプション・バリューがもたらす将来価値 270
投資判断の基準とする 273
企業価値を高めるには 277
コーポレートブランドを確立する 279
短期志向への異議申立て 282
「XR」で対話を深める 285

[II] **ビジネスモデル——経済価値に転嫁させる** 288

X経営のすすめ 288
資産の三層構造化で三つの経済を獲得する 291
持続可能な競争優位を求めて 294

[III] **組織モデル——CSVをいかに埋め込むか** 297

日本の現場はまだ強いのか 297
リーン・スタートアップで経験値を獲得する 299
「つなぎ」と「ずらし」で変化に適応する 301
二つのDNAを覚醒させる 303

**第8章 J-CSVが実現するグローバル成長** 307

日本的経営の本質的な強み 307

QoXのすすめ 311
致命的な弱点を直視する 314
JITで克服する 317
「共通価値」から「共創価値」へ 323
課題先進国という幸運 327
MOP市場に目を向けよ 329
逆タイムマシン経営のすすめ 332
グローバルスタンダードの罠 334
ポーターを変節させた日本的CSV経営 338
飛び出せ、CSV人材 339
「和僑」が拓く第三の開国 347
【COLUMN】石巻工房 350
おわりに 352
「徳」はどこにあるのか 352
永続するエクセレント・カンパニーの条件 353
安全よりも安心という選択 356

# 第1章 二一世紀型経営モデルの出現

## 蘇るポーター・マジック

ハーバード・ビジネススクール（ＨＢＳ）のマイケル・ポーター教授は、企業戦略論の第一人者としての名声をほしいままにしてきた。

一九八〇年に出版された *Competitive Strategy*（邦題『競争の戦略』）は、戦略論の古典として今も読みつがれている。その後、一九八五年には *Competitive Advantage*（『競争優位の戦略』）、一九九〇年には *The Competitive Advantage of Nations*（『国の競争優位』いずれもダイヤモンド社）を上梓。競争戦略という切り口で、企業戦略から国家戦略まで縦横に論じる知的スーパースターだ。

ただ、いずれも中身を読むと、わりあいに当たり前のことであったり、既存のコンセプトの焼き直しであることに気づく。たとえば、競争戦略はコスト戦略か差別化戦略しかないというのは、わかりやすいが、いたって当然のことだ。

ファイブ・フォーシズ（五つの力）やバリューチェーン（価値連鎖）というフレームワークは、ものの見方や頭の整理には役に立つものの、特段新しいものではない。「クラスター（集積）」というコンセプトも「生態系（エコシステム）」として、すでに論じられてきたものだ。現に私は、ＨＢＳ卒業後の二〇年間、マッキンゼーで世界中の経営コンサルティングの最前線に立ってきたが、ポーター教授のフレームワークやコンセプトを使ったことはただの一度もない。

ポーター教授の真骨頂は、個々のコンセプトの真新しさではなく、それを体系化して新地平を拓くところにある。デジタルな二元論で事象をシンプルに捉え直し、「A or B」の選択を迫り、その選択を軸に、一貫性のあるプロセスを設計する。その切り口がわかりやすく、かつ、きわめて汎用性があることが、ポーター理論が広く受け入れられたゆえんであろう。

既存の経営コンセプトやモデルをロジックで整理し、体系化することで、戦略の王道を示す。斬新ではないにもかかわらず、いや、むしろ常識的であるがゆえに、競争戦略の決定版としての立ち位置（ポジション）を獲得する。まさにポジショニング戦略論を展開するポーター教授ならではのマジックだ。

ポーター教授の競争理論は、二〇世紀後半、右肩上がりの同質的な市場環境の下での競争原理を説明するうえで、きわめてパワフルだった。そして多くの企業が、ポーターモデルを実践しようとした。もちろん、日本企業も例外ではない。むしろ学習能力の高い日本企業は、ポーター理論の最も忠実な実践者になろうとした。

しかし、世の中は二〇世紀末に向けて、グローバル化やネットワーク化が加速する中で、不連続な競争原理に急速にシフトしていった。ポーター理論が前提としている同質的な競争に明け暮れているうちに、新興勢力や異業種プレーヤーが、新しい競争ルールで市場を席巻していく。そのような破壊的な競争原理を鮮やかに解き明かしてみせたのが、HBSのクレイトン・クリステンセン教授だ。一九九七年に刊行された *The Innovator's Dilemma*（邦題『イノベーションのジレンマ』翔泳社）は、ポスト・ポーター理論として新風を巻き起こした。

日本企業がポーター理論の実践にいそしんでいる間に、世界はこの破壊的な競争モデルに突入していった。『イノベーションのジレンマ』では、ハードディスク業界において日本企業がアメリカ企業を破壊的な競争モデルで打ち負かしていく事例が描かれている。

しかし、皮肉なことに、競争の重心がハードからソフトやサービスにシフトする中で、イノベーションのジレンマに陥ったのは日本企業のほうだった。しかも「イノベーション」を「技術革新」という狭い訳語で捉えてしまったため、事業モデルの革新という時代の潮流から完全に後れを取った。こうして日本は「失われた二〇年」の暗いトンネルに取り残されていったのである。

一方、この破壊的な競争環境の真っただ中で、ポーター教授は例によって、競争戦略の新地平を模索していた。そして二〇一一年、渾身の力を込めて、新しい戦略論を世に問うた。『ハーバード・ビジネス・レビュー』誌に掲載された論文"Creating Shared Value"(邦題「共通価値の戦略」)である。ポーター教授はこの論文で、社会課題を解決することによって、社会価値と経済価値の両方を創造する次世代の経営モデルを、高らかに提唱した。

実はポーター教授は、それまでに二回、この論文のエチュードともいえる論文を同誌に発表してきた。一つ目が、二〇〇三年の「競争優位のフィランソロピー」。二つ目が、二〇〇六年の「競争優位のCSR戦略」だ。ちなみに後者は、この年のマッキンゼー賞を受賞している。

二〇一一年のCSV論文も、同年のマッキンゼー賞を受賞した。しかもこの論文は、これまでの二つの論文をベースとしつつ、それらを破壊的に進化させたものだ。その意欲は、フィランソロピーとCSR(Corporate Social Responsibility)というこれまでのコンセプトそのものを、真っ向から否定したところに如実に表れている。社会貢献といった善意(Nice

To Have）や、社会的責任といった受動的な姿勢ではなく、本業のど真ん中で、社会課題を解決する事業を展開すること。それによって初めて次世代の競争優位を勝ち取ることができる。競争戦略論の泰斗ポーター教授の面目躍如たる新機軸である。

この論文は、世界中で注目を集めた。リーマンショックを機に、持続可能性を無視した競争や株価至上主義を引き起こしやすい資本主義の限界が、明らかになった。「営利企業は悪」とまでいった風潮が広がる中で、企業は何を旗印に活動を続けてよいのかに戸惑っていた。そこに資本主義の旗手ともいえるポーター教授が、資本主義の復権を狙った新しい経営モデルをタイムリーに打ち出してきたのである。世の中の経営者は、待ってましたとばかりに飛びついた。もちろん、日本の先進的な経営者も例外ではない。

まさに「ポーター・マジック再び」といった新時代の幕開けである。

## 二つのバリューを創出する

このようにCSVというコンセプトは、ポーター教授が二〇一一年に発表した論文で、広く知られるようになった。そのせいか、ポーター教授がCSVの生みの親だと思っている方も少なくない。後で述べるように事実は違うのだが、ポーター教授を抜きにしてCSVを語ることができないのも、また事実である。

次世代CSVを構想するにあたり、まずは、「共通価値の創造」を参照することから始めてみよう。

詳しくは次節以降で読み解いていくが、「CSVとは何か」という問いに対する答えをきわめて簡潔に表したのが、図表1-1である。経済価値（Economic Value）と社会価値（Social Value）を同時に追求して実現すること、これがポーター教授が説くCSVである。シンプルではあるがCSVの本質を端的に表したものなので、この図を頭に置いて読み進めることをお勧めしたい。

実は、私はこの図には問題を感じていた。経済価値と社会価値が天秤の左右に置かれてバランスしている様子が描かれているが、単に釣り合いを取るだけのように見えてしまうのが気になっていたのだ。本来のCSVは経済価値と社会価値が相互に影響し、スパイラルアップしながらダイナミックに価値を創出することをめざすものだ。ゼロサムではなくプラスサムであることこそ、このコンセプトの重要なポイントの一つである。

図表1-1　**CSVとは……**

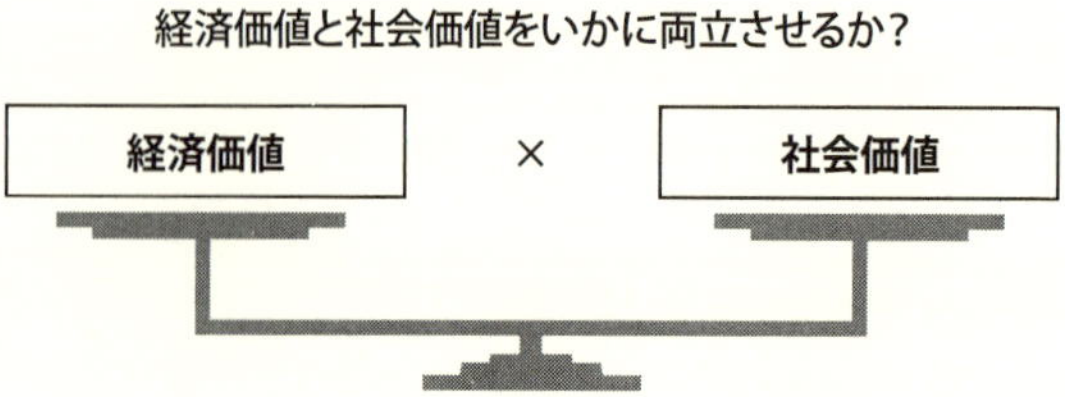

そこで私は、この図を改善して、のちに紹介するマトリックス（図表1-3）で示すようにしている。二〇〇四年にポーター教授が来日した際にこの図を見せたところ、大変気に入ってくれた。いずれにせよ、単に経済価値と社会価値のバランスを取るだけでは不十分で、いかにこの両者をトレードオフとせずに、ウィン・ウィンの関係に持ち込むかがCSV経営の要諦となる。

## 「責任」から「戦略」への転換

「これまでのCSRと、いったい何が違うのか」。これが、CSVが登場したときに最も多かった反応だ。

これは素朴なようだが、的を射た問いである。流行に乗ってCSRはもう古い、これからはCSVだと安易に乗り替えたような企業は、おそらくこの問いにしっかりと答えられないはずだ。それでは、経済価値も社会価値も中途半端な結果に終わるのが目に見えている。

CSRの専門家や今もCSRに熱心に取り組まれている企業の方には叱られるかもしれないが、CSRの限界はその言葉自体に端的に現れていると私は思う。「社会的責任」という言葉には、本来の事業活動に付随して義務的に行うものという印象がある。受け身のイメージだ。

このＣＳＲという言葉の持つ限界にいち早く目をつけたのがポーター教授である。二〇〇六年の論文では「戦略的ＣＳＲ」という言葉を使い、自社の行う事業の中で社会的な課題に応える必要性を指摘していた。そこからさらに進んで、戦略的ではなく戦略そのものにしてしまおう、というのがＣＳＶである。言い換えるならば、責任から戦略への転換である。

「共通価値の創造」の中では、ＣＳＲとＣＳＶの違いが図表１－２のように整理されている。競争や利益とは無関係に、予算の範囲内で行われる善行というＣＳＲの定義づけは対比を鮮明にするために戯画化したもので、言いすぎの感がなくもない。ＣＳＲ関係者の間でＣＳＶに対する抵抗感

図表1−2　**CSRとCSVの違い**

| CSR | CSV |
|---|---|
| •善行 | •経済的便益と社会的便益 |
| •シチズンシップ、フィランソロピー、持続可能性 | •企業と社会の共創 |
| •任意、あるいは外圧によって | •真の競争力の獲得 |
| •利益の最大化とは別物 | •利益との連動 |
| •テーマは、外部の関心や個人の嗜好による | •テーマは企業ごとに異なり、内発的 |
| •企業の業績やCSR予算に制限される | •企業の予算全体の基盤を構築 |
| •例：フェアトレードで購入する | •例：調達方法を変えることで品質とボリュームを向上 |

（出所）マイケル・E・ポーター／マーク・R・クラマー「共通価値の戦略」『DIAMONDハーバード・ビジネス・レビュー』2011年6月号より作成。

が根強いのも、このせいかもしれない。

外部からの要請に応えるだけでなく、事業と関連して内発的にテーマを選び、社会的な価値と同時に自社の利益にも結びつける。このCSVの新機軸は、先進的にCSRに取り組んできた企業であれば、従来から取り込んできたものだ。

そうした事実に言葉が追いついたと考えれば、CSVかCSRかという議論にエネルギーを費やす必要はなくなる。違いを挙げて対立させるのではなく、CSRが経営の中心にさらに近づいたものとしてCSVを捉えるほうがよほど建設的であるし、本気で取り組んでいる企業の実態に則しているだろう。

## 目覚まし時計としてのリーマンショック

あれほど熱心に、どうやって競合を打ち負かして優位に立つかを研究してきたポーター教授が、なぜ突然、社会価値などということを言い始めたのか。ポーター教授を知る他の多くの人と同様に、HBSでポーター教授に競争戦略の洗礼を受けた私も、それが不思議でならなかった。そこで、二〇一二年に来日したポーター教授に、直接その疑問をぶつけてみた。すると、彼は三つの理由を挙げた。

真っ先に口にしたのが、目覚まし時計としてのリーマンショックの存在だった。金融危機以降、資本主義の暴走を止められなかったことへの社会的な大反省が起こる中で、資本主義そのものを否定する声が高まったことを懸念していた。

しかし、資本主義を悪者扱いして、まるで悪いことをするかのようにこっそりと利益を上げなければならないのはおかしい。世界的ベストセラーとなったのトマ・ピケティ教授の「富の再分配論」も、そもそも「富の創出」という成長エンジンがなければ、単なるゼロサムゲームに陥ってしまう。

反資本主義に振れすぎた流れを戻して、資本主義が社会問題やニーズに対応する効果的かつ効率的なシステムであることをいま一度示す必要がある。そのようなポーター教授の意思は、少なくとも資本主義の担い手である企業にはしっかりと届いたようだ。CSVというコンセプトがここまで広く受け入れられたのは、事業を行って利益を上げることの意義を改めて確認し、元気をもらった人が多かったからだろう。

二つ目には、NPOやNGOばかりを是とする時好を挙げた。彼らは誰かが創出した価値を正しく分配することはできても、価値そのものを生むことはできない。企業と両立するのはよいが、NPOやNGO一辺倒で分配するだけでは世の中からエネルギーが失われて、やがて社会主義と同じ末路をたどることになる、というのが彼の言い分だ。

三つ目が、もしかしたら最も切実な悩みかもしれない。HBSを卒業する彼のかわいい教え子たちがみんなNPOやNGOに進んでしまうという嘆きだ。それも優秀であればあるほど、その傾向が強いという。昔は、成績上位五％の学生に与えられるベーカー・スカラー受賞者は大抵コンサルティング会社か投資銀行に就職したものだ。私もその一人で、ご多分に漏れずにコンサルティング会社に進んだが、今はそういうのはどうやらクールでないらしい。

「ブレイン・ドレイン（頭脳流出）」と言ってポーター教授は惜しんでいたが、ちょっと言いすぎかもしれない。ただ、優秀な頭脳が富を生むところに行かずにもっぱら分配にあたるのは、社会にとって確かに見逃せない損失といえるだろう。

企業の価値創造の力を過小評価せず、資本主義をもう一度社会のど真ん中に据える――これが、戦略論の大家が新たに始めた挑戦である。

## NPOには開けられないカギ

なぜCSVが新しい資本主義の扉を開き、NPOやNGOには不可能なアプローチによって社会的問題を解決できるのか。そのカギは、スケーラビリティ（Scalability）とサステナビリティ（Sustainability）の二つの「S」、すなわち空間的な広がりと時間的な持続可能性にある。

資本主義において、企業は富を生み出し、それを増殖することのできる唯一の存在であるとポーター教授は述べている。事業活動を通じて利益を生み、それを再投資することでさらに価値を増殖し、より多くの人に便益を提供したり社会に貢献できる。利益を生み出す力のないNPOやNGOには、社会が直面する課題に力強く応えることも、それを持続することもできない、というのが彼の主張だ。

ここでいう利益は、鞘を抜いたり、情報の非対称に乗じて本来の価値よりも高い値で売りつけて得るような儲けではない。世の中のニーズや問題を解決してみんなに喜ばれ、新しい経済価値が生まれ、そこから利潤を得るという、いわば正当な利益のことをいう。

この利益の捉え方自体は特に目新しいわけではない。たとえば、社会的な価値にフォーカスして顧客の本質的なニーズを満たすという、フィリップ・コトラー教授の「マーケティング3・0」とほとんど同じことを言っている。機能や品質を競う1・0、消費者視点で他社との差別化を図る2・0を超えて、製品やサービスの社会価値や企業としてのミッションやビジョンを社会に示すことが必要だというのが、マーケティング3・0の論点である。CSVも基本的には、このような考え方を踏襲している。

ただ、それを改めて戦略と関連づけてポーター教授が提示することで、世の中の関心を集めたのは事実だろう。びっくりするほど斬新なアイディアがあるわけでもないし、厚い実証データがあるわけでもないのに、世の中に対する影響力は大きいという点では、CSVはきわめてポーター教授らしいともいえる。

実際に、ユニリーバ、ダウ、P&G、ペプシコといったグローバル企業が、次々に全社的な取組みとしてCSVを掲げている。社会的な課題の中に事業価値を見つけることができれば、経済価値と社会価値は両立するという新しい理解が広がりつつある。

従来型の資本主義とCSR、そしてCSVの関係を整理したのが、図表1-3である。社会価値と経済価値を軸に、その強弱を四象限で表している。

従来型の資本主義は、右下のボックスに入る。純粋に利益だけを追求する（PPP：Pure Pursuit of Profit）ので、経済価値は強いが社会価値は弱い。シカゴ学派のリーダーであったミルトン・フリードマンが提唱した、自由と自己責任

図表1-3　CSRからCSVへ

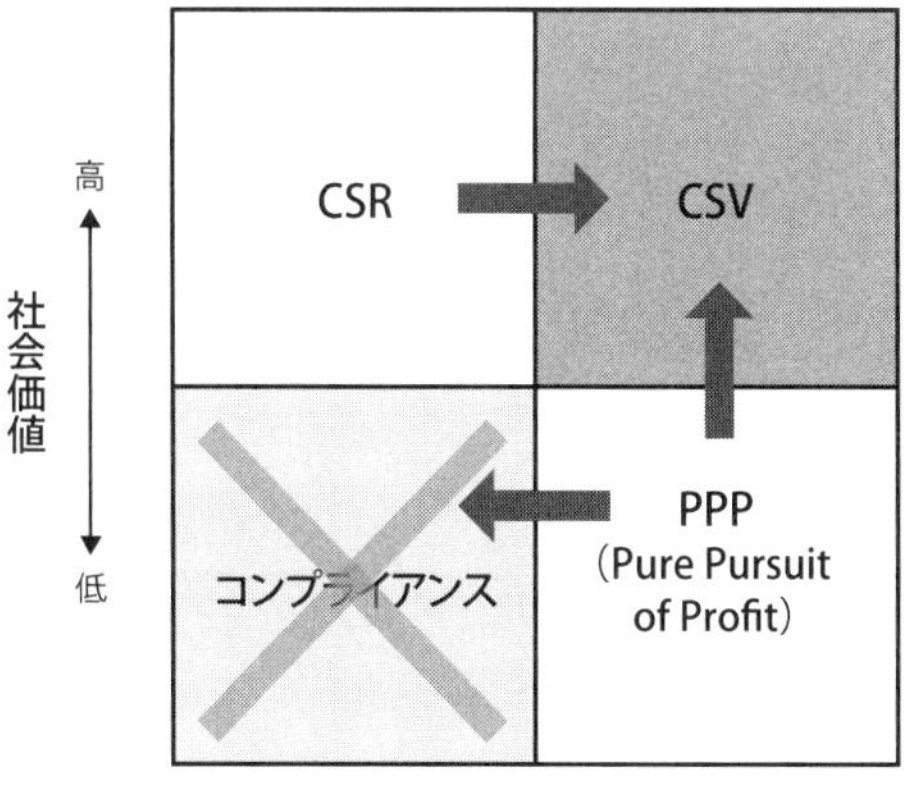

に基づく競争と市場メカニズムを重視する新自由主義などに代表される考え方だ。

フリードマンがノーベル経済学賞を受賞したのは一九七六年だが、それから四〇年後の現在、エンロン事件やリーマンショックを経験した私たちは、行きすぎた自由の弊害も、市場が万能ではないことも知っている。成長意欲に取り憑かれて不正を犯す経営者や、コンプライアンス不全に陥った企業は、社会価値のみならず経済価値も失うことになる（図表の左下）。

新自由主義は、企業の責任は利益を最大化することであり、雇用と納税により社会的役割は果たしているので、株主が欲しない社会貢献はすべきでないという立場を取る。これに限界を感じ、政府任せにするのではなく、どうせ税金を納めるならば、より自分たちらしい社会貢献をしたいと考えたのが左上のＣＳＲである。

ただし、ここには前述のように、スケーラビリティとサステナビリティの二つの点で問題がある。儲けが出たときにだけ社会貢献をするのでは、免罪符になりかねない。本業を通じて社会価値も経済価値も強くする、右上のＣＳＶをめざすべきだとポーター教授は主張する。

## CSVを実現する三つのレバー

経済価値と社会価値の両立が望ましいのは言うまでもない。問題は、本当にそんなことが可能なのかという点だ。

CSVをどのようにして実現するのかについてポーター教授は、製品・サービス、バリューチェーン、地域生態系の三つがレバーになると述べている。

### ①次世代の製品・サービスの創造

社会問題の解決に役立つ次世代の製品・サービスの創造。気候変動、水や食糧の不足、経済格差の拡大、高齢化などの社会問題を事業機会と捉えて、自社の強みや資産を活かしてそれを解決することで利益を生み出す。GEの「エコマジネーション」やトヨタ自動車のハイブリッドカー「プリウス」などが代表例となる。

### ②バリューチェーン全体の生産性の改善

世界中に広がるバリューチェーンの川上から川下までの全体の生産性を上げて、最適化、効率化することで、社会価値を生み出す。ユニリーバがインドの農村部の女性を販売員にして流通網や販売チャネルを確保すると同時に、彼女たちの自立支援を行っている「プロジェクト・シャクティ」は、その典型例である。日本でも、伊藤園による茶葉産地の育成事業などが例として挙げられる。

### ③地域生態系の構築

事業を行う地域で、人材やサプライヤーを育成したり、インフラを整備したり、自然資源や市場の透明性を強化することなどを通じて、地域に貢献するとともに強固な競争基盤を築く。ＩＢＭが「地球を、より賢く、スマートに」をテーマに非効率や無駄の解消をめざす「スマーター・プラネット」や、地域における産学連携、地産地消などの活動が該当する。

勘のいい読者はお気づきかもしれないが、この三つは、ポーター教授がこれまで述べてきたことをＣＳＶというフレームワークの中で整理し直したものだ。それぞれが、先述した三部作のキーワードを羅列したものにほかならない。

①の製品・サービスは「ポジショニング」、②はそのまま「バリューチェーン」、③の地域生態系は「クラスター」というコンセプトで、それぞれの著作で論じられてきた。もちろん、多少の進化の跡は見られる。たとえば、バリューチェーンは『競争優位の戦略』で

は企業単体で事業プロセスを捉えているが、今回は、サプライヤーや流通、販売などを含む、より広い概念になっている。

口の悪い人は、「焼き直し」だと評するかもしれない。しかし、CSVがポーター教授のこれまでの研究の集大成にあたるという事実は、思いのほか重要な意味を持つ。それは、CSVが競争戦略にほかならないことを示しているからである。

グローバル企業が本気で取り組んでいるのも、私が日本企業復活のカギになると考えているのも、そこにCSVの真価を確信するからである。CSVを突き詰めれば、二一世紀における新しい競争優位を手にすることができるはずなのだ。

## CSVに対する反論

競争戦略としてのCSVは、多くの企業に影響を与えた。しかし一方で、これに批判的な立場を取る学者や経営者もいて、論議を巻き起こした。

CSVへの反論を整理すると、大きく次の三つがある。

第一に、コンセプト自体が新しいものではないという批判がある。真面目に取り組んでいる会社は善行やフィロソフィーとしてのCSRにとどまらず、事業を通して社会課題を解決し、利益を得ている。後づけの理論などいらないというのだ。

そうした企業の一社が、第2章で登場するホールフーズ・マーケットだ。創業者で共同CEOのジョン・マッキー氏は、利益や株主価値を最大化するよりも高い目的を意識した「コンシャス・キャピタリズム（覚醒した資本主義）」を標榜する。自然食品を中心とする健康で栄養価の高い食品とワクワクする買い物の楽しさを地域に提供して、一九八〇年の創業以来、順調に業績を伸ばしてきた。ベストプラクティスとして取り上げられることも多いが、マッキー氏は「CSVとは言われたくない」と明言し、一線を画す態度を取り続けている。

そもそも、CSVを実現していない企業があるのか、という疑問もある。時流に乗って一時的に成功することはあっても、社会に貢献せず、経済価値も生み出せない企業が成長を持続することはない。あえてCSVなどというコンセプトを持ち出すまでもないという指摘は、日本では特に目立つ。

第二の反論は、社会価値と経済価値を両立させるのがCSVならば、最初から分けて議論する必要はない、というものだ。あえて分けているのは、社会価値と経済価値がトレードオフの関係にあるという、いわばアメリカ型資本主義のデジタルな考えが根底にあるからだと批判する。

企業はそもそも社会の公器であり、すべてのステークホルダー、すなわち社会全体の利益を考えなければならないという「公益資本主義」もここに分類される。パブリック（公益）

とプライベート（私益）を分けること自体が古いパラダイムだと指摘する。

そして、最も痛烈なのが、第三の、ＣＳＶを資本主義の免罪符に利用しているという反論である。結局のところ、真の目的は経済価値、すなわち儲けることで、社会価値の創出は、強欲で過剰な利益追求の隠れ蓑としての役割を果たすというものだ。

以上の他に、ＣＳＶを掘り下げるときに避けては通れない議論がある。それは、「会社は誰のものか」というおなじみの問いだ。非上場会社ならば構わないが、上場企業である以上、何をおいても経済価値を重視し、株主価値の向上に努めるべきではないかというのが、株主資本主義の立場からの主張である。

ネスレではステークホルダーごとに提供すべき価値を示しているが（第2章の図表2-2を参照）、株主は一番下に置かれている。作表上の問題で、最下位の位置づけという意味ではないと思うが、投じた資金を失うかもしれない株主が、他のステークホルダーと並んで扱われることに驚く人もいるだろう。

## ポーター教授はなぜ激怒したのか

ここまで、ＣＳＶの基本的な思想を概観し、台頭した背景や賛否が入り交じる評価について言及した。

本書でCSVというコンセプトを初めて知ったという方は少ないかもしれない。しかし、改めて「共通価値の創造」に立ち戻って述べてきたのは、ポーター教授抜きに語れないと同時に、私が提起する日本発のCSV「J－CSV」との違いを浮かび上がらせる狙いがある。

J－CSVについては、第4章以降で詳しく述べるが、日本企業にしかできない、日本ならではのCSVがあるはずだ。そして、それはポーター教授のCSVとは根本的に大きく違うというのが私の考えだ。

ただ、「日本らしさ」や「日本企業にしかない」優位性が時に徒になることは、製造業をはじめとする日本企業の苦戦が示すとおりだ。CSVの世界でも同じことが繰り返されるのは、何としても避けなければならない。

私が憂慮しているのは、「三方良し」や「論語と算盤」を例に引いて、CSVは日本の伝統だ、長く続いている会社はみんな実践している、などと簡単に口にする人が少なくないことだ。日本古来の価値を否定するつもりは全くないが、何世紀も前に生まれた思想に頼って思考を停止すれば、世界から今以上に後れを取るのは避けられないだろう。

象徴的なエピソードがある。二〇一二年一二月、私の奉職するビジネススクール主催で、来日したポーター教授と日本を代表する企業の経営者三人が登壇する「CSVフォーラム」を開催したときのことだ。

パネリストの一人が、「ＣＳＶは日本企業にとっては江戸時代から実践している、非常になじみのあるものだ」と発言したところ、ポーター教授の顔色が変わり、猛然と反論し始めた。そのパネリストは共感と賛同を示そうとしただけなのだが、オリジナリティも新規性もないと批判されたとポーター教授は受け取ったようだった。

「社会価値と経済価値を両立するのがＣＳＶだが、十分な経済価値をあげている日本企業はどれだけあるのか。ここにいる皆さんの会社は、たとえば売上高営業利益率一五％、ＲＯＥ一五％といったハードルレートを上回っているのか？」

パネリストの中でただ一人、ファーストリテイリングの柳井正社長が「うちのＲＯＥは二〇％を超えている」（当時）と胸を張って答えたが、他の皆さんは気の毒に下を向いてしまった。勢いに乗ったポーター教授は、社会価値は高くても経済価値が出せないのなら、それはＣＳＲにすぎないと切り捨てた。日本企業は私の三部作をもう一度読んで競争戦略を磨き直したほうがいい、とまで言いだしたので、議論はすっかり迷走してしまった。

## 日本発のＣＳＶで世界の羨望を呼ぶ

ポーター教授の気短はともかく、日本企業は経済価値を創出する力が総じて弱いという批判は甘んじて受けざるをえないだろう。しかしそれ以前に、「三方良し」とＣＳＶは一見似ているようでいて、根本のところが全く違うというのが私の考えだ。

CSVでは両立させるとしながらも、経済価値こそが最終的な目的で、それを実現するための手段として社会的な課題の解決を位置づけている。これに対して、三方良しは社会的な課題を解決することが目的で、その結果、経済価値がついてくると考える。両者では、目的と手段が完全に逆転しているのだ。

CSVの本質は営利主義にある。正しい営利主義なので誰も批判することはできないが、それだけでは社会として限界があると三方良しでは考える。ここに大きな思想のずれがある。

では、どちらが正しいのか。是非ではなく、流派が違うと考えるべきではないだろうか。近江商人の時代も、今も、そしておそらく一〇〇年後も、日本的経営は経済価値のみを目的とする単純な営利主義とは相容れないだろう。ポーター流のCSVは、そのままでは日本にはなじまない。

しかし、ここで社会価値を創出しているからそれでよいと開き直ってしまっては、またもやガラパゴス化して世界から孤立することになる。大昔からある概念に頼らずに、覚悟を決めて、今の時代、今の日本に則した競争戦略を築き上げるべきだろう。

経済価値を生むエンジンが回転し続けていなければ、社会価値の創出も続かない。日本企業が得意とする長い時間軸で経営にあたって持続的成長を図るためには、正しい方法で儲けることが必要だ。

あの松下幸之助は、利益について次のような信念を持っていた。

「利益の追求が企業の最大命題ではなく、事業を通じて社会に貢献し、その報酬として与えられるのが利益である。利益が生み出せない経営は、社会に貢献していないことになる」

つまり、儲けは社会に役立っている証しであり、もしも経済価値が伴わないのであれば、その社会貢献は自己満足にすぎないというのだ。マネタイズ、すなわち社会価値の経済価値への転換を苦手とする企業にとっては耳の痛い話ではないだろうか。しかし、ここにこそ日本のCSVの課題と、その課題ゆえの伸びしろが隠れていると思う。

本音で「目的は社会価値の創出で、利益はその手段」と言い切れる企業が、日本以外の国にどれだけあるだろうか。日本企業が経済価値にもっともっとこだわり、社会価値を利益に結びつける力をつけたとき、日本発のCSV「J-CSV」はポーター教授のCSVをはるかに凌駕する深さと強さを得ることになる。

ただし、最初にお断りしておきたいことがある。それは、CSRをCSVにすげ替えるのでもなく、美名の下に金儲けをするのでもない「本気のCSV」は、皆さんが考えている以上に難しいということだ。手本とされるあのネスレでさえ、ヘトヘトになりながらやっている。利益率一五%以上をキープしながら、社会に対してもインパクトのある貢献をするのは、生易しいものではない。しかし、茨の道だからこそ、歩き進むほどに他が簡単にはまねのできない強みとなり、競争優位につながる。

第二次世界大戦後、エドワーズ・デミングによってもたらされたTQC（総合的品質管理）が日本で完成され、「ジャパン・アズ・ナンバーワン」といわれて世界を席巻した。同様に、J-CSVは日本的でありながら世界に通用するモデルに育つ可能性を持っている。長い停滞から脱して、もう一度、世界が羨み、学びたいと願う日本になるための救世主に、J-CSVはなれるはずだ。

日本ならではのCSVの核心はどこにあるのか。それを明らかにするために、次章ではまず、欧米企業の先進企業によるCSVの取組みを見てみよう。

INTERVIEW

# どんな企業、事業でもCSVは実現できる

——マイケル・ポーター

## 社会価値の測定に残された課題

**名和**　CSVを実践するうえで企業を悩ます問題の一つは、社会価値をいかに測定するかです。ポーター教授は、この点に関してどのようにアドバイスされますか。

**ポーター**　社会価値の測定に、これといった標準的な尺度があるわけではありません。なぜなら業種やその企業の戦略によって、社会価値にはいろいろな形態があるからです。カギとなるのは、社会価値の測定そのものではなく、社会価値と経済価値をいかに結びつけるかです。

たとえば、エネルギーコストを大幅に下げる能力を持つ企業の社会価値は、エネルギー消費量や気候変動に対するインパクトかもしれません。しかし、企業経営にとってより重要なのは、それがどのような経済価値につながるかを見極めることです。

ＣＳＶの測定においては、今はまだ揺籃期だといえるでしょう。それぞれの企業ごとに、いろいろな研究が進められています。このような学習を通じて、少しずつ本質に近づけるのではないでしょうか。

**名和**　以前にポーター賞を受賞した三菱レイヨンの持株会社である三菱ケミカルホールディングスは「ＫＡＩＴＥＫＩ」をキーワードに、ＣＳＶ経営を標榜しています。

長いリストからなるＫＰＩを設定していますが、持続可能性ＫＰＩ、健康ＫＰＩ、快適性ＫＰＩの、大きく三つのグループに分かれます。これを自ら測定し、外部にも報告しています。それぞれのＫＰＩにおいてどういった進捗があったかを、内外にしっかり示そうとしているのです。この会社は正しい方向に向かって進んでいると考えてよいでしょうか。

**ポーター**　最初の二つのカテゴリーはＣＳＶ的だといえると思いますが、三つ目はよくわかりません。これはＣＳＲ的な気がするのですが、いかがでしょうか。

たとえば、優れた企業市民になるということは、その会社の信条としてはよいのですが、社会価値ではありません。社会価値は、人々のために具体的な価値を創造することです。言い換えれば、どのような社会的な課題を、いかに解決するかが問われるのです。

たとえば、省エネにつながるような製品を作ったり、有害物質の排出を減らしたりする技術があれば、これは社会に対する有形の貢献です。また、それを利益をあげながらできるのであれば、ＣＳＶといえます。

世界中の企業が今、自らが何者なのかを見直そうとしています。従来は、何を作り、売っているかで自社を定義していました。たとえば、ネスレなら食品、ナイキであればスポーツシューズやスポーツウェアという具合です。

しかしネスレは最近、自らを食品会社であるとは言わなくなりました。「栄養の企業」だと言い始めています。同様にナイキは、「健康とフィットネスの企業」と自らを定義しています。製品ではなく、それが何の目的に使われるかということで、自社を定義し直しているのです。

何のために事業を行うのか。世界の課題は何か。人々や社会の繁栄に、自分たちの製品はどのような役割を果たしているのか。多くの企業がこうした問いかけを通じて、資本主義の世界において、自社の本質的な力でどのような社会的な問題を解決できるのかを考え始めています。

三菱ケミカルもその方向に向かって、良いスタートを切っていると思います。たとえば、「人、社会、地球環境のより良い関係を創る」と宣言していますね。これは今までの化学企業の企業目標にはなかったもので、CSVの領域に入ってきていると思います。

## どんな企業、事業でもCSVは実現できる

**名和** 少し極端なケースについてうかがいます。私たちのCSVフォーラムにも参加して

いますが、タバコ会社やアルコール飲料会社はどのようにCSVを捉えればよいのでしょうか。

**ポーター** タバコが人にとって良いものだと理論武装するのは、確かに難しいかもしれません。他にも私たちは、多額の売上と利益をもたらすけれど、必ずしも社会にとって良いとはいえないものを、たくさん作ってきてしまいました。

ただ、CSVには、製品、バリューチェーン、そして地域生態系の三つのレベルがあります。タバコ会社の場合には、おそらくバリューチェーンや地域生態系のレベルで活躍できることがあると思います。たとえば天然資源の活用や、原料供給農家の収益力アップに貢献するといったことが考えられます。製品レベルでは難しくても、他の二つのレベルでCSVを実践することはできます。

ペプシコのCEOはCSVについて非常に熱心に考えていますが、傘下のフリトレーはスナック菓子を販売し、それによって肥満の人が増えるという非常に居心地の悪い現実があります。製品レベルでCSVを、説得力をもって主張するのは難しいでしょう。しかし将来的には、製品そのものを根本的に変えて、健康に良いスナック菓子を開発するのではないでしょうか。

商品レベルでの挑戦を始めた企業もあります。アメリカの多くの銀行は、預金の口座維持手数料を無料化する代わりに、預金残高を超える資金を引き出す際に、少なからぬ貸越手数料を徴収する仕組みを導入してきました。

このような預金商品には顧客を犠牲にして利益を得るという側面があり、シェアードバリュー（共通価値）を創造するのではなく、破壊しているといえます。こういう商品は、一から作り直す必要があるのではないでしょうか。

近年では当局による規制もあって、銀行は商品を抜本的に見直しています。金融機関はやり方を変えれば、商品レベルにおいてもCSVを実践することができるわけです。

コカ・コーラもとても興味深い例です。従来のソフトドリンクから、ミネラルウォーターや天然果汁のジュースなど、より健康的な飲料にシフトしています。その背景にあるのは、「砂糖水」を飲むのは消費者のためにならないという痛烈な問題意識です。そういう会社には、CSVに通じる感性が脈打っています。

ただ、金融機関とは違い、タバコ会社や不健康な材料を使っている食品会社の場合には、時間がかかるかもしれません。特定の業界は、そもそもCSVになじみにくいという場合もあるでしょう。

それでも、私がタバコ会社の経営者なら、全く違う製品を作って、壁を打ち破ろうと考えるはずです。実際に各社の皆さんも努力されています。たとえば電子タバコなど、基本的な健康上の問題を回避するようなものが出てきています。

**名和**　どの事業にも常にCSVは当てはまるのでしょうか。それとも、多様なビジネスのポートフォリオの中で、非常にCSV向きのものもあれば、必ずしもCSVに向かないものもあると割り切ってもよいのでしょうか。

**ポーター** あらゆる企業は、いかなる事業においてもCSVを実現できると確信しています。特にバリューチェーンレベルでは、確実に実現できます。実際に何百、何千という例を、世界各地で見ています。資源の消費を少なくする、スキルアップを図って社員の所得を向上させる、無駄な物流をなくす、といったことです。

地域生態系レベルにおいても、ほとんどの企業は、ビジネスの環境や産業クラスター全体を見渡せば、サプライヤーやサポート機関、教育機関などと協業することができると思います。CSVビジネスとそうではない事業とを切り分けるのではなく、すべての事業をCSVの観点から見直すべきです。

一部の事業が他の事業よりも実現機会に恵まれていることは事実です。しかし、あらゆるビジネスにおいて、野心的に、できるだけ早く、CSVを追求すべきだと思います。

## 社会課題には大きな収益機会が潜んでいる

**名和** 日本の経営者の集まりでCSVを紹介したところ、これは自分たちが長年やってきたことで、今さら何を言っているんだと反論されました。しかし、CSV理論からいえば、社会価値の創造も経済価値の創出も、いかにも中途半端な結果に終わっているというのが、日本企業の実情でしょう。「二兎を追う者は一兎をも得ず」とポーター教授が指摘する古典的な罠に陥っているようです。一方、アメリカでは社会価値と経済価値は、トレードオフの関係にあると考えられがちです。

これまでの日本流でも、またアメリカ流でも、社会価値と経済価値の双方が大きくスケールする世界を作るのは、実は大変難しい。CSVを本当に実現するには、何がカギになるとお考えですか。

**ポーター**　アメリカでは多くの企業が、社会価値は横に置いて、経済価値の最大化を追求してきました。さらに悪いことに、環境や社員の健康の改善にはコストがかかると考えて、抵抗してきました。まさに両者をトレードオフと見ていたのです。

しかしこの二〇年間で、環境負荷を減らせばコストも削減できることが徐々にわかってきました。同様に、社員の健康は生産性改善につながり、安全性が向上し、コストも低下する。こうして社会課題の解決と事業の収益性の間には、二律背反どころか、相乗効果があることがようやく認識されるようになったのです。

最近、若い人はビジネスの世界に行きたがりません。ビジネスは儲けだけを考え、世界の問題を解決できていないと見ているのです。そしてNGOに勤めたがる。しかし、ほとんどのNGOは、社会課題を一切解決していません。悪い状況を少し良くしているだけです。それでは「焼け石に水」にすぎません。

資本主義は社会の問題を解決し、社会のニーズに応えてきました。一〇〇年前、一五〇年前から企業は、日本でも他の国でも、住宅や道路を建設したり、人々のために食品や医療を提供したりして、ビジネスを行ってきました。社会の発展の中心に企業はあったのです。

第二次世界大戦後の日本を再建したのも、政府ではなく、ビジネスでした。私は偉大な企業のCEOを務めた多くの方々とお会いする機会がありました。彼らは、強い社会的な目的意識を持っていました。

しかし、二〇世紀後半になるとビジネスは高度化し、分析的になり、金融市場に翻弄されるようになりました。ビジネススクールで複雑な経営手法を教わった経営者たちは、どうやらビジネスの本質的な目的が何であったかということを忘れてしまったようです。

日本においても事情は同じでしょう。ビジネスがあまりにも高度化し、経営者があまりにも小賢しい経営手法に走るようになったため、本質を見失ってしまったのです。

しかし今また、資本主義の原点に戻ろうという機運が高まり始めています。資本主義が社会問題を解決する最も有効なモデルであることに、人々が気づき始めたからです。企業がビジネスモデルを駆使して効率良く収益をあげて、再投資することで規模を拡大させられれば、寄付金や税金は必要ありません。NGOでも政府ではなく、ビジネスこそ、社会課題を本質的に解決する。そのための最もパワフルなエンジンなのです。どんな課題も、ビジネスで解決できるはずです。
そのために企業は、短期的な市場の動向や瑣末な顧客ニーズに着目するのではなく、根本的な社会課題を見据えて、その解決に最大限の知恵を絞らなければいけません。このように、目線を高くし、それを使命として再認識すれば、組織全体に創造性やエネルギー、情熱が湧き出てくるはずです。

大きな社会課題には、大きな市場ニーズが眠っています。その鉱脈を掘り当てれば、大きな収益機会を生み出すことができます。健康のニーズ、栄養のニーズ、エネルギーのニーズ、経済開発のニーズ。これらは最も大きな課題でもあり、裏を返せば、最も大きなビジネスチャンスでもあるのです。

これまで企業は、単純な答えを求めてきました。成功モデルやなぞるべき勝ちパターンを求めてきたのです。しかしCSVは、そういうものではありません。社会の中に本質的なニーズを見極め、自社の本質的な強みを再定義して、どのように進んでいくかを自ら探り当てていかなければなりません。答えはどこにもないのです。

したがって、初めの質問に戻ると、ビジネスである以上、測定は必要ですが、わかりやすい物差しなど存在しません。それを見つけ出すためには何年もかけてトライし、学習していくことが肝心なのです。

新聞やテレビは連日、社会問題や経済問題をこれでもか、というほど報道しています。

しかし私は、社会やビジネスの将来の可能性について、非常に明るく考えています。資本主義は、あらゆる社会のニーズを満たすことができると信じています。いたずらに深刻ぶるのではなく、このようなポジティブ・シンキングを機軸とすることこそ、CSV実現のカギになるのではないでしょうか。

（二〇一三年一二月五日、「競争力カンファレンス二〇一三」での対談をもとに構成）

**マイケル・ポーター**（Michael Eugene Porter）
**ハーバード大学ユニバーシティ・プロフェッサー**

1947年アメリカのミシガン州生まれ。69年にプリンストン大学航空宇宙機械工学科卒業。71年ハーバード・ビジネススクールMBA、73年にはPh.D.を取得。82年に同学史上最年少の正教授となる。競争戦略論の創始者であり、世界各地での企業や政府の戦略アドバイザーとしても活躍している。邦訳された著作に『競争の戦略』『競争優位の戦略』『国の競争優位』『日本の競争戦略』（いずれもダイヤモンド社）、「共通価値の戦略――経済的価値と社会的価値を同時実現する」（『DIAMONDハーバード・ビジネス・レビュー』所収）などがある。

# 第2章 CSVで世界をリードする欧米企業

前章で見てきたように、ＣＳＶは、資本主義の暴走への反省を込めて、アメリカで生まれた経営モデルである。また、ヨーロッパにはアメリカ以上に、社会価値の提供を経営の主軸の一つに据えている企業が多い。本章では、このような欧米の優れた企業のケースを見ていこう。

CASE

# ネスレ——巨人が掲げた新たな競争戦略

## CSVフロントランナーとしてのネスレ

スイスに本社を置く世界最大の食品会社ネスレは、CSVに積極的に取り組む企業の中でも別格の存在といってよいだろう。マイケル・ポーター教授のモデルを高いレベルで実践する優等生的存在であると同時に、ヨーロッパの企業らしい懐の深さでCSVの新たな可能性にも挑戦している。

ネスレがCSVのフロントランナーであることに異論のある人はいないだろう。外部に公表する報告書や指針においてCSVというキーワードが登場したのは、おそらく二〇〇六年の「ネスレCSRのコンセプト」が最初だと思われる。ポーター教授がCSVを初めて提唱した論文「共通価値の創造」の五年前のことだ。

その中でピーター・ブラベック・レッツマット会長と「共通価値の創造」をポーター教授と一緒に執筆したマーク・クラマー氏が、CSVの可能性について対話している。これを読むと、ネスレが当初から従来のCSRに限界を感じて、企業戦略のメインストリームに社会価値と経済価値の同時実現を置こうとしていることがわかる。

以降、このような問題意識を突き詰め続けてきたネスレでは、CSVを企業戦略の柱に据えている。ホームページや報告書にたびたび登場する「社会ピラミッド」が、ネスレの経営の軸を端的に示している。このピラミッドは三層構造になっていて、一層目にコンプライアンス、二層目にサステナビリティ、そして三層目に「共通価値の創造＝CSV」が置かれている（図表2－1）。

法律や地域社会の規範に則り、企業としての行動規範を順守するコンプライアンスはすべての土台になるもので、この

図表2－1　**ネスレのCSV経営の全体像**

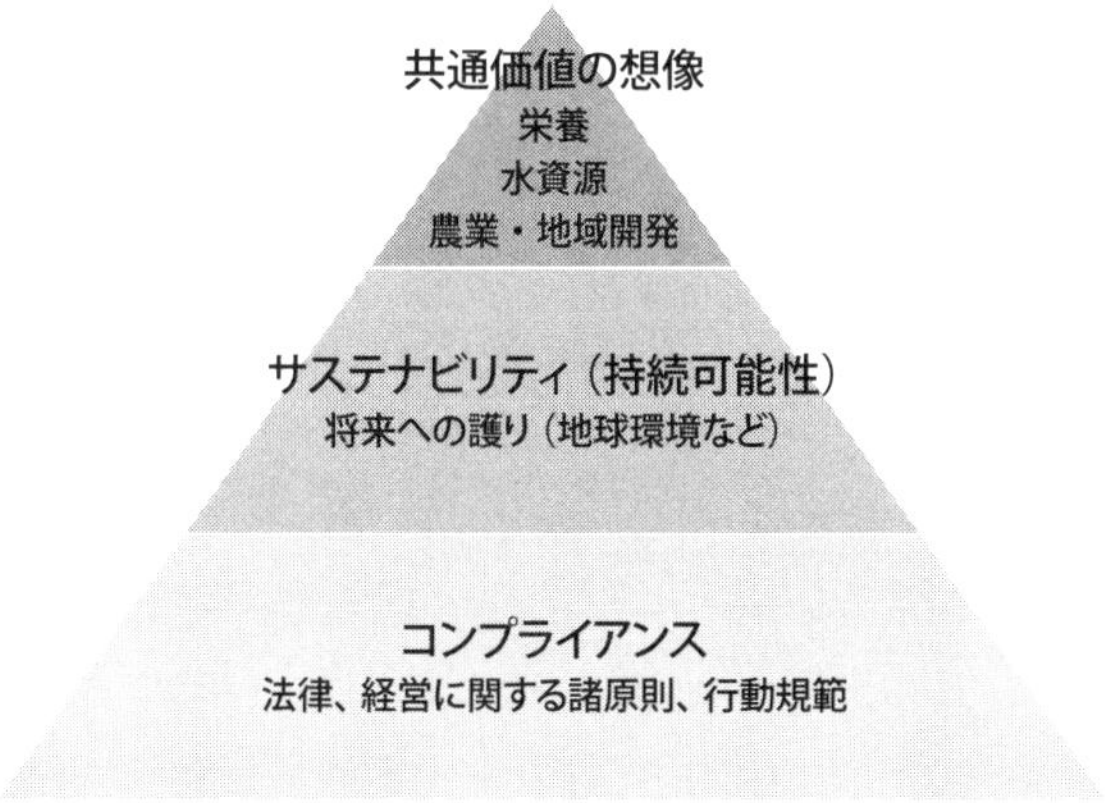


（出所）ネスレホームページ（http://www.nestle.co.jp/csv/creatingsharedvalueatnestle）。

基本が守られなければ社会価値を創造することはできない。二つ目のサステナビリティも同様で、長期にわたって共通価値を生み出していくためには、自然環境や天然資源の保全への取組みが不可欠となる。そして、この二つに支えられる形で最上位概念として位置づけられているのがＣＳＶである。

## 三つの領域で価値を創出する

ネスレでは、「栄養、水資源、農業・地域開発」の三つの領域を、ＣＳＶの主軸に置いている。どれも世界的な課題であると同時に、ネスレの本業に密接に関連している。いずれも、株主と社会の両方にとって価値があるか、そして、そこにネスレがかかわることによって価値を最大化できるかという視点で抽出されたものだ。

ここで、前章で紹介したＣＳＶ実現のための三つのレバーを思い出していただきたい。①製品・サービスを見直し、②バリューチェーンの生産性を見直し、③地域生態系を構築する、という三つのアプローチによって、社会価値と経済価値の両立が可能になるというものだ。ネスレの注力分野がこれにピタリと当てはまることがわかる。

「栄養」は食品会社にとって製品・サービスそのもので、社会的にも経済的にも価値を創出する主領域となる。栄養価値が高く、安全で健康に良い製品を作ること、子どもの栄養摂取や健康に関する知識を提供することは、ネスレの事業の根幹をなす。

バリューチェーンにあたるのが「水資源」である。そもそもネスレは、ヴィッテル、ペリエ、サンペレグリノなどのブランドで、世界で最も多くのミネラルウォーターを扱っている企業であることをご存じだろうか。また、それだけでなく、水はネスレの原材料のうちで最も重要かつ希少なものであると同時に、消費においても欠かせない。水がなければカカオやコーヒー豆は栽培できないし、コーヒーを淹れることもブイヨンでスープを作ることもできないからだ。

非効率的な利用、汚染による水質悪化、地下水の過剰利用などによって、水資源の危機が叫ばれている。自社だけでなくサプライヤーも含むバリューチェーン全体で水資源にかかわる生産性を上げることは、ネスレが事業を続けていくための最も基本的な要件の一つとなっている。

地域生態系に該当するのが「農業・地域開発」である。農業人口の減少と高齢化は先進国だけの問題ではなく、ネスレが原料を調達する国々でも進んでいて、長期的には安定供給が脅かされるおそれもある。農作業の改善や栽培方法の研修などを通じて農家と農村地域を支援し、収入アップと社会的地位の向上を図る取組みを行っている。

さらに、二つ目のバリューチェーンと三つ目の地域生態系の両方に関連する問題として、児童労働がある。ナイキはこの問題で、不買運動の標的になってしまった。一九九〇年代半ばに委託工場が子どもを安価な労働力として活用し、劣悪な環境で学校にも通わせずに働かせていたことで、NPOなどから猛攻撃されたためだ。この「ナイキショック」は、CSR調達の難しさを印象づけた。

単純作業の多いカカオやコーヒー豆の栽培でも、子どもは貴重な働き手として重宝されているので、ネスレにとっても対岸の火事ではない。食品会社としては初めて、適正な供与や労働環境などを監視する公正労働協会をサプライヤーのカカオ農場に派遣して調査を行うなど、児童労働の排除に取り組んでいる。ここまでは、企業活動に伴うネガティブな要素を解消するという意味で、従来のCSRの延長線に位置づけられる。

しかし、本当の問題はその先にある。子どもを働かせるのは経済的に貧しいからで、近くに学校がないことも少なくない。この環境そのものに働きかけなければ児童労働はなくならないし、サプライヤーの生活が不安定なままでは食品会社としての基盤も揺らぎかねない。そこでネスレは、農家の収入増を支援すると同時に、地域に学校を建設するなどして、子どもたちが就学しやすい環境を整備している。

これは単なる社会貢献ではない。ネスレには、新興国を中心としたチョコレートやコーヒーの需要拡大でカカオやコーヒー豆の価格が高騰する中、農家と密接な関係を築いておけば良質の原料を安定的に確保できるとの計算もある。ここに自社にも社会にもポジティブな価値をもたらすCSVの本質が見て取れる。

## CSVを駆動するガバナンス構造

精緻に設計されたネスレのCSVは偶然の産物ではなく、強力なガバナンス構造に裏づけられている。CSVに関するガバナンスは、大きく次の二つで構成される。

一つは、CEOを議長とする「ネスレ・イン・ソサエティ・ボード」で、社内の取締役で構成される。四半期ごとにミーティングを開催し、事業全体がCSVに沿った形で実施されているかどうかを監査する。

もう一つは、会長およびCEOに対してCSVの課題設定についてアドバイスする「CSV諮問委員会」で、一二人の外部の識者や専門家からなる。年に一度、経営幹部や開催国の政府関係者、サプライヤーなどが一堂に会して開催されるCSVグローバルフォーラムに出席するほか、CSVの優れた取組みを行う組織に贈られる「ネスレ大賞」を選ぶのも、CSV諮問委員会の仕事だ。

メンバーには「グリーン・コンシューマー」「トリプル・ボトム・ライン」などの提唱者として知られるCSR界の大物ジョン・エルキントン氏や、ユニセフ事務局長を務めたアン・ベネマン氏の他に、公衆衛生や栄養学、農業開発などの専門家が揃う。そして、実はその中にポーター教授もいる。

ポーター教授は論文の共著者であるクラマー氏とともにネスレがCSVを導入する段階から深くかかわっていて、ネスレにとっては戦略の設計から実装までをサポートしてくれた存在といえる。一方のポーター教授にとっては、自身の理論を現実の事業、それもグローバルな事業に埋め込んでテストする機会を与えてくれたのがネスレである。現在までのところ、両者の試みは成果をあげていて、ネスレはポーター教授のモデルの優等生となっているが、さらに先を行こうとしているように見える。

## デジタル思考を打ち破る

冒頭で、ネスレはCSVの新しい可能性に挑んでいると書いた。ネスレがそれを意識しているかどうかは別にしても、独自のモデルを追求し始めていることは確かなようだ。

両者の違いは、図表2-2を見れば明らかだ。どのステークホルダーにどんな価値を提供するのかを示したこの図には、ネスレの基本姿勢がはっきりと表れている。

縦軸には、消費者、サプライチェーンの川上・川下、同業他社、従業員、コミュニティ・政府、株主のステークホルダーが並ぶ。同業他社が入っていたり、株主が最後なのがネスレらしいといえばネスレらしいが、驚くようなものではない。

注目すべきは横軸だ。CSVの両輪である経済価値、社会価値に加えて、なぜか真ん中

図表2−2　ネスレのCSV――ステークホルダーごとの価値提供

ネスレのステークホルダーへの共通価値提供

| | 経済価値 | 知識価値 | 社会価値 |
|---|---|---|---|
| 消費者 | 消費者にとってのお値打ち感の創出 | 栄養と健康に関する知識の提供 | スマートグリーン商品の提供 |
| サプライヤー・ディストリビューター | 原料やパッケージング業者にとっての経済価値の提供 | 農民への知識提供、食のバリューチェーンの改善 | 安定的な作物管理や家畜の健康管理などの持続可能プロセスの整備 |
| 同業他社 | 価格・コスト削減圧力を通じた同業他社の生産性向上 | 影響や競争を通じた知識の伝達、食産業全体の効率の向上 | 労働・環境基準の改善 |
| 従業員 | 従業員とその家族にとっての仕事と収入の確保 | 従業員教育の実施 | 公共や職場における安心・安全・健康の担保 |
| コミュニティ・政府 | 税金、インフラなどの提供 | 子どもの健康などに関するコミュニティ教育の提供 | 地域開発と資源の持続可能な利用 |
| 株主 | 株主価値の向上 | 生態系全体の価値向上に関する資本市場の理解向上を通じた株主価値の向上 | ペンションファンドなどESG*を重視する株主への株主価値の向上 |

（注）*Environment（環境）、Social（社会）、Governance（統治）。
（出所）ネスレ情報をもとに作成。

に知識価値が置かれている。たとえば、「良いものを安く」提供し続けるためには、知識の蓄積と適用が不可欠となる。私が「スマート・リーン・イノベーション」と呼ぶ知識創造モデルだ。また、消費者に栄養と健康に関する知識を提供したり、サプライヤーに農業技術を教えることも、知識価値に相当する。

「知」をもって社会に貢献し、利潤に変換する——一橋大学での私の同僚でもあり、研究の大先達でもある野中郁次郎教授の主張とも重なる話だが、経済か社会かをくっきり分けるポーター教授のモデルとは明らかに異なる。

なぜ知識価値なのか。その理由を尋ねた私に、ネスレの日本のCSV責任者から返ってきた答えは、興味深いものだった。

「経済か社会のどちらかに振り分けようとすると、どうしてもゼロサム思考になりがちです。そこに何らかの新しい価値、プラスサムを生むにはイノベーションが必要で、それがなければCSVとはいえません」

デジタル思考に陥らず、粘り強い姿勢で長期的な価値を追求する考え方は、実にヨーロッパ企業らしい。しかし諮問委員でもあるポーター教授が、これにすんなりと同意するとも考えにくい。重ねて聞いてみたところ、案の定ピンときていないようで、「指標としては難しい」というのがポーター教授の評価だったようだ。

しかし私は、ここにCSVの新しい可能性を感じる。社会価値だけで満足するのではなく、結果としての利益ばかりを追求するのでもなく、両方を追いながらもう一つ別の価値を絡ませる粘り強さ、言い換えれば割り切りの悪さが、総和としてさらに大きな価値につながるのではないだろうか。

何も知識にこだわる必要はない。企業によっては技術かもしれないし、スキル、人材、あるいはブランドというところもあるだろう。自社の最も重要な無形資産、価値創造の源泉を真ん中に入れると、自分たちにしかできないCSVの方向性が見えてくるはずだ。ぜひ一度、皆さんの会社でもやってみていただきたい。

## KPIを公表する勇気

ネスレのCSVの先進性は、栄養、農業・地域開発、水資源の三つの注力分野に、これを支えるサステナビリティとコンプライアンスを加えた合計五つの重要課題についてKPIを設定している点にある。しかも、それをさらに具体的な行動目標にまで落とし込んでいる点が注目される（図表2-3・図表2-4）。

CSV憲章を掲げたり、社会的活動をアピールすることは、どこの企業でもやろうと思えばすぐにできるが、KPIとなると、ほとんど手つかずのところが多い。ホームページやレポートを見ても、「社会に良さそうなこと」が並べてあるだけで、KPIの前段階となる具体的な取組みさえ、いま一つはっきりしていない。

それに対してネスレは、たとえば栄養・健康面に配慮して改良された製品の数や、研修を行う農業従事者の人数といった、具体的かつ定量的な指標を示している。これは、ネスレの覚悟と徹底度を示すものと評価してよいだろう。

各ＫＰＩの妥当性がどうなのか、という問題は残る。高品質で栄養価の高い製品を手の届きやすい価格で低所得消費者に販売するＰＰＰ（良品廉価製品、Properly Positioned Products）の品目数が増えれば、本当に貧困

図表2−3　**ネスレのCSV経営の全体像**

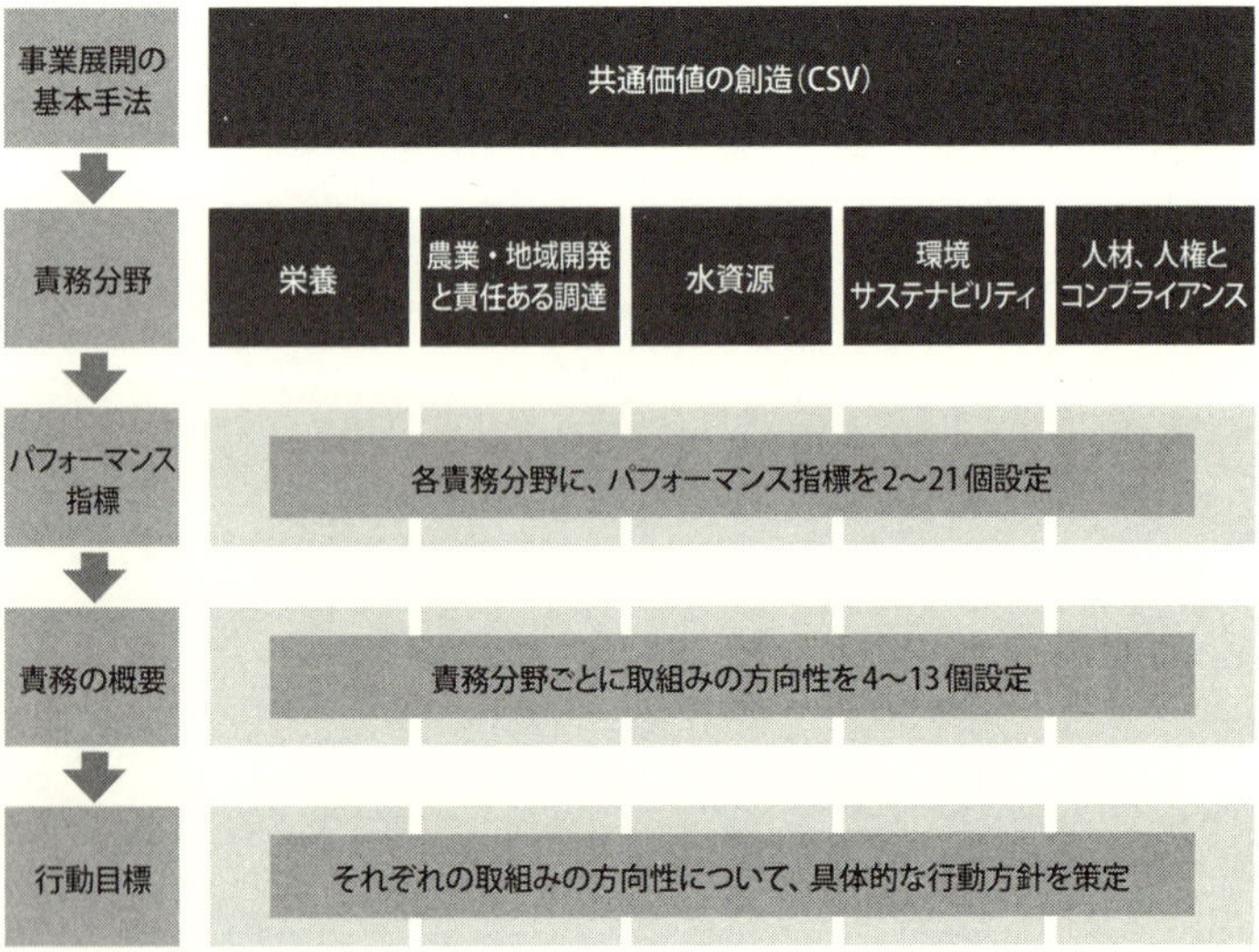


（出所）ネスレ情報をもとにBCG作成。

図表2-4　**CSV経営の主要KPI事例**

| | |
|---|---|
| **栄養** | ・「ネスレ栄養基盤」の基準以上の製品（総売上に占める割合）<br>・栄養または健康面に配慮して改良された製品数<br>・栄養価値の高い原材料または必須栄養素を強化した製品数<br>・ナトリウム、糖類、トランス脂肪酸、総脂質、カロリーまたは合成着色料を削減した製品数<br>・製品試験プログラム「60/40＋（シックスティ・フォーティ・プラス）」で分析・改善または確認された製品（売上高）<br>・「ブランディド・アクティブ・ベネフィット（BAB、ネスレが認めた健康価値ブランド）」を取り入れた製品（売上高）<br>・「ネスレ・ニュートリショナル・コンパス（栄養情報・製品情報）」の表示製品（世界総売上に占める割合）<br>・パッケージ前面に1日のカロリーガイド表示（GDA）を示したEUの製品（総売上に占める割合）<br>・ポーションガイダンス（1食分がわかる工夫や情報を行っている）製品（売上高）<br>・手の届く価格帯の製品群（PPP）の品目数<br>・手の届く価格帯の製品群（売上高） |
| **農業・地域開発と責任ある調達** | ・「ネスレ持続可能な農業イニシアチブ（SAIN）」プログラムの対象市場数<br>・SAINプログラムによって直接調達が実施されているマーケットの割合<br>・「ネスレサプライヤー規約」を完全に順守しているサプライヤーの割合<br>・能力開発プログラムによる研修を受けた農業従事者数<br>・「ネスレサプライヤー規約」を完全に順守して調達された取引高の割合 |
| **水資源** | ・総取水量 |

（出所）ネスレ情報をもとにBCG作成。

層の栄養状況は改善するのか。生活習慣病の予備軍を増やすだけではないのかという批判もあるだろう。

ただ、それでもKPIを設定し、それを外部に公表するというのは、非常に意味のあることだと私は考える。宣言して、実行して、達成する。見直す必要があれば、躊躇なく修正する。こうした割り切りの良さは日本企業にはなかなかない。社内で議論をしても、本質ではないから出さない、もっとしっかりしたものができてから公表する、という話になりがちだが、これでは先に進まない。時には自らに責任を課し、有言実行せざるをえない状況に追い込むことも必要なのではないだろうか。

## ネスレ・ボイコットを越えて

ネスレの数あるCSVのケースから、ここでは二つを紹介することにしよう。いずれもブラジルにおけるBOP（Base of the Pyramid）を対象とするものだ。

一つは、二〇〇五年から始めた戸別配送プログラム。「Nestlé Comes to You」と名づけられたこのプログラムでは低所得層向けに、粉ミルク、粉末チョコレート飲料、ビスケットなどの家族の健康維持に役立つ栄養補強商品を詰め合わせ、一食分から小分けにして販売する。近くに小売店がなかったり、買い物に行くのが難しい貧困地区でラスト・ワンマイルを担うのが、少年を中心とする販売員だ。少年らは戸別配送の仕事で生活費が得られるだけでなく、学費や奨学金の支援も受けられる。

ある日本企業でこの話をしたら、ブラジル人若手社員の一人が、「私はそのプログラムのおかげで学校に通い、卒業してネスレに入社することができた。その後当社に移ってきたが、今の私があるのはネスレのおかげだ」と発言してくれた。一〇年の間にこのプログラムが、市場を開拓し、地域の子どもの未来を拓き、人材を育てたことの証しの一つと言える。

もう一つは、アマゾン川上流の僻地の住民にボートで製品を届ける水上スーパーマーケットだ。手頃な価格にするために小分けにされた商品が、小さなボートいっぱいに並ぶ。あの「アマゾン」（Amazon.com）も届けてくれないようなアマゾンの奥地でも、不自由なく買い物ができると喜ばれている。

ただその一方で、自社製品しか扱わないのは、本当に住民のことを考えていないからだという批判もある。他の消費財メーカーなどと連携して、消費者にとってより使い勝手の良い販売網にすることを検討するのもよいだろう。

グローバルな食品会社や飲料会社が新興国のＢＯＰ層に加工食品を販売することに対しては、厳しい批判もある。急激な食生活の変化が、肥満や糖尿病、あるいはアルコール依存症などを増加させるという指摘だ。ネスレは過去にも、乳児用の粉ミルクをめぐり、母乳ならば得られるはずの栄養が不足したり、不衛生な水で作ったミルクで深刻な健康被害が生じているなどとして、大規模なボイコット運動を起こされたこともある。
市場の開拓を強力に推し進める一方で、教育機会や栄養知識を提供するなどして社会的価値の創出に熱心なのは、こうした非難をかわしたい思惑もあると考えられる。時には世界中で事業を展開する巨人であるという理由だけで攻撃の対象となるグローバル企業にとって、コーポレートブランドをどのようにして守るかは重要な課題である。利益だけでなく、きちんと社会的な価値を生み出していることを社会にアピールするCSVは、専守防衛型のリスク管理手法としても有効なのである。

CASE

## ホールフーズ・マーケット——もう一つの資本主義

### 「世界でいちばん大切な会社」

ホールフーズ・マーケットは、アメリカを中心にカナダ、イギリスで約四〇〇店舗を運営する高級スーパーである。一九八〇年の創業以来、自然食品や有機野菜、フェアトレード商品などを豊富に揃えて、食へのこだわりや環境問題に関心のある層に支持されてきた。二〇一四年度の売上高は一四一億九四〇〇万ドル、営業利益は九億三四〇〇万ドルを記録している。

こだわりは品揃えだけではない。店頭には季節ごとの花が並び、店内に足を踏み入れると、こぼれ落ちんばかりに積み上げられた色とりどりの果物や採りたての野菜、迫力たっぷりにディスプレイされた巨大なチーズの固まりなどが客を出迎える。こうした幸せな気分で買い物を楽しんでもらうための工夫が、店内のあちこちに施されている。

私もアメリカに滞在するときはいつもホールフーズを利用しているが、最低限必要なものをできるだけ安い価格で、短時間で効率良く買おうというような人は見かけない。買い物中の人も、店から出てきた人もニコニコしている。価格は普通のスーパーに比べて割高なのに、みんな喜んで支払うので「ホールチェック（小切手全部を使ってしまう）」という言葉があるほどだ。

ポーター教授は二〇〇六年の論文「競争優位のCSR戦略」の中で、共通価値（Shared Value）をいち早く導入して成功を収めた例としてホールフーズを取り上げている。一方、ホールフーズの創業者で共同CEOのジョン・マッキー氏は、CSVに対しては懐疑的な姿勢を示している。

その立場は、ラジェンドラ・シソーディア氏との共著*Conscious Capitalism*（邦題『世界でいちばん大切にしたい会社』翔泳社）を読むときわめて明快だ。そこでマッキー氏はCSVについて、「ビジネスと社会的利益をうまく一致させる現実的な方法だ」と評価する一方で、「小手先の調整に近く、成果を測る指標も不明確だ」と切って捨てている。

## コンシャス・キャピタリズムとは何か

そんなマッキー氏が掲げるのが、「コンシャス・キャピタリズム」である。日本語にすれば、覚醒された資本主義、意識の高い資本主義ということになるだろう。

コンシャス・キャピタリズムは、①ステークホルダー全員の利益のために奉仕する志を持ち、②意識の高いリーダー（コンシャス・リーダー）を有し、③そこで働くことが大きな喜びや達成感につながるようなコンシャス・カンパニーが担うとされる。

いささか抽象的でわかりにくいかもしれない。むしろ、著書の邦題「世界でいちばん大切にしたい会社」にそのエッセンスは込められている。原書のタイトルとは全く違うものだが、「大切にしたい会社」というフレーズは、ホールフーズにかかわる人の気持ちをよく表していると思う。

顧客をはじめとするステークホルダーがホールフーズのことをどれだけ大切に思ってい

るのかがわかる、初期のエピソードがある。

大学を中退したマッキー氏がガールフレンドと立ち上げた自然食品店が、少しずつだが軌道に乗り始めていたある日、店のあったオースティンが七〇年ぶりの大洪水に見舞われる。死者一三名で、被害総額は今の価値でいえば一億ドル超に相当する大災害だった。店も床上二メートルが水に浸かり、損害額は四〇万ドルにのぼった。

店を閉めることを覚悟したマッキー氏らの前に現れたのは、バケツやモップを手にした常連客や近所の人たちだった。「ホールフーズは私にとって本当に重要なんです」「この店がなくなったらオースティンに住もうとは思わない」と言って、片づけや修繕を手伝ってくれた。

他のステークホルダーも協力を惜しまなかった。従業員は無給で働き、サプライヤーはツケで商品を届け、投資家や銀行は資金を提供してくれた。その結果、洪水からわずか二八日後に店を再開することができた。

マッキー氏は当時のことを、「ステークホルダーが私たちを愛し、大事に思ってくれなかったら、今日一一〇億ドル以上の売上を誇っているこの会社は一年目につぶれていただろう」と振り返っている。

## ステークホルダーを巡る「幸福の循環」

コンシャス・キャピタリズムとCSVには、どのような違いがあるのだろうか。

まず、このモデルの全体像（コンシャス・ピラミッド）を俯瞰してみよう。経営哲学としてのコンシャス・キャピタリズムは、①崇高な目的・コアバリュー、②ステークホルダーの統合、③コンシャス・リーダーシップ、④コンシャス文化・マネジメント、の四つの教義によって支えられている（図表2-5）。戦術や戦略ではなく「教義」としているところに、こだわりがうかがえる。

この中央に、崇高な目的（Higher Purpose）とコアバリュー（Core Values）

図表2-5　**コンシャス・キャピタリズムの4つの教義**

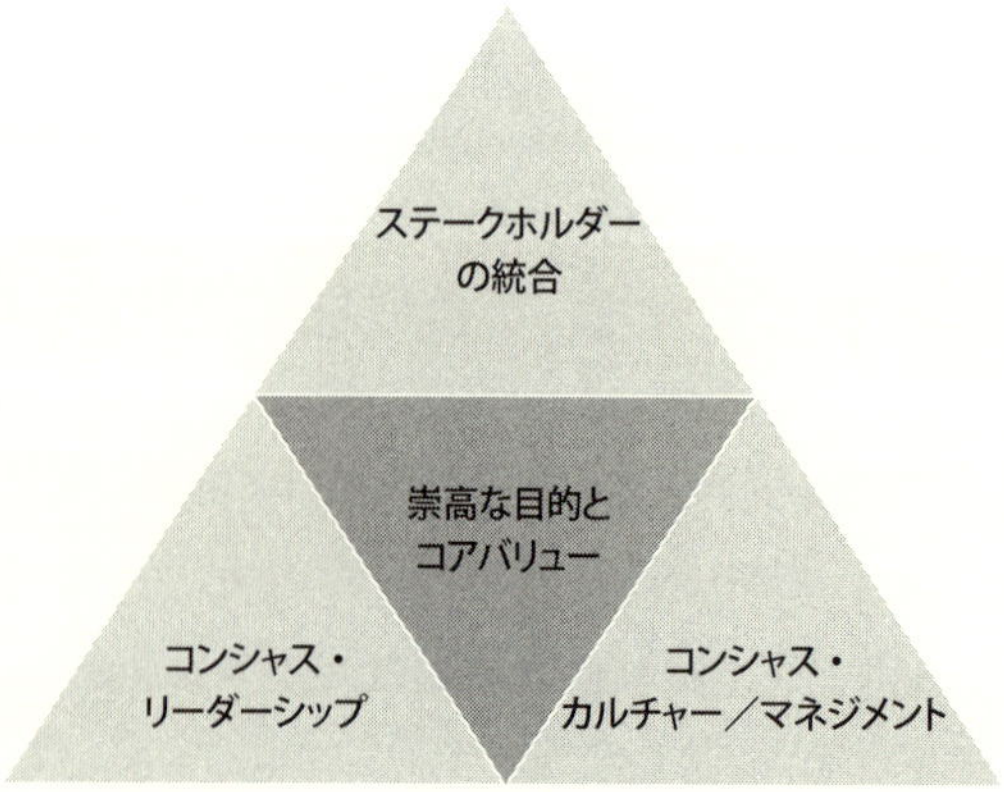


（出所）ジョン・マッキー／ラジェンドラ・シソーディア『世界でいちばん大切にしたい会社』p.43。

があることは重要な意味を持つ。自社はなぜ存在するのか、どのような価値を社会に生み出すのかという問いをど真ん中に据える思想は、ポーター教授のCSVとは明らかに一線を画す。

マッキー氏自身はCSVについて、コンシャス・キャピタリズムの核となる「計り知れない力を与えてくれる、目に見えないが重要な情緒的、精神的な動機づけを欠いている」と述べている。私も経営に欠かすことのできない「人」や「心」といった要素を考慮していないところにCSVの限界を感じるので、マッキー氏のこの考えには賛成だ。

動機づけがなぜ重要なのか。マッキー氏はチームメンバー（アルバイトを含む従業員）の幸福と動機づけから始まる良循環モデルを用いて、その理由を次のように説明している。その会社に合った人材を採用して教育し、生き生きと働ける環境を整えれば、従業員はお客を喜ばせる。その結果、顧客満足度がアップして業績が上がれば投資家も報われるし、利益を社会に還元することも、再投資してさらにビジネスを成長させることもできる（図表2-6）。

起点となるチームメンバーの幸福のために特に重視しているのが内発的動機づけ、すなわち、「やる気」である。採用にあたっては、適材を雇用して適所に配置する必要性を強調している。会社の目的に沿って仕事に真剣に取り組める人材を選ぶために、アルバイトの面接は店のスタッフ全員で行い、三分の二以上が賛成しなければ採用しないほどの徹底ぶりだ。チームの結束力をどれだけ大切にしているかがうかがえる。

ネスレのようなきっちり分けられたマトリックスを使わず、サイクルモデルで表しているのも興味深い。ステークホルダーも生み出される価値も分断されてはおらず、相互に依存しながら結びついている。この自由度の高い、いわば融通無碍のモデルは、学生時代に東洋哲学を学び、西洋のシステムと東洋の知恵が融合するリーダーをめざしたマッキー氏にいかにもふさわしい。

図表2-6　**ホールフーズのコンシャス・キャピタリズムがもたらす良循環**

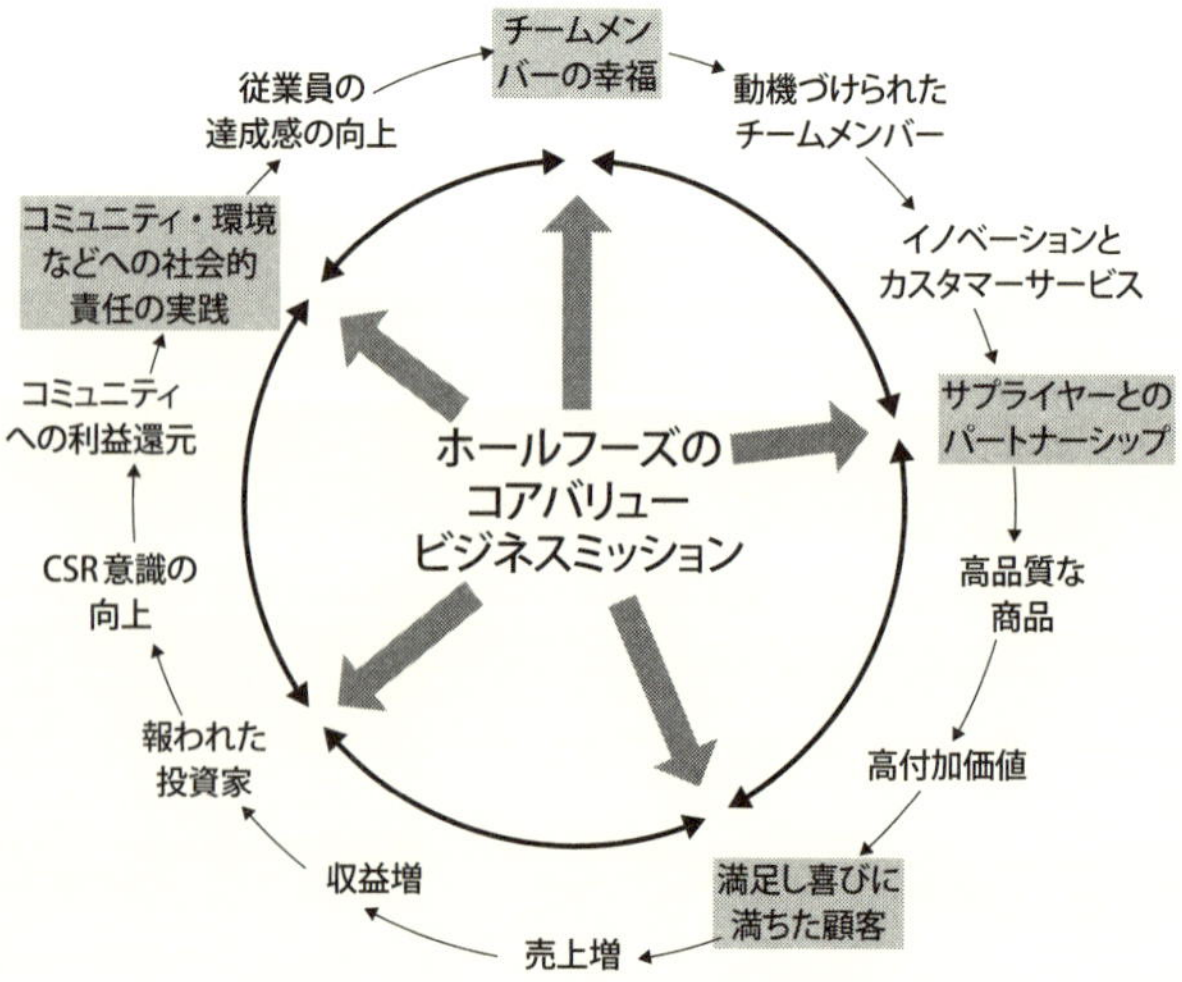


（出所）ジョン・マッキー氏のブログから作成。

## 報われる株主

ホールフーズのケースをビジネススクールの講義で使うと、学生の評価は二つに分かれる。一つは、成長の努力を怠っているのではないかという批判的な見方だ。

ホールフーズは長くアメリカ国内だけで展開していて、ニューヨークにも二〇〇一年になってようやく出店したほど、慎重な姿勢で知られる。コンサルタント時代に私は、日本の百貨店系の高級スーパーの依頼を受けて、同社に対して日本への誘致を働きかけたこともあったが、「消費者のことがよくわからない国には進出しない」という理由で断られて実現しなかった。地域や顧客とのつながりを重視するホールフーズらしい判断といえるが、「事業拡大の機会をみすみす逃している」と見なす株主がいても不思議ではない。

実際はどうなのかといえば、成長のスピードはともかく、ホールフーズの業績は前述のとおり順調だ。では、コンシャス・キャピタリズム全体ではどうなのか。CSVは企業価値との相関性が不明だと批判するだけあり、シソーディア氏は、コンシャス・カンパニーに近い基準で選んだ企業の過去一五年間の業績がS&P500種指数をはるかに上回るデータを提示している。経済価値もしっかり出しているというのが、彼らの主張だ（図表2-7）。

もう一つの評価は対照的に、地域を大切にすると言いながら、競合である大中小さまざまの自然食品スーパーを買収していて、市場を独占しようとしているという批判だ。二〇〇七年にはライバルとされたワイルド・オーツ・マーケットの買収をめぐって、連邦取引委員会（FTC）から待ったがかけられたこともある（その後、差止請求は棄却されて買収が成立している）。

　こうした批判に対してホールフーズは、コミュニティに寄り添った店づくりと運営を通して向き合っている。地域の文化や環境に沿った店舗づくりをし、生鮮食品はできるだけ作り手の顔が見える地産にこだわる。地元の一員になることを心がけ、各店舗が独自に売上の五％を地元のNPOに寄付する「五％デー」を年に数回実施しても

図表2–7　**コンシャス・カンパニーとS&P500企業のパフォーマンス比較（累積）**

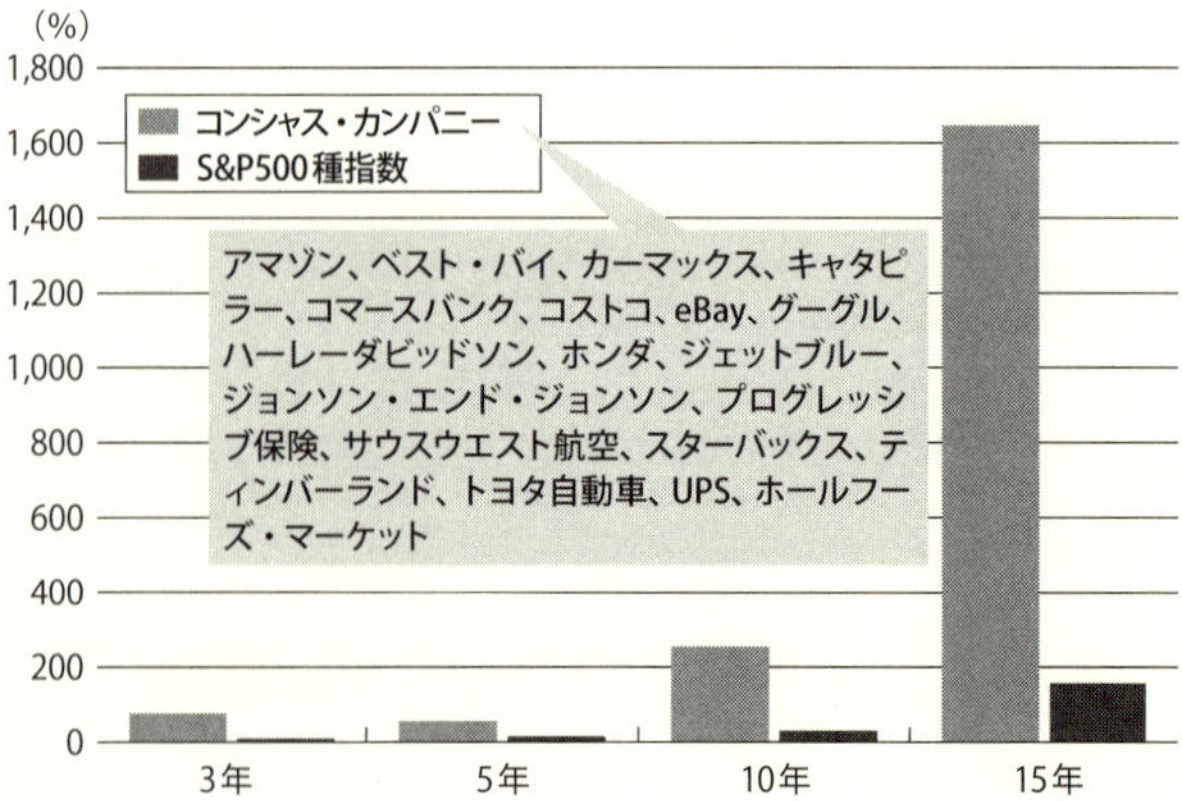


（出所）『世界でいちばん大切にしたい会社』p.353より作成。

いる。

こうした振る舞いが本当に批判に応えるものなのかどうかは、判断の分かれるところだ。ただ、少なくとも株主価値と社会価値の両立、という上場企業にとっては簡単には答えの出ない問いに真摯に向き合おうとしていることは確かで、その姿勢は評価されるべきだろう。

CASE

# GE――ソーシャル・イノベーションをめざす

## 新CEOイメルトをのみ込んだ乱気流

伝統的なコングロマリットでありながら、変化と進化を繰り返して一〇〇年以上にわたって世界に君臨するGEに、CSV企業という新しい修飾語が加わろうとしている。GE自身はCSVという言葉は用いていないが、その経営姿勢はCSVそのものに見える。

GEが掲げる「グローバルに（Be global)、イノベーションを促進し（Drive innovation)、

（ステークホルダーと）関係を構築し（Build relationships）、強みを生かして（Leverage strengths）、世界が直面する難問を解決する」というミッションは、ＣＳＶ経営と本質的には何も変わるところがない。

もともとは国や自治体、国際機関などが行っていた公共性の高い事業を、民間企業がビジネスとして行うインフラビジネスの担い手としても、ＧＥは世界中でその存在感を示してきた。しかし、長い歴史は必ずしも一本道だったわけではない。

一九七〇年代には申し分のない業績をあげる一方で、官僚主義や保守的で内向きな事業戦略といった大企業にありがちな問題を抱えていた。高性能、高品質、低コストを武器に攻勢をかける日本企業の存在も脅威になりつつあった。そこに登場したのが、一九八一年に四六歳の若さでＣＥＯに就任したジャック・ウェルチ氏である。

グローバル市場で一位か二位の事業に注力し、それ以外の事業からは撤退するという大胆なリストラクチャリングが行われた。それと同時に、複雑で変化のスピードに対応できない組織とマネジメントを徹底的に簡素化し、計一〇万人にも及ぶ人員整理も敢行した。その結果、就任時には一六億ドルだった利益は一九九九年には一〇七億ドルにまで増え、収益力で世界第二位の企業にまでなる。

しかし、「選択と集中」がもたらした歪みもまた大きなものであったことを、ウェルチ氏の後を継いでＣＥＯとなったジェフリー・イメルト氏は、後に思い知らされることになる。

イメルト氏がＣＥＯに就任した二〇〇一年九月七日のわずか四日後、九・一一テロが発生。選択と集中の結果、柱に据えたうちの二つ、航空機エンジンと金融・保険事業が大打撃を受ける。アメリカ経済の減速の影響もあって、一九九三年以来続いた二桁増益は途絶えた。

この事態を受けてイメルト氏は、再び事業の大胆なリストラに乗り出す。日本のＧＥエジソン生命保険をはじめとする保険、金融会社を売却。一時は売上の半分以上を占めていた金融事業を大幅に縮小し、ソーシャル・イノベーションの担い手という原点に立ち戻るためにポートフォリオの再構築に取りかかる。その過程で、ＮＢＣユニバーサルを売却するなどしてメディア事業からも撤退している。

二〇一四年以降、事業のリストラをさらに加速させている。シーメンスや三菱重工との争奪戦の末、フランスのアルストムの重電部門を買収し、電力事業において、世界トップの座を不動のものにした。その一方で、全営業利益に占める金融事業の割合（二〇一四年は四二％）を一八年までに一〇％以下にする目標を掲げ、一五年春にはＧＥキャピタルが保有する不動産や金融資産、約二六五億ドルを売却すると発表した。その結果、同年第１四半期の最終損益が約一三五・七億ドルの赤字となることも、ものともしなかった。

これらの施策を通じて、イメルト氏は製造業への回帰、いや、二一世紀型の製造業の確立に向けて舵を大きく切り始めている。

## エジソンは元祖CSV経営者?

極端に言えば、一位か二位になれるならば何でもよいというウェルチ氏に対して、イメルト氏は、GEのコアコンピタンスと社会のニーズの接点がどこにあるのかを見極めようとした。

同社を立て直すために、イメルト氏が最初に手掛けたのが「Non Stoppable Trends（決して止まることのないトレンド）」の見極めだ。流行のビジネスや成長余地のありそうな市場を狙うのではなく、世界が抱えている本質的な課題は何か、それを解決するために自分たちに何ができるのかを起点に考えたのである。

こうした不易の視点を通じて新たに掲げられたのが「エコマジネーション（ecomagination）」と「ヘルシーマジネーション（healthymagination）」のビジョンである。

エコマジネーションとは、エコロジーとイマジネーションを組み合わせた造語である。人口増加や資源不足、景気変動などのあらゆる問題が環境問題に影響し、それを解決することが大きなビジネスチャンスにつながるとの考えに基づいている。具体的には、航空機エンジンや発送電システムといった、顧客企業のエネルギー効率を向上させる製品やサービス、再生可能エネルギー事業などがこれに相当する。

ヘルシーマジネーションはヘルスケア分野で、次の三つについてそれぞれ一五％ずつ改善するという目標を掲げている。第一は、予防医療のためのサービスや低価格の医療機器などによる医療コストの削減。第二は、技術革新や啓発活動による医療アクセスの拡大。第三は、ＩＴの活用などによる医療品質の向上である。品質、コスト、デリバリーというＱＣＤの三つをきっちりと押さえている点が、実にＧＥらしい。

最近では、これにいわゆるＩｏＴ（モノのインターネット）を見据えた「インダストリアル・インターネット」が加わっている。そして、これらすべてに通底しているのが「ソーシャル・イノベーション」だ。今ある製品や技術に着目するのではなく、既存の事業ドメインや組織にとらわれずに自社の本質は何かを掘り下げた結果、アイデンティティの核として出てきたのが、ＧＥの場合はソーシャル・イノベーションだったということである。

「世界が必要としているものを創る」（I find out what the world needs, then I proceed to invent it）。これは、ＧＥの創業者トーマス・エジソンの言葉だ。

世界中から暗闇をなくしたといわれる電球や、移動の利便性を飛躍的に高めた電気鉄道は、世の中の抱えている問題を解決したいというエジソンの思いが生んだイノベーションだった。

日本人の私から見れば、明治時代の終わりに自主技術、国産技術に執念を燃やして、日本のその後のものづくりの礎を築いた日立製作所の創業者・小平浪平などは、エジソンに負けない大義と情熱を持っていたと思うが、もちろんエジソンの偉大さに異議を唱えるつもりは毛頭ない。GEの原点にソーシャル・イノベーションがあることは確かだろう。

革新的な方法で社会の課題を解決し、その結果、ビジネスとしても大きな成果をあげるというエジソン・スピリッツは、今もGEに脈々と受け継がれている。

## ウォーレン・バフェットの救いの手

CEO就任から七年後の二〇〇八年に、イメルト氏は二回目のピンチに直面することになる。リーマンショックに端を発する金融危機でGE株が大幅に下落。ウェルチ時代よりは縮小したものの、金融事業部門のGEキャピタルが依然としてGE全体の業績に大きな影響力を持っていたため、市場が経営の先行きを不安視したためだった(この苦い記憶が、金融事業の大幅縮小という、その後の決断につながったのは想像に難くない)。

追加の資金調達を迫られたイメルト氏は、著名投資家のウォーレン・バフェット氏に電話をかけて「助けてほしい」と言ったとされる。バフェット氏がこの申し出を受けて三〇億ドルの優先株を引き受けると、市場には「オマハの賢人(バフェット氏の居住地にちなんだ愛称)のお墨付きを得た」という見方が広がり、これが呼び水となって一二〇億ドルの普通株増資にも成功。信用不安は払拭された。

その後、業績は急回復。三年後には三億ドルのプレミアムをつけて優先株を買い戻してバフェット氏を大儲けさせたのだが、もしもあのときに救いの手が差し伸べられていなければ、今のGEはなかったかもしれない。

なぜバフェット氏はイメルト氏の頼みを聞き入れたのだろうか。非常に有利な条件が提示されたのは事実だが、そういうことだけを基準に判断するような人物ではない。

バフェット氏の投資基準は実に明快で、基本的には次の二点に絞られる。その企業にしか出せない価値があること、そしてその価値を二〇年、三〇年経っても変わらずに出し続けられること、というものだ。もちろん投資なので、いくら高い価値があってもすでに株価が十分に高値にあれば買わないが、たとえ足もとの業績がどれだけ良くてもいくら割安でも、他に代わりが利くような企業には見向きもしない。

バフェット氏が優先株を引き受けたのは、GEがアメリカ、そして世界に必要な企業だと考えたからだろう。将来にわたって人々に必要とされる、社会にとってなくてはならない企業だったからこそ、GEは生き延びることができたのだ。

少し話がそれるが、残念ながらバフェット氏の眼鏡にかなう日本企業は、今のところわずか一社しかない。福島県いわき市にある超硬工具大手のタンガロイだ。世界中のメーカーに、ダイヤモンドに似た特性を持つ切削工具用の素材「タンガロイ」を納めている。バフェット氏は唯一無二のその価値を「ダイヤモンドに勝るとも劣らない人類の宝だ」と高く評価している。リーマンショック直後に工場新設の話が出た際も、自身が大株主であるイスラエルのＩＭＣに対して投資を促している（バフェット氏はタンガロイを買収後、同社の傘下に配属）。また、三・一一の直後も、バフェット氏自身が訪日して、タンガロイの本拠・福島の復興にエールを送っている。

ＧＥもタンガロイも、ＣＳＶ経営を標榜しているわけではない。しかし、社会に価値を提供し、それにより利益を出し続けることの意義を体現しているといえるだろう。

## リバース・イノベーションで新興国シフト

年間所得三〇〇〇ドル以下の低所得層を顧客として、彼らに有益な製品・サービスを提供して生活水準を向上させるＢＯＰビジネスは、ＣＳＶを象徴するモデルといえる。ＢＯＰは、世界人口の約七二％にあたる四〇億人が対象となる。そのニーズを満たして生産性と所得を向上させられれば、彼らの多くは近い将来、年間所得三〇〇〇ドルから二万ドル以下のＭＯＰ（Middle of the Pyramid）に移行して、巨大な新市場が生成される。社会にとっても企業にとっても、大きな成長機会をもたらすビジネスといえる。

ＧＥはいち早くこの市場に目をつけて、中国やインドで医療機器などのヘルスケア事業を展開していた。しかし、長年の間、人材を投入して営業に力を入れても、なかなか芽が出なかった。品質も価格も高止まりしていて、現地の実情に全く合っていなかったのだ。それを現地の人間がいくら訴えても、本社は聞く耳を持たない。

しかし、新CEOに就任したイメルト氏は違った。「GEがアメリカで勝つためには、中国やインドで勝たなければならない」という危機感を抱いていたからだ。アメリカは世界、中国やインドは新興国と置き換えることができる。「GEが世界で勝つためには、新興国で勝たなければならない」。この問題認識こそが、新興国をイノベーションの発信源とする「リバース・イノベーション」という手法を後に生むことになる。

普通は人材や環境が揃う先進国で生まれた技術や製品を、機能を省略したり品質を一部下げたりして新興国市場に投入するが、リバース・イノベーションは全く逆の流れで行われる。下流で生まれた技術や製品を、上流へ逆流させるのである。なぜ、そんな必要があるのかという疑問は、次の二つの製品にまつわるストーリーを知ればすぐに解消されるはずだ。

一つは、中国で開発した超音波診断装置のストーリーである。この装置は、腹部や循環器などの診療に使われる。GEは、農村部にある設備が乏しくて専門医のいない小規模な医院で医療サービスを受ける人々のために、簡易型の機器を従来品のわずか一五%という低価格で二〇〇二年に発売した。

もう一つは、先進国で使われるハイエンドの製品に代わってインドで開発された、小型で軽量なバッテリー付きの心電計である。田舎で暮らす経済的に苦しい人たちは、よほどのことがなければ自分からは医療サービスは受けない。また、そうなってからでは遠く離れた病院に出向くのは難しい。そのため、遠くまで往診する医師が電気のない地域でも使えるような心電計が必要とされていたのである。

どちらのケースでも、開発の拠点は現地に置かれた。ローカルグロースチーム（LGT）と呼ばれるこの組織は原則として現地の人材で組織され、GE内の技術、知的財産権、人材などのあらゆるアセットにアクセスすることを許された。その一方で、本社も含むLGT以外の人間は、一切の口出しを禁じられた。もしそれを許せば、それまでのGEと大して変わらないものになってしまうことが明らかだったからだ。

この手法で開発された二つの製品は新興国で圧倒的な成功を収めただけでなく、その後、先進国にも渡って大ヒットする。遠隔地や救急現場といった取り残された市場――規模が小さすぎてイノベーションの対象とは見なされない市場――で広く受け入れられ、多くの人の命を救っている。イノベーションは川をさかのぼったのである。

## 自己破壊を繰り返すGE

GEの進化はとどまるところを知らない。最近では、「ファストワークス」と称して、シリコンバレーにエンジニアリング部隊を置いて「リーン・スタートアップ」の手法を取り入れている。

コストをかけずにプロトタイプを作り、結果を分析して改良して、また試すというこの手法は、「無駄のない起業」と直訳すればわかるように、もともとはベンチャーの成功率を高めるための手法として注目された。そして、今ではＩＴ分野を中心に大企業でも取り入れられている。

顧客ニーズも経済動向も目まぐるしく変化する今日、時間をかけてリサーチを行い、品質を作り込んでも、成功するとは限らない。むしろ、完全なものができるのを待つのではなく、ＭＶＰ（Minimum Viable Product）、すなわち、最小限の機能を満たした製品を市場に出し、いち早く市場の反応を見て軌道修正をしようという考え方だ。仮説、検証、修正のサイクルは短ければ短いほどいいので、週に一度程度の割合でプロトタイプを作る。

ＧＥがリーン・スタートアップの手法を導入した産業機器の分野は、非常に高度な信頼性が要求される。そのため、四～五年かけて新製品を作るのが通常だ。これを、完成品ができるのを待つのではなく、まずはＭＶＰを市場に出して顧客の意見を聞き、それをフィードバックして改良を重ねることで、一～二年程度に短縮しようと取り組んでいる。

言うまでもなく、巨大企業でありながらベンチャー並みのスピードで意思決定して実行するには、新しい手法を一つ取り入れれば事足りる話ではない。業務プロセスや組織構造の根本的な見直しも必要になるだろう。それでも過去にとらわれず、自己破壊を繰り返しながら新しい時代の新しいビジネスを追い続けるＧＥに、成功企業が陥りがちな「イノベーションのジレンマ」が忍び寄る隙は、今のところないようだ。

## バリューからビリーフへ

ＧＥの強さの理由として、優秀なトップの存在が挙げられることが多い。非連続的な改革でチェンジ・リーダーの名をほしいままにしたジャック・ウェルチ氏、不確実性に向き合い、ＧＥに不屈のチャレンジ精神と俊敏さを目覚めさせたジェフリー・イメルト氏。どちらも卓越したリーダーであることは間違いない。

もちろん、両者のリーダーシップのスタイルは大きく異なる。ハーバード・ビジネススクールの学生時代とマッキンゼーのコンサルタント時代を通じて、私は二人と直接話をすることが何回かあり、強烈な印象が残っている。ウェルチ氏はきわめて明確かつ断定的に自分の考えを力説する典型的なカリスマ型リーダーだ。それに対して、イメルト氏はむしろ鋭い質問を畳みかけ、こちらに考えさせながら話を進めるソクラテス型リーダーである。

しかし私は、ＧＥの本当の強さは、彼らの哲学や戦略を深く理解し、徹底して遂行する三〇万人超の社員にあると思う。

トップの考えを現場に落とし込むのは容易ではない。ましてやＧＥのような巨大企業であればなおさらだ。社員一人ひとりの、末端にまで浸み込ませるためには、教育研修や評価制度などの仕組みと、それらすべてに通底する企業としての理念や重視すべき価値観が欠かせない。

こうした目的のためにミッションやバリューを掲げる企業は多い。しかし、実際にどこまで本気で現場に落とし込んでいるのかといえば疑問符がつく。オフィシャルな場では社長が「社会のために」と言うが、部門の評価にも個人の評価にもそんな指標は組み込まれておらず、当期の儲けがすべて。そんな例は珍しくはない。

しかしＧＥの場合は、これらの価値観が人事評価の仕組みにしっかり埋め込まれている。評価軸はバリューとパフォーマンスの二つで、バリューを深く理解して体現し、高い成果をあげている人が当然ながら最も高く評価される。バリューは高いけれどパフォーマンスが低い社員は最も力を入れて教育する対象になり、両方とも低ければ辞めてもらうしかない。では、バリューは低いがパフォーマンスが高い人をどうするかといえば、これも辞めてもらうのだという。経営がバリューに対して本気であることを示すのに、これ以上明確なメッセージはないだろう。

ＧＥでは従来、五つの思考・行動様式を「ＧＥグロース・バリュー」として掲げて、体現することを社員に求めてきた。外部思考（External focus）、明確でわかりやすい思考

(Clear thinker)、想像力と勇気(Imagination and courage)、包容力(Inclusiveness)、専門性(Expertise)の五つだ。

二〇一四年にこれを、次の五つからなる「GEビリーフス」に変更する。

①お客様に選ばれる存在であり続ける(Customers Determine Our Success)
②より速く、だからシンプルに(Stay Lean to Go Fast)
③試すことで学び、勝利につなげる(Learn and Adapt to Win)
④信頼して任せ、互いに高め合う(Empower and Inspire Each Other)
⑤どんな環境でも、勝ちにこだわる(Deliver Results in an Uncertain World)

なぜ「バリュー」ではなく「ビリーフ(信念)」なのか。イメルト氏はその理由をこう説明する。「ビリーフは人の内面に入り込み、自分自身のものにできる、よりシンプルな概念なのです」(『日経ビジネス』二〇一四年一二月二二日号)。

何かを判断する際に基準とするバリューのありかが頭の中だとすれば、ビリーフは心の内にある。いちいち頭で考える必要はないほどに、社員一人ひとりに腹落ちしていなければビリーフとはいえない。社員三〇万人の心の内にビリーフを落とし込むことができれば、ソーシャル・イノベーションはさらに加速することになるだろう。

CASE

# グーグル——次世代CSVの旗手

## 知のフロンティアを拓く

本章で取り上げるベストプラクティス企業の中で、最も意外に思われるのはグーグルかもしれない。検索サービスを通じてインターネット上を飛び交うあらゆる情報に関与し、膨張し続ける巨大独占企業。グーグルなしでは一日も過ごせないのに、得体の知れない脅威を感じている。これが一般の人のグーグルに対するイメージではないだろうか。

しかし私は、「世界中の情報を整理し、世界中の人々がアクセスし、使えるようにする」というミッションを掲げるグーグルの本質は、きわめてCSV的だと思う。さらに、最近の「グーグルX」や「グーグルY」といった知のフロンティアを拓くダイナミズムに満ちた動きを見ていると、従来の枠には収まり切らなくなっているように思える。社会の難題を誰も思いつかないような方法で解くゴルディアスの結び目になる可能性を、グーグルは秘めている。

私が会長のエリック・シュミット氏と初めて会ったのは、彼がサン・マイクロシステムズからノベルのCEOに転じた二〇〇〇年頃のことだった。リナックス関連製品を開発していたノベルは当時、マイクロソフトとの間で壮絶な競争を繰り広げていた。オープンソースを敵視していたマイクロソフトは、資金力に物を言わせてノベルを蹴散らかそうとしていて、その攻撃からいかに逃げるかというプロジェクトに私はコンサルタントとして携わった。

そのシュミット氏が経営のプロフェッショナルとしてグーグルのCEOになったときに真っ先に考えたのは、「どれだけ世の中の人に愛される会社になるか」ということだった。どれだけ規模が大きくなっても、「悪の帝国」とまで呼ばれたマイクロソフトのようになってはならない。それがシュミット氏の信念の一つである。そしてそれは、グーグルの「一〇の基本方針」の一つ「邪悪になるな（Don't be evil）」という言葉に如実に表されている。

さて、グーグルのミッションはいつ達成されるのだろうか。シュミット氏は「地球上のすべての情報をインターネットで検索できるようにしたいが、それには最低でも三〇〇年はかかる」と述べている。現時点で検索可能になっている情報は全体の五％程度にすぎないというのが、彼らの見方だ。

ランチを取りながら誰かが口にしたアイディア、雑談中に描かれたポンチ絵、クシャクシャに丸められた紙にメモされた思いつき。こういうすぐに蒸発して形には残らない知恵をデジタル化して蓄積し、世界中の人がアクセスできるようにする。この壮大なミッションが達成されれば、その社会価値は計り知れない。

しかし、誰もまだ足を踏み入れたことのないフロンティアを行こうというのだから、未知のルートを切り拓く必要がある。そのために設けられたのが、「八〇：二〇」のルールだ。ご存じの方も多いかもしれないが、仕事時間の八〇％は決められた本来の仕事をして、残りの二〇％は自由なことをしてよいというものだ。

もともとは「七〇：二〇：一〇」で、七〇が本業、二〇が本業に関係する周辺のビジネス、いわゆる拡業で、残りの一〇は何でも好きなことをしなさいというものだった。しかしこれでは、細かく分かれていて面倒なので、今の八〇：二〇に変更されたという。

## セルゲイ・ブリンの「グーグルX」

グーグルらしく社会に貢献するにはどうすればいいのか――エンジニアたちはその答えを探して、二〇％の時間を使っている（八〇：二〇のルールは事務職には適用されず、技術職のみが対象となる）。しかし、どのエンジニアよりも自由に発想しているのは、セルゲイ・ブリン氏とラリー・ペイジ氏の二人の共同創業者かもしれない。まるで競い合うように、検索ビジネスという従来の枠を超えた新たな動きを見せている。

世の中を大きく変えるビジネスを始めようとブリン氏が起こしたのが「グーグルX」である。今までに自動走行車「ドライバーレス・カー」、メガネ型のウェアラブル端末「グーグル・グラス」、血糖値を管理する「スマート・コンタクトレンズ」、気球を使ってインターネット網を構築する「プロジェクト・バルーン」などのプロジェクトを立ち上げている。

グーグルXの「X」とは何か。それがずっと気になっていたので、二〇一四年夏にカリフォルニア州マウンテンビューの本社を訪ねた際に、ドライバーレス・カーのプロジェクトの責任者に聞いた。すると彼女は、次の三つの輪が交じるところが「X」だと教えてくれた。

①世の中におけるきわめて大きな問題＝ヒュージ・プロブレムを
②今までとは全く違う発想に基づく技術＝ブレークスルー・テクノロジーで
③革新的な方法＝ラディカル・ソリューションによって解決する

テクノロジー、ブレークスルー、ラディカルといったグーグルらしい言葉が並ぶが、すべての出発点は、①のヒュージ・プロブレムにある。交通事故でボーイフレンドを亡くした経験のあるリーダーは、この世の中から交通事故をなくすという社会的使命に燃えてドライバーレス・カーの開発に取り組んでいた。

開発には当初トヨタのプリウスが使われていたが、自動走行は既存の自動車メーカーにとっては取扱いが難しいテーマである。技術的には優れていても、何よりも安全を重視する企業文化ゆえに、アシストではなく完全にドライバーに取って代わるためには、高いハードルを越えなければならない。着実に歩を進める自動車メーカーをしなやかな発想で追い抜こうとするさまは、いかにもグーグルらしいといえるだろう。

とはいっても、ビジネスとしての採算性は全くの未知数だ。莫大な広告料収入があるからできるお遊びなのではないか、儲けすぎという批判をかわすための社会貢献ではないか、といった批判もある。

「マネタイズについてはどう考えているのか」と、先のプロジェクト・リーダーに直接疑問をぶつけてみた。彼女の口から出たのは意外にも、「セルゲイからは、マネタイズを考えてはいけないと言われている」という答えだった。

マネタイズから入ると良いものができないから、どうやってお金にするかは、当分の間は考えるな。良いものができれば、必ず後からついてくるというのが、ブリン氏の信念である。

## ラリー・ペイジの「グーグルY」

ブリン氏が技術オタクの「テッキー」だとすれば、もう一人の共同創業者ラリー・ペイジ氏は、より社会的な問題意識のある人物といっていいだろう。グーグルXが技術や製品で社会課題を解決しようとするのに対して、ペイジ氏が率いる「グーグルY」は空港や都市などのインフラ整備を通じて、より長期的な視点で社会課題に取り組むことを企図している。

グーグルYにおけるスマートシティ開発に先駆けて、投資部門であるグーグル・ベンチャーズは、交通渋滞を緩和する技術を開発しているアーバンエンジンズという会社に投資した。従来の渋滞緩和システムは、カメラやカーナビ、センサーなどの情報通信機器をネットワークでつなぎ、周辺車両の状況や交通情報を取得して利用する方法が主だった。これに対して、電車やバスの位置や速度に関する情報、ＩＣカード利用情報といった既存システムが生成するデータを解析して、運行状況や混雑状況を把握するのが同社のシステムの特徴だ。

さらにユニークなのが、人間心理に訴えて混雑を緩和する手法だ。ピーク時間を避ければポイントが付与されるといったインセンティブを用いて、通勤ラッシュを緩和するシステムを開発している。新興国では急速な経済発展や都市部への人口集中にインフラ整備が追いつかず社会問題化しているが、この解消に活用が期待されていて、ブラジルやシンガポールではすでに実績をあげている。情報通信機器などのハードウェアに頼らないアプローチは、ＩＢＭや日立といった、ＩＴインフラ大手とは一線を画す、グーグルならでははの社会的課題への向き合い方といえるだろう。

グーグルXもグーグルYも、「世界中の情報を整理し、世界中の人々がアクセスし、使えるようにする」というミッションからは離れてしまっているが、創業時にイメージした枠には収まらないほど進化してしまったということだろう。情報やインターネットにこだわらずに、自分たちの最大の武器である革新力をもって世の中をどう変えるかを考え始めているのではないだろうか。

事実、二〇一五年八月、グーグルは組織構造を大きく変えた。「アルファベット」というホールディングカンパニーを新設し、グーグルやグーグルXなどをその傘下に置いたのだ。これによって従来のグーグルビジネスの枠組みにとらわれず、より自由な発想で異次元の成長に向けて大きく加速していくことになるだろう。

シュミット氏はグーグルに移った当初、あまりにも自由な組織であることに驚いたという。トップが決断して、下がその目標に向かって一丸となって進むというようなことは、グーグルでは起こらない。

誰もが自由に発案して、「この指とまれ」でそのアイディアに乗る人を募る。チームは少人数で、五人以上に増えたら分割する。人数が増えるほど責任が曖昧になるからだ。こうして、社内には小規模で自律的なプロジェクトチームが無数（千の花：Thousand Flowers）に生まれ、自然淘汰を繰り返し、生き残ったものだけが日の目を見る。

ただし、どのプロジェクトもいずれ「月まで届く（Moon Shoot）」ことをめざしてスタートしなければならない。初めから小さな花を咲かせて終わらせようとするのではなく、世界をあっと驚かせるような大きなインパクトをめざす。それでも実際に「月まで届く」のは、千三つ（一〇〇〇分の三）というのがグーグルでの経験則だ（図表2-8）。

こうした今まで経験したどの企業とも違う組織のあり方にシュミット氏は、二〇世紀型のリーダーであることをやめようと決断する。方向を決めてＫＰＩを設計し、「さあ、走れ」と号令をかけてＰＤＣＡを回す。そういうおなじみの科学的経営は、ここでは通用しないと悟ったのだ。代わりに彼は、バスケットボール・チームのような組織運営をめざすことを決める。

図表2-8　**80：20のルール**

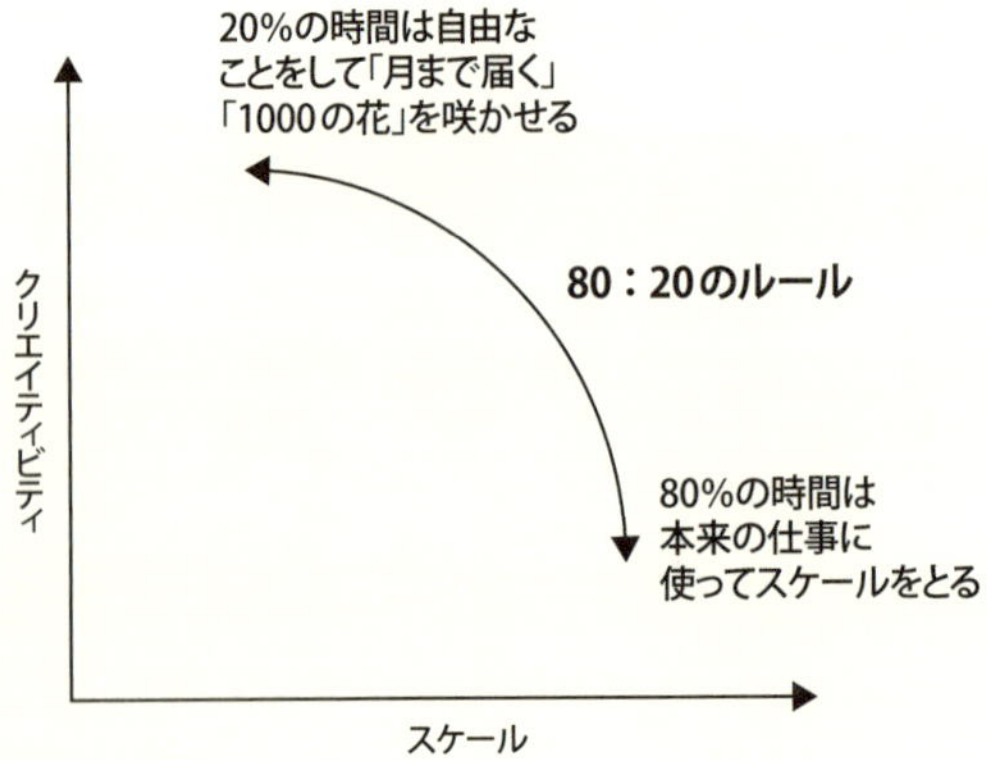

アメリカンフットボールや野球はポジションが決まっていて、決められた仕事を指揮官が立てた作戦に沿って遂行する。これに対してバスケットボールでは、五人のプレーヤー全員があらゆる役割をこなさなければならない。ディフェンス、またはオフェンスさえしていればいいというプレーヤーは、基本的にはいない。一人ひとりのプレーヤーが状況を読み、一瞬のひらめきで判断して行動する。そういうスピード感あふれる自律型組織を、ベンチャー企業ではなく、組織が巨大化する中でどうやって維持していくか。それが、シュミット氏がグーグルで行ってきた最大の挑戦だろう。

マウンテンビューの本社キャンパスにも、創造性と自主性を何よりも重んじる企業文化やフラットな組織のあり方が色濃く出ている。社員たちはラフな服装で広大な敷地を自転車で移動し、好きな場所で好きなメンバーと仕事をする。その表情は生き生きとしている。

情報共有が徹底しているグーグルらしく、社員の出入りを制限しているエリアはほとんどない。ゲストに対してもオープンで、私が訪ねた際も、希望すれば大抵のところは見せてもらえた。マイクロソフトの本社キャンパスでその閉鎖性に辟易とした経験のある私にとって、それは新鮮な体験だった。

一人の若手社員にグーグルで仕事をしている理由を尋ねると、「何か新しいことをして社会に良いインパクトを与えたい。だから、決めた」と答えてくれた。他社にいてはできそうもない社会を変えるようなことがここにいればできる、そう期待させる何かが確かにグーグルにはある。そして、その新しいこと、社会を良くすることを、CEOから入ったばかりの若手社員までが等しく担う。それがこの会社の大きな特徴の一つだろう。伝統的な企業とは対照的な、自己組織化する二一世紀型のCSV経営モデルが回り始めている。

CASE

## その他の企業群

### 先進国病と戦うノボ

ノボ ノルディスク ファーマ（ノボ）はデンマークに本社を置く世界的な製薬メーカーである。日本での知名度はそれほど高くはないかもしれないが、糖尿病に特化したスペシャリティ・ファーマとして知られ、インシュリンで世界一のシェアを誇る。二〇一二年のダボス世界経済会議では、「クリーンな資本主義」を実践する企業に贈られる持続可能な企業一〇〇社ランキングの第一位にも選出されている。

CSVの視点から見ると、製薬ビジネスほど、経済価値と社会価値の領域がピタリと重なるところも珍しいだろう。事実、ノボでは早くからトリプル・ボトム・ライン（TBL）という経営理念を掲げている。

TBLは、一九九七年にイギリスのサステナビリティ社のジョン・エルキントン氏が提唱したコンセプトで、企業活動を経済面のみならず、社会面と環境面からも評価しようとする考え方だ。この社会面と環境面を併せて社会価値と考えれば、実はCSVはTBLの考え方を踏襲したものにほかならない。前述したGEや後述するユニリーバなどの欧米の先進企業は、いち早くTBLの考え方を取り入れ、サステナビリティ報告書などに盛り込んでいる。

なかでもノボは、TBLを同社の理念の中核に据え、そのインパクトを四つの視点で捉えている（図表2-9）。すなわち、①短期的なマイナス効果に対応するものとしてのコスト削減、②短期的なプラス効果に対応するものとしての有形価値の増価、③長期的なマイナス効果に対応するものとしてのリスク削減、④長期的なプラス効果に対応するものとしての無形価値の増価、の四つだ。これはCSVがもたらす経済効果を測定するうえでも、参考になる考え方である。

ノボはTBLを実践すべく、インシュリンのトップメーカーでありながら、糖尿病克服に向けた活動を世界各地で展開している。糖尿病がこの世の中からなくなれば自らの事業も消滅してしまうのに、なぜ予防や啓発活動を続けるのか。その理由を探るため、中国での取組みを紹介しよう。

ノボが中国への本格参入を決めたのが、一九九〇年代半ば。そこでまず初めに行わなければならなかったのは、糖尿病は不治の病ではなく、生活習慣を変えて適切な治療を行えば健常者と変わらない生活が送れるという事実を周知させ、医療事情を改善することだった。

新興国には共通の現象だが、急速な経済発展で食事やライフスタイルが変わると、糖尿病患者が一気に増える。しかし、この新しい病気に対する知識は、患者はもちろん、医療従事者の間でさえ十分とはいえず、適切な治療が行われないケースが多い。あるいは理解があっても、治療

図表2−9 ノボ ノルディスク ファーマのトリプル・ボトム・ライン（TBL）

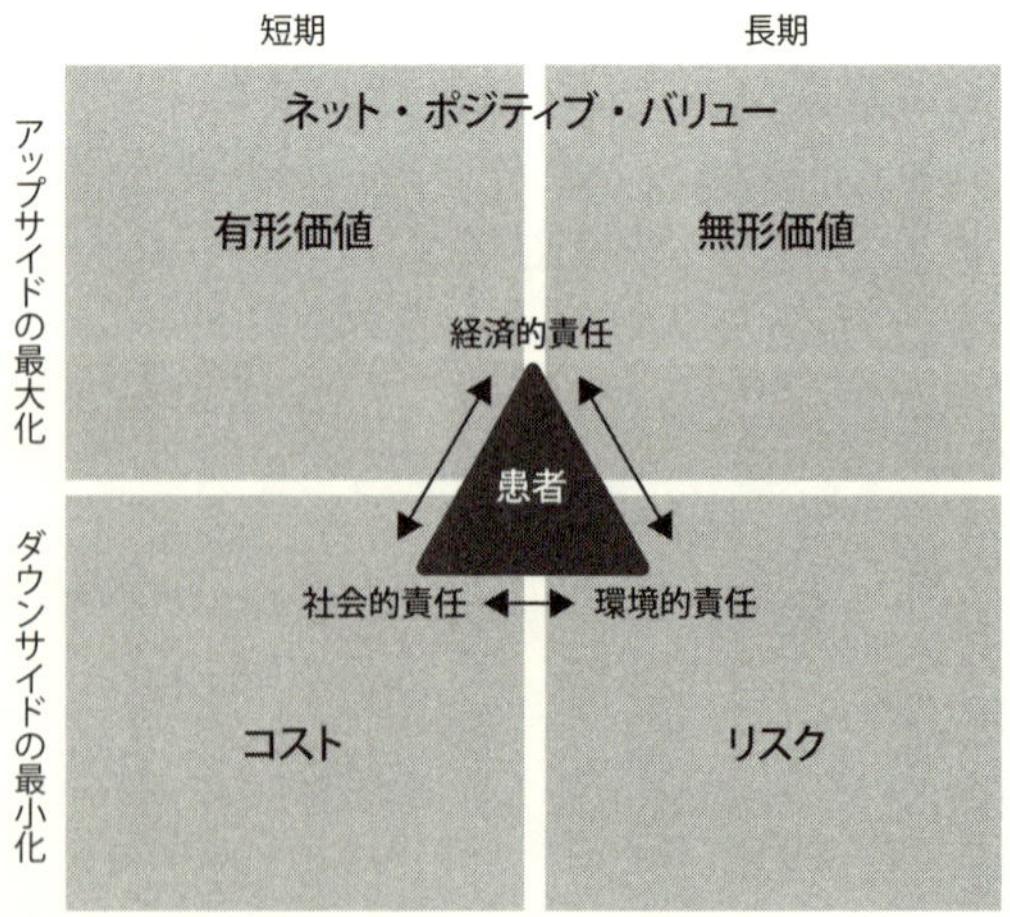


（出所）ノボ ノルディスク ファーマのプレゼン資料から作成。

を受けられる医療施設が近くにないために放置されることもある。治療が行われなければ、インシュリンの需要もない。そこでノボは、市場を創造することから着手した。

国内の主要な病院に教育センターを置いて、食事や運動療法などの糖尿病との正しい付き合い方を患者に知ってもらう。その一方で、医師・看護師を対象とする教育研修やケアモデルの作成などを政府と連携して行った。治療にはもちろんノボの製品も使われるが、治療の効果に影響が出ない範囲で、できるだけ投薬量を減らすようにも働きかけている。

こうした患者と医療環境の両方に働きかける取組みの結果、糖尿病患者が適切な治療を受けられる土壌が徐々に形成されていった。現在では北米と並んで、同社の業績を牽引するまでに中国市場は成長している。

製薬メーカーは病気という苦しみから患者を救い、人々の健康に貢献するという点でおしなべてCSV的といえる。しかし経済価値、すなわち利益を安定的に確保するのは、容易ではない。新薬開発の成功確率は臨床試験にたどり着くまでで、およそ三〇〇〇分の一以下、承認を取得して販売にこぎつけるまでとなると、三万分の一程度にとどまる。さらに特許が切れれば、ジェネリックとの価格競争も始まる。

こうした中で持続的に成長するためには、爆発的な売上が約束されるブロックバスター（大型新薬）が幸運にも生まれたら、価格を高くして徹底的に儲けるしかない。つまり、寄付はしても、製品価格を引き下げて社会に貢献することは難しいのである。こういう難しいバランスの上でノボは、社会価値と経済価値を同時実現している。

このケースは、CSVの三つのレバーのうちの一つ、地域生態系の構築——人材やインフラ、サプライヤーを育成し、地域に貢献して強固な競争基盤を築く——の好例だ。そして、社会価値と経済価値のいずれも諦めずに追うことの重要性を示している。

## インド農村の女性を解放するユニリーバ

新興国市場において世界最大の消費材メーカーであるP&Gの先を行くのが、オランダとイギリスに本拠を置くユニリーバである。地域別の売上構成を見ると、アジア、アフリカ、東欧で全体の四割、新興国市場合計で全売上の五七%を占める（二〇一四年現在）。なかでも、かつてイギリスの植民地であったインドにおける存在感は際立っている。ムンバイやデリーといった都市はもちろん、地方の町でも、至る所でユニリーバの広告を目にする。

しかし一方で、衛生環境や手洗いなどの生活習慣が不足しているために、年間約一八〇万人の子どもが下痢で死亡しているのもインドの現実だ。特に、安全な水や清潔なトイレのない農村部では深刻で、衛生環境の改善が社会課題となっている。

石鹸や洗剤といった自社製品を使う習慣のない農村部の市場を開拓するためにユニリーバが展開したのが、BOPビジネスの手本ともされる「プロジェクト・シャクティ」である。

地域に住む女性を個人事業主の販売員に仕立てて、既存の販売網では届かない農村部での売上を拡大していった。シャクティと呼ばれる販売員たちはユニリーバの製品をただ売るのではなく、石鹸で手を洗うこと、歯磨きやシャンプー、洗剤を使うことなどの衛生教育も行う。最も小さな社会の単位である家庭が変わらなければ、社会の衛生環境が改善されることもないからだ。

プロジェクト・シャクティは女性の社会進出にも貢献している。ヒンズー語で「パワー」を意味する「シャクティ」の名を冠したこのプロジェクトには、「農村の女性にパワーを」という思いが込められている。インドの農村部や貧困層では女性の就学率が低く、仕事に就くことも難しい。そうした女性たちに販売員の仕事を提供して、自立を支援するのがこのプロジェクトのもう一つの目的である。女性の労働力率が向上して家計収入が増えれば貧しかった農村が豊かになるので、結果的にユニリーバの売上も拡大する。

事実、ユニリーバのインド法人、ヒンドゥスタン・ユニリーバの売上高利益率は一五％を超えていて、社会価値と経済価値を結ぶ好サイクルが回っていることを証明している。

## バングラデシュの子どもを救うダノン

ダノンは、フランスに本社を置く世界最大級の食品メーカーだ。ヨーグルトなどのフレッシュデイリー製品、飲料、ビスケット・シリアルの三事業を核としている。二〇〇五年にはバングラデシュで、あのグラミン銀行との合弁事業としてグラミン・ダノンを立ち上げた。「子どもの健康増進と貧困の削減」をミッションに掲げて、栄養状態の悪い貧困層の子どものために、発育に必要な栄養素を強化したヨーグルトを可能な限り低価格で販売している。

地域の女性を販売員として雇用するのは、ユニリーバと同じだ。さらにそれに加えて、地域の酪農家から原料を調達したり、現地で工場を建設するなどして、より直接的に地域全体の所得の引上げに貢献するプラットフォームを構築している。

一日の食費が一ドル以下の層を顧客にするのは、先進国の食品メーカーにとって並大抵のことではない。ダノンは思いつく限りのあらゆる工夫をしてコスト削減を図ったが、それでもまだバングラデシュの貧しい人々にとっては手の届きにくい価格でしか販売できずにいた。そんなとき、グラミン銀行のムハマド・ユヌス総裁（当時）が素朴な疑問を投げかける。「なぜ、使い捨ての容器にお金を出さなければならないのか」というのだ。これは、国民の多くが疑問に感じていたことでもあった。

そこでダノンが生み出したのが、「食べられる容器」というウルトラCだった。これなら支払った代金分、余すところなくおなかに収められる。そのうえゴミも出ないので環境にも優しい。まさに制約がイノベーションを生んだのである。

本章で登場する他のケースとダノンのケースが異なるのは、これがCSVではなくソーシャル・ビジネスであるということだ。第三章で詳しく述べるが、ソーシャル・ビジネスでは事業から得た利益は投資家に還元したり内部に留保するのではなく、その事業に再投資する。これがCSVと決定的に異なる点だ。グラミン・ダノンは立派に利益を出しているが、そのすべてが再投資されている。

言うまでもなく、一ドル以下のヨーグルトを製品化して、高温多湿で冷蔵設備も整わないバングラデシュで腐らせずに消費者のもとにまで届けるノウハウは、新興国はもとより先進国でも役立つ。すでに他の市場でも、栄養素を強化したヨーグルトの開発や生産ラインの効率化が行われている。ソーシャル・ビジネスを通じた学びというリターンを、ダノンは確実に得ている。

そうだ。

## コミュニティを豊かにするスターバックス

ホールフーズ・マーケットやグーグル同様に、スターバックスについても賛否が分かれそうだ。

反対派の言い分はこうだ。値段が高すぎる、地域の喫茶店をつぶして市場を独占しようとしている。どちらも見当外れな指摘とはいえないが、そうしたネガティブな面を補って余りあるCSV的価値が、スターバックスにはあるのではないだろうか。

家庭、職場（学校）に次ぐ「第三の場所」というスターバックスのコンセプトは有名だ。この新しいコンセプトの下、創業者のハワード・シュルツ氏は、シアトルの街のコーヒーショップにすぎなかったスターバックスを、現在のような世界のプレミアム・ブランドに育てた。慌ただしい時間や喧噪から離れて、自分を取り戻す場所というそのコンセプトは、今日では「コミュニティのエンハンサー（増強剤）」に進化している。地域を豊かにする役割を担うといえば伝わりやすいだろうか。

香り高いコーヒーや居心地の良い空間だけなら、他の店にもある。しかし、店と街に強い愛着を持つスタッフ（スターバックスではパートナーと呼ばれる）や他のお客との間で、たとえ会話は交わさなくても共有する上質な時間は、他のコーヒーショップにはなかなかない。

そういうコミュニティのぬくもりを感じられる場所にするのが、シュルツ氏が掲げるミッションだ。

単にコーヒーを提供するのではなく、ぬくもりを提供するというのは、CSVの三つのレバーのうちの一つ、製品・サービスの要件を満たしているといってよいだろう。さらにフェアトレード・コーヒー豆の調達やコーヒー農家の支援も行っているので、残り二つのレバー、バリューチェーンと地域生態系においてもCSVを実現している。

コミュニティと共存しようとするスターバックスの理念が試練を迎えたのが、二〇一二年にイギリスで起きた騒動だった。国内で得た利益をオランダの会社に付け替えて、税逃れをしていると批判されたのだ。報道を受けて初めて詳細を知ったシュルツ氏は、イギリスで納税することを即断した。採用していた節税スキームは合法的なものだったが、法律を根拠に正当性を訴えるよりも、「私たちの国でこれだけ儲けておいて、一ポンドも税金を納めないなんて」という、イギリスの人々の感情を受け止めるほうを選んだのである。

節税スキームを考えた経理担当者を責めても仕方がない。彼は自分の職務において最適の方法を選択したが、全体で見ると、それは最適解ではなかったということだ。この一件からシュルツ氏は、短期的な利益を追い求めるのではなく、顧客ロイヤリティを高めて長期的な企業価値を向上させるという価値観を組織内で共有することの重要性を、改めて学んだはずだ。

もう一つ、見方が分かれそうな出来事があった。シュルツ氏自身から聞いた話だが、毎日のように店に通うお客が重い腎臓病にかかっていることを知ったパートナーが、何と自分の腎臓を提供してしまったというのだ。言うまでもないが、本人が個人的に決めたことで、スターバックスは関与していない。それにしてもやりすぎだという評価がある一方で、パートナーの勇気を称賛する声も上がった。賛否はともかく、コミュニティとお客に対する強い愛情を象徴するエピソードであることは間違いないだろう。

近年、瞬く間に世界を席巻する存在となったスターバックスに、強力なライバルが出現した。日本にも進出して話題になったブルーボトルコーヒーなどの「サードウエーブ」だ。インスタントコーヒーが普及するなどして大量消費が始まった二〇世紀初頭の「ファーストウエーブ」、スターバックスなどのチェーン店展開型の「セカンドウエーブ」に続く、第三の波と位置づけられている。豆の個性を活かして一杯ずつ時間をかけて丁寧に淹れる、標準化はせずにそのコミュニティに合った店づくりをするというのが、サードウエーブの特徴だ。この個性と質感へのこだわりは、標準化と均質性を追う二〇世紀型のチェーンストア経営とは対照的だ。

ただ、スターバックスにしても、豊かなコミュニティに貢献するためには、それぞれの個性に合った店づくりが欠かせないので、標準化や均質性とはそもそも相容れない部分がある。自己矛盾をはらみながら成長してきたスターバックスの問題が、ライバルの台頭によって浮き彫りになろうとしている。大資本で多店舗展開をしながら、多様性と個性をどう追求していくのか。スターバックスは、本拠シアトルで、サードウエーブ流の個性豊かな「スターバックス・リザーブ」という新型店舗を実験的にスタートして、試行錯誤を始めている。

CSVをめざす道のりが終わりのない旅路だということを、スターバックスの進化の軌跡が如実に物語ってくれている。

## IBMがめざすスマーター・プラネット

一九九〇年代初頭、IBMはメインフレーム（大型汎用コンピュータ）とともに絶滅の淵に立っていた。そのIBMを救ったのが、私にとってはマッキンゼーの大先輩であるルー・ガースナー氏だ。

ガースナー氏が、箱（コンピュータ）売りから、ソフト・サービスの販売へとビジネスモデルを転換したときに打ち出したコンセプトが、「eビジネス」だった。このコンセプトはあっという間に世の中に広がり、ハードを売る会社というIBMのイメージを大きく変えた。さらにはeビジネスそのものも、インターネットを活用したビジネスを表す新語として定着した。

そのＩＢＭが二〇〇八年に満を持して発表した新コンセプトが「スマーター・プラネット」である。ＩＴを用いて社会インフラをより効率的・効果的に活用することで、地球規模の課題を解決することが狙いだ。

エネルギー、食糧、インフラ、水資源、金融、教育、ヘルスケア、運輸、行政など、およそ現代の人間が生活するうえでかかわるあらゆる領域をカバーして、クラウド、アナリティクス、センサー、モバイルなどの技術を活用してそれらを効率化するという。壮大な構想のように感じられるが、一つひとつをよく見ていくと、これまでＩＢＭが行ってきたビジネスにＣＳＶ的な装いを施して言い直しているにすぎないのがわかる。

しかし、まさしくそこがＩＢＭが長けている点だ。時流を捉えて自分たちの価値を「包装（バリュー・パッケージング）」して社内外に発信する（バリュー・プロモーション）手口の鮮やかさは、いかにもアメリカ企業らしいともいえる。日本企業は技術や実績では決してひけを取らないのに、おしなべてこうした価値の提案やコミュニケーションを不得手とする。

たとえば、ＮＥＣの技術がなければ小惑星探査機「はやぶさ」は生まれなかっただろうし、天体表面のサンプルを地球に持ち帰ることもできなかった。人類の宇宙開発史に刻まれる成果をあげたのに、奇跡の帰還のストーリーばかりが注目を集めて、その裏にある技術やマネジメントの話はなかなか伝わってこない。

ＮＥＣが二〇一四年のＣＳＲレポートから、このようなＣＳＶ型の活動を対外発信し始めたのは、大前進として評価できる。その成果もあって、世界最大手のブランディング会社であるインターブランドの「二〇一五年日本の国内ブランドトップ三〇」で、NECは二四位にランキングされ、ブランド価値を二一％も向上させている。しかし、日本企業の中で、CSVを対外的に大きくコミットし、効果的にコミュニケートしているところはまだ一握りだ。

奥ゆかしいといえば聞こえはいいが、CSV企業をめざすうえで本質的な活動を怠っている指摘されても仕方がないのではないだろうか。製品や技術の価値を示すだけでなく、それを使うと何が生まれるのか、社会的な価値に結びつけて発信しているIBMのコミュニケーションは参考になる点が多い。

コミュニケーションはCSVの重要なテーマの一つである。すべての価値は顧客、取引先、従業員、地域社会、株主などのステークホルダーの参画によって創造され、その果実は各ステークホルダーに還元されるべきものである。そうだとすれば、情報を開示し、また逆に、ステークホルダーから要請や期待を吸い上げるという対話なしにはCSV経営は成り立たない。

そのためには、ステークホルダーごとにどのような関係を築くのかという「XR」を、しっかりと定義することが必要だ。「R」はリレーションシップ（Relationship）。「X」には、カスタマー（CuR）、パブリック（PR）、サプライヤー（SR）、エンプロイー（ER）、コミュニティ（ComR）、ガバメント（GR）、インベスター（IR）などが入る。どんな情報をどういう方法で発信し、また、受け止めるのか、ステークホルダーごとに最適なコミュニケーションを設計しなければならない。

このようなコミュニケーションは有言実行にもつながる。外に対しても内に対しても宣言してしまえば、それに実態を合わせざるをえなくなり、現実が変わっていく。日本人はとかく大言壮語を嫌うが、何も言わないが何もしないという不言不実行よりは、まだしも救われる。この点は、構想できたことは実現できるというぐらいに考える欧米企業に学ぶべきだろう。

# 第3章 新興国発CSVの台頭

## BOP戦略の新展開

世界人口の七割、四〇億人の貧困層をターゲットとするBOP（Bottom of the Pyramid）ビジネスが注目を集めて久しい。グローバル企業の関心の大部分は成長の見込みが乏しい先進国から新興国へとシフトし、将来のMOP（Middle of the Pyramid）ビジネスに布石を打とうと新たな市場に次々と参入した。

前章で取り上げたGEのように、新興国で開発した技術や製品を先進国で展開するケースもある。しかし、多くの先進国企業は自国やその他の先進国で提供してきた製品・サービスを、新興国の実情に適応することによって市場を開拓しようとしてきた。日本企業も当初は、自国の経済発展の過程で社会から必要とされ、人々の暮らしを豊かにしてきたものを、今は同じような道をたどっている新興国で売れれば、受け入れられるはずだと考えていた。

しかし、これはあまりにも短絡的と言わざるをえない。たとえばインドは、戦後の日本と同じように経済成長するわけではない。今日のインドの人々は、七〇年前とは桁外れに進歩した科学技術の恩恵を享受できる。しかしその一方で、当時はなかった持続可能性という制約も受ける。公害の克服やエネルギー効率の改善といった日本が積み重ねてきた経験は、新興国でも役立つ。しかしそれは、ただそのまま移転すればよいというわけではない。今日の新興国の状況に真正面から向き合うことによって初めて、今日の新興国の課題を解決することができるのだ。

では、新興国の現状と課題を最もよく知るのは誰かといえば、ほかならぬ新興国の現地企業群である。先進国の企業がいくら人を送り込んでリサーチしても、強力な現地のパートナーと組んでも、そこで生まれ育った企業のように新興国の市場を深く理解することは不可能だ。ここに、新興国の企業がたとえ技術や品質で劣っていても、ＢＯＰビジネスで有利な理由がある。

ＢＯＰだけではない。新興国の企業が自国で起こしたイノベーションを、他の新興国や先進国に持っていくケースも生まれていて、そこではMOPや場合によってはTOP（Top of the Pyramid）もターゲットとなりうる。社会課題が山積し、満たされないニーズが溢れる新興国にはイノベーションの種がいくらでもあると考えれば、新興国発のCSVが台頭するのは自明の理だろう。急成長する次なる四〇億人の市場（Next 4 Billion Market）を擁する新興国発の企業が、世界をリードする日はそれほど遠いことではないかもしれない。

CASE

# タタ・グループ――国民の、国民による、国民のための車

## ラタン・タタの決意

グローバル企業にとって今や脅威となりつつある新興国企業の旗手が、タタ・グループである。インドの三大財閥の一つで、世界各国に一〇〇を超すグループ企業を擁する。

一族が代々信奉するゾロアスター教の教徒は、インドでは少数派だが富裕層が多く、勤勉で社会貢献に熱心なことで知られる。タタ・グループも一八六八年の創業以来、「地域社

会や人間関係への投資によって築かれる社会的資本があってこそ企業は繁栄する」という基本理念に立脚して運営されてきた。タタにとって社会貢献は持続可能な事業運営を行うための基本要件であり、追加的なコストではない。

その姿勢は、グループを率いるラタン・タタ名誉会長が、ホールフーズの共同創業者でCEOのジョン・マッキー氏の著書に宛てた次の言葉にもはっきり表れている。

「企業は利益の最大化を超える志の高い目的に導かれる必要があり、すべてのステークホルダーに最適な恩恵を施さなければならない。それが実現して初めて、資本主義は全人類に対し可能な限りの十分な社会的利益を届けることができるのだ」(『世界でいちばん大切にしたい会社』への推薦文)

タタ・グループは、インドという発展途上の国にあって、主に発電、鉄、航空、通信など、経済成長を支えるインフラ構築を担ってきた。そのタタ・グループの中核企業の一つであるタタ・モーターズが、二〇〇九年に発売したのが世界一安い車「ナノ」だ。価格は一一万ルピー(当時のレートで約二〇万円)。名前のとおり、ごく小さな四ドア車だが、最大で五人まで乗車できる。

インドで一番人気のマルチ・スズキ・インディア「マルチ800」の半分以下という低

価格にしたのも、五人乗りにこだわったのも、ある日ラタン・タタ氏がムンバイで見かけたあるシーンに理由があるという。

雨の中、夫婦と小さな子ども二人の家族四人が一台のバイクに乗って交通量の多い道路を行く。上の子は両手で傘を差し、下の子は父親の足の間で立ったままハンカチを頭に載せて雨をしのいでいる。後ろの荷台に腰かけた母親は、カーブでもあれば簡単にずり落ちてしまいそうだ。これを見たラタン氏は「It's a shame to the Nation!（国の恥だ）」と言って、もっと安全で快適な乗り物を、庶民に手の届く価格で提供することを決意したという。

このストーリーのカギは、先進国のメーカーが「上から目線」で施しをするのではなく、新興国の企業が目の前の問題を直視して、自分たちの力でそれを変えようとしたことにある。国民の、国民による、国民のための車づくりはこうして始まった。

## デンソーの一本ワイパーへの挑戦

しかし、このピープルズ・カー（国民車）が実際に世に出るまでには、いくつかの先進国のサプライヤーの力が欠かせなかったのも事実である。その一社が、日本企業で唯一「ナノ」の部品に採用されたデンソーだ。

「ナノ」にはワイパーが一本しかない。ご存じのとおり普通の車には二本あって、片方が故障しても安全が確保できるように設計されている。それを一本で済ませようというのだから、まず何があっても壊れない品質が保証されなければならない。

タタの依頼を受けるかどうか、デンソーは相当に迷ったという。それでも受けたのは、他に作れるところがなかったからだ。開発当初にはいた他のサプライヤー候補は、早々に脱落してしまっていた。

デンソーの加藤宣明社長（現・会長）は、「トヨタとかフォルクスワーゲンみたいな会社は、こんなことはやらない。こういう常識外れのお客さんの声に真摯に耳を傾けることで初めて自分たちも新しいことに挑戦できる」と、タタの無理難題を歓迎した。しかし、現場の苦労は想像に難くない。

日本の部品メーカーは一流自動車メーカーとの取引がほとんどなので、スマート（高価値）なものを作るのには慣れているが、リーン（低コスト）なものは不得手とする。デンソーはタタの要求に応えるために、従来の延長線上にはない新たな品質基準と新たなコスト基準を一から設定し、一つずつクリアしていった。

言うまでもなく一本と二本のワイパーでは払拭できる面積も違うが、助手席まで拭く必要はないと割り切った。雨季に、短時間にまとまった雨が降ることの多い現地の気候を考慮して、豪雨のときは運転を控えることも前提とした。確かにこうした割り切りがなければ、一本ワイパーなど実現しないだろう。一方で、あれもこれも省略してしまおう、というタタ・モーターズのエンジニアたちに対しては、安全上どうしても譲れない点は毅然として主張した。

加藤社長は「胸を借りるつもりでやった」と一連の開発を振り返ったが、これから広がるアフリカ、南米などの市場を考えれば、一本ワイパーの開発を通じた学びは計り知れない価値を持つ。初めから不可能だ、そんな安全性の低いものは作れない、と断ってしまっていたら得られなかったものだ。イノベーションに果敢に挑戦するタタの姿勢がデンソーを巻き込み、引き寄せた成功だったといえるだろう。

## 挫折を糧にインドの成長を牽引する

世界に驚きをもって迎えられた「ナノ」だが、期待に反して当初は全く売れなかった。最初のつまずきは、立て続けに起きた発火事故だった。安全性に対する不安が広がったのを受けて、タタは無償点検と補修に追われたが、この問題はすぐに収束した。

より本質的な問題はマーケティングの失敗だった。やっとのことでバイクから車に乗り替える人たちは、「世界一安い車」など望んではいなかったのである。せっかく初めて車を買うなら少し背伸びをして、憧れのスズキの車を手に入れたい。もう少しで車に手が届きそうな人はそう思った。

インド人は見栄っ張りでもケチでもなく、バリュー・フォー・マネー（お値打ち感）を重視する合理的な国民で、支払うお金に見合う価値があるかどうかをシビアに見極める。当初の「ナノ」には二〇万円の価値がないと判断されたのだ。デザインの評判が悪かったこともあって、販売台数は低迷を続けた。

二〇一四年、タタは思い切ったテコ入れ策を打ち出す。デザインを一新し、従来なかった電動パワーステアリングなどの装備を搭載したモデルを売り出したのだ。新モデルの走り出しはまずまずで、アフリカへの輸出も開始した。

同年に就任したインドのナレンドラ・モディ首相は「Make in India（インドでものづくりを）」のキャッチフレーズの下、規制緩和やインフラ整備を進めて製造業の振興を進めている。外資誘致に力を入れる一方で、バジャージ・オートやヒーロー・モトコープなどの二輪車メーカーが輸出を拡大するなど、国内製造業も力をつけてきている。

こうした動きに先鞭をつけたのがタタであることは誰もが認めるところだろう。「ナノ」の挫折に学び、真のグローバル企業の階段をまた一つ上ったタタは、農業国からITサービス産業、そして二一世紀型の工業国へと転換を図るインドを力強く牽引していくはずだ。

CASE

# アリババ――中国最初のCSV企業

## 儒教の国の不思議

中国企業とCSVはあまり相性が良くない。たいていの日本人は直感的にそう思うはずだ。結論からいうと、この直感はほぼ正しい。「ほぼ」と言うのは例外があるからだが、その前にまず、中国の経営者の一般的なCSV観について紹介しよう。

私が籍を置くICSと長江商学院が提携していることもあり、中国の経営者とCSVの話をする機会がある。ちなみに長江商学院は、青島ビールの金志国・名誉会長兼主席顧問や、アリババ創業者のジャック・マー氏などの経営者を輩出した中国のトップ・ビジネススクールの一つである。

二〇一三年にICSと長江商学院が共同で開催した「日中経営者ラウンドテーブル」では、両国の四〇人を超す経営者とCSVについて意見を交換した。中国側からは、緑葉製薬集団やアパレルの中国動向集団などの大手企業の経営者たちが参加した。また別の機会には、今まさに猛烈な勢いで成長しているベンチャー企業の若手経営者たちともCSVについて話した。

前者の名声を築いた経営者たちは、一様に「中国企業もそろそろCSVについて考えなければならない」と、わが意を得たりとばかりうなずいていた。一方で面白かったのは後者のベンチャー企業の経営者たちで、「なんで民間企業がそんなことをしなければならないんだ」と口々にCSVに対する率直な疑問をぶつけてきた。「中国では、社会の問題は政府の仕事になっている」と言うのだ。

政府や行政が公共事業や公共サービス全般を担い、国民は労働力を提供するという明確な役割分担は共産主義時代の名残かもしれない。民間企業は利益を出して税金を納めていれば、それで、もうすべての責任は果たしているというのが若手経営者らの主張だ（こうして見ると、純粋資本主義と共産主義には、意外にも相似する点があることがわかる）。儲けるのに忙しくて社会のことなんて考える暇はないというのが、彼らの本音だろう。

私が思わず「儒教の教えはどこに行ってしまったのか？」と聞いたら、そんなものは教わっていない、と胸を張って返された。社会主義の下で排斥や批判の対象となった儒教は、ごく最近まで学校教育では取り上げられなかった。日本資本主義の父である渋沢栄一らが信奉した儒教は、その生まれ故郷の中国では、ほとんど知られていないのである。

## ジャック・マーが築く社会インフラ

そうした中国の若手経営者の中にあって異色の存在といえるのが、創業からわずか一五年でアリババを時価総額二五兆円の巨大企業に育て上げたジャック・マー氏である。私は直接会ったことはないが、ファーストリテイリングの柳井正社長やアリババ社内の人から、彼の話を聞くことは多い。

マー氏はもともと英語教師だった。アルバイトで観光に訪れる欧米人の通訳をしていたときに、ヤフーの共同創業者であるジェリー・ヤン氏と出会い、ＩＴの可能性に開眼して起業を決意したという。

マー氏は当初から、大企業ではなくスモールビジネスを相手にすることを決めていた。大企業は自分の技術や資金力で独自のシステムを作ることもできるが、小規模事業者にはそれができない。「中小企業にとって水道水のように便利なもの」を作ること、それがマー氏がめざしたことだった。

振り返ってみるとアリババの成長は、中国の商取引インフラの発展とともにあった。アメリカでも日本でも電子商取引は、既存の商取引システムの上に新たに加えられた。電子化がそれまでのシステムを大きく変えたことは事実だが、十分に成熟した商取引のためのインフラ——モノと情報の仲介、与信、決済、物流など——がリアルの世界にすでにあったので、電子商取引はそれを補完または改善するために導入された。

しかし中国では、そもそも商取引のインフラが整備されていなかった。アリババが創業した一九九九年当時、満足のいく買い物ができる大型店は沿岸地域の大都市にいくつかあるだけで、それ以外の地域に住む人や小規模事業者は、たとえお金があっても必要な物をなかなか買えずにいた。輸送や物流のインフラも、全国的に見ればほとんど整備されていないに等しい状況だった。

それから一五年後の現在、マー氏が成し遂げたことの一端は、アリババの本社にある大きな電光掲示板で知ることができる。表示されているのは、グループが運営するタオバオ（淘宝網）やTモール（天猫）などのショッピングサイトで受けた注文品の配送状況だ。内陸の山間部を含む広い国土の隅々にまで、アリババの配送車両が行っていることがリアルタイムに一目でわかる。その中には自社やグループが出資する会社のトラックも多い。

従来は外部の配送会社に委託していたが、時間がかかるうえに、品物の破損や誤配が多いことに頭を悩ませていた。インターネットで受注や決済ができても、ラスト・ワンマイルを担う物流網が未整備なままではこれ以上の成長は望めないとマー氏は判断した。そこで、国内家電最大手のハイアールの物流子会社に出資したり、他の小売業者や物流会社と共同の物流体制を整備するなどして、自社物流への切り替えを進めている。国内どこにでも、注文から二四時間以内に商品を届けるようにすることが現在の目標だ。

アメリカにはＵＰＳやフェデックスなどの配送会社があり、日本にもヤマト運輸や佐川急便をはじめとするサービス品質に定評がある配送会社がある。アマゾンや楽天は最近になって自社物流を始めたが、それは選択肢の一つにすぎず、使える物流網がなかったために自前で構築せざるをえなかったアリババとは事情が全く違う。

## 信用欠如を解決した第三者決済システム

中国で電子商取引を拡大するためには、物流の他に、納品と代金決済をめぐる信用の欠如という、もう一つ別の問題を解決しなければならなかった。ほんの少し前の中国では、買い手が注文どおりの品を速やかに受け取り、売り手はスムーズに代金を回収するという、商取引のごく基本的なことさえ、保証されていなかったのだ。売り手と買い手の信頼関係がなければ取引は広がらない。これが電子商取引の大成長を阻害するボトルネックとなっていた。

この問題を解決するためにアリババは、第三者決済システムの「アリペイ（支付宝）」を二〇〇四年に立ち上げた。購入者はあらかじめアリペイにお金を預けておき、商品の到着と中身を確認してから販売者に対する支払いを指示する。こうすれば、先に代金を支払って品物が届かなかったり、注文と違うものが届いたりするリスクを回避することができる。また、販売者にとっても、代金を回収し損なうおそれがない。

アリペイは現在、決済プラットフォームとして、アリババグループ以外の他のネットショップやオンラインゲーム、ビジネスサービスなどにも提供されている。もしアリペイがなかったら、中国の電子商取引はここまで拡大していなかったはずだ。

ネット上の取引だけでなく、オフラインの実店舗でもアリペイは使われている。レジでモバイル端末上のＱＲコードを読み取らせればそれで支払いは完了。日本でいえば、ドコモのおサイフケータイのようなキャリア決済や、楽天Ｅｄｙなどのプリペイド型電子マネーと同じような機能を持つ。

二〇〇〇年代当初の三菱商事では、新機能事業グループを率いていた小島順彦常務（現・会長）は「ＦＩＬＭ」戦略を打ち立てた。私もコンサルタントとしてかかわった事案で、ＦＩＬＭはＦＴ（Financial Technology）、ＩＴ（Information Technology）、ＬＴ（Logistics Technology）、ＭＴ（Marketing Technology）の頭文字を取っている。ちょうどインターネットビジネスが日本で興隆した頃で、金融、ＩＴ、物流、マーケティングの四つの機能で新しいインフラを作ることを、新たな成長戦略に据えたものだった。

ただし、日本にはそれぞれ専門の事業者がいてしっかりしたシステムが出来上がっているので全部を自前でやる必要はなく、三菱商事は統合機能を担う。一方、中国にはそうした環境がない。だから、アリババはこの一五年の間に、FILMをほぼ自前で整備してきたのである。

マー氏は「電子商取引は商取引が本質で、電子はただの手段にすぎない」と、以前から言っている。こうして見ると確かに、アリババが商業インフラそのものを作ってきているのがよくわかる。

## 未来に向かうタイムマシン経営

ソフトバンクはアリババの創業時に二〇〇〇万ドル出資し、同社株がニューヨーク証券取引所に上場したことで八兆円規模の含み益を手にしている。マー氏と孫正義社長は個人的にも仲が良いと聞く。しかし、その経営手法は対照的だ。

孫社長のタイムマシン経営は、海外で成功したビジネスモデルを日本に輸入して、忠実に模倣するというものだ。主にアメリカと日本の成長発展の時差を利用することで成功を収めてきた。これに対してマー氏は、先進国にもない新しいものを作ることを一貫して行ってきている。

たとえば自前の決済システムのアリペイは、アメリカのライバルよりもずっと早くに実現している。アリババのライバルであるアマゾンはまだ電子マネーサービスを提供していないし、アップルも二〇一五年になってようやくアップルＰａｙを立ち上げた。前述したように、アメリカにはすでに確立された与信、決済システムがあり、アマゾンやアップルが自前で行う必要性が乏しかったからだが、そうしている間にアリババは、決済事業でも多額の先行者利益をあげるようになった。

何もない白紙のところに、既存のシステムや技術の制約を受けずに新しいインフラを作ることができるのは、遅れてきた国であるがゆえのメリットだ。その結果、しばしば先進国を超える最先端のものが一足飛びにできることになる。

アメリカ上場を果たしたアリババが次に見据える先は、東南アジアなどの新興国だ。中国と同様に電子商取引はもちろん、商取引そのもののインフラも十分に整備されているとはいえない国々に、中国でのモデルを輸出しようとしている。いうなれば、「逆タイムマシン経営」である。

## 中国の若者を熱狂させるアリババ

アリババに行くと社員の若さと熱気に驚かされる。二〇一四年、上場直前のアリババ本社を日本の企業経営者と一緒に訪ねたときには、自分たちの子どもか、もしかしたら孫ほどの年代の社員が、責任ある立場で社を代表して出てくるのでみんな驚いていた。

彼らの多くは、アメリカで教育を受けたり働いたりした経験を持つ。シリコンバレーで仕事をした後に、国に貢献するチャンスだと思い、アリババで働くために中国に戻ってきた社員もいた。誰と話をしても、こうした社会的なミッションを口々に熱く語り、企業としてどうやって儲けるか、ましてや、個人の収入がどうの、といった話は全く出てこない。

発展途上のこの国で商取引のインフラ構築を通じて、人々の生活を便利にすること、経済を発展させたいと本気で願っていて、自分たちにはそれを担う責任があると自負している。彼らと話をしていると、きっと同じように目を輝かせていたに違いない高度経済成長時代の日本を支えた官僚たちのことが想起される。

マー氏は、「商売人は利益だけを考える。ビジネスパーソンは状況を見て何をとるかを決める。企業家は社会的責任を負い、価値を作り出し、より良い社会をめざす」（『ジャック・マー　アリババの経営哲学』ディスカヴァー・トゥエンティワン）と言っているが、私が会ったアリババの社員は誰もが企業家の志を持っていた。

同行した日本の経営者はみんな感銘を受けていたようだ。もしかしたら、心の中で自社の社員と比べてため息をついていた人もいたかもしれない。

## 新興国の疫病神か？　救世主か？

しかし、アリババを悪く言う人がいないわけではない。中国政府は国内競争による消耗を避けて、外国企業との競争を有利に進めるために、一企業による市場独占を容認している。マーケットシェア八割を占める「八割クラブ」のメンバーには、送電の国家電網、鉄道車両の中国中車などとともに、アリババも名を連ねている。

インターネット関連では、検索サイトのバイドゥ（百度）、ソーシャル・メディアやゲームを手掛けるテンセント（騰訊控股）とともに英語表記の頭文字を取って「ＢＡＴ」と呼ばれ、市場を牛耳っていると批判されることもある。企業買収を積極的に行っていることもあって、国内の一部経営者からは疫病神呼ばわりされている。

バイドゥとテンセントの経営者について私はよく知らないが、少なくともマー氏には他社を叩き潰して独り勝ちしようといった意識はないように見える。必死になってインフラづくりに没頭していたら大きくなってしまった、というのが実際のところではないだろうか。

インフラの場合、デファクト（標準）をとれなければその機能を十分に発揮することはできない。日本では二〇一一年の原発事故後に、東西で電源周波数が違うせいで電力会社間の電力融通に限界があることが話題となったが、技術や仕様が異なるためにインフラが分断されてしまうケースは多い。したがって、インフラ分野ではある程度の独占は付き物だし、許容されるべきだと私も考える。

しかし、国境を越えるとなると、事情はやや変わってくる。中国政府に代わって商取引のインフラを構築してきたアリババは今、東南アジアでの事業を拡大している。それらの進出先で、自国企業を蹴散らす疫病神と批判されるのか、それとも社会をより良くしてくれる救世主と評価されるのか。それはこれからの振る舞い次第だろう。

二〇一五年の世界経済フォーラムでマー氏が語った「二〇億人の（中国の）消費者と、中国外の一〇〇〇万のスモールビジネスを助ける」という目標を見失わない限り、他の新興国もアリババの進出を基本的には歓迎するはずだ。

ところで、「人生の目標はお金儲けではなく社会に価値を生み出すこと」と明言するマー氏が師と仰ぐ日本人がいる。京セラ名誉会長の稲盛和夫氏だ。中国には「企業経営とは正々堂々と人間として正しいことを貫きながら、公明正大な手段で利益を求めること」と喝破する稲盛氏を尊敬する経営者が大勢いて、翻訳本も大ベストセラーになっている。なかでもマー氏は熱心な信奉者で、機会があれば超多忙なスケジュールの合間を縫って必ず会いに行くという。

日本人にとっては誇らしいことだが、その反面、たとえば日本のベンチャー企業に、稲盛氏の言葉の真価を理解して実践している経営者がどれほどいるだろうか。孔子の教えを忘れたかつての中国を、反面教師としなければならないだろう。

CASE

## グラミングループ——ソーシャル・ビジネスの父

### グラミンが先導するソーシャル・ビジネス

新興国発のCSVを述べるうえで外せないのが、グラミン銀行を主体とするバングラデシュの新興財閥グラミングループである。創設者でグラミン銀行元総裁のムハマド・ユヌス氏は、二〇〇六年にノーベル平和賞を受賞したソーシャル・ビジネス界のアイコンだ。また、グラミン銀行は最も偉大な成功を収めたBOPビジネスとしても知られている。

ここでCSVとソーシャル・ビジネスを同じ土俵にあげて論じるべきかという疑問が生じるが、まずはグラミングループの歩みを振り返ってみたい。

ユヌス氏は世界で最も貧しい国、バングラデシュ南部の都市に生まれた。フルブライト奨学金を受けてアメリカの大学で博士号を取得し、そのままテネシー州の大学で教鞭を執っていたが、バングラデシュがパキスタンからの独立を手にした翌年の一九七二年に祖国に戻る。独立戦争で荒れた国を復興させ、人々を貧困から救うために自分の知識を役立てたいと考えた。

しかし、生まれ故郷の地にある大学の教壇に立ったユヌス氏は、自分の無力さを思い知らされることになる。いくら学生に経済学を教えても、飢えや満足な医療も受けられずに死んでいく人の数はいっこうに減る気配がなかった。ユヌス氏は大学を飛び出して行動することを選択する。貧しい村に足を運んで、人々の話を聞き、そこで何が行われているかをつぶさに観察した。

問題はこうだった。村には高利貸しがはびこり、貧しい人々からなけなしのカネを搾り取っていた。女性たちは借金を返済し、わずかな収入を得るために長時間の労働を強いられていた。ユヌス氏は高利貸しに代わって自ら融資することにする。最初は二七ドル、四二人の女性が対象だった。女性たちはそのカネで竹細工の材料を買い、それまで仲買人を通していた完成品を直接売って代金全額を手にすることができるようになった。

たった二七ドルで四二人の女性とその家族の生活を改善できることに希望を見出したユヌス氏は、普通の銀行が相手にしない貧困層に小口の資金を無担保で融資するマイクロファイナンスのビジネスを立ち上げることを決める。

最初は中央銀行や国際機関からの資金援助も受けたが、当初からビジネスにすることをめざしていた。融資をして金利収入を得て利益をあげられれば、また別の人に融資をして、より多くの人を貧困から救えるためだ。ただし、そのためには融資金を確実に回収しなければならない。借り手も仕事をしてきちんと返済することで、自立への道が開ける。

そこで採用したのが、借り手の女性たちを五人で一組のグループにして、互いを連帯保証人にする仕組みだった。村人のことを一番よく知っているのは銀行の融資担当者ではなく、村人自身だ。暮らしぶりや人柄はどうか、過去に借金を踏み倒したことはないかなど、小さなコミュニティの中ではみんなが互いのことを知っている。信用ならない人間がグループにいれば連帯責任を負わされる可能性が高くなるので仲間には入れないし、融資が実行された後も使い方や返済が滞らないかどうかを相互に牽制し合う。

こうした相互選抜と相互牽制のメカニズムが働くことによって、貸倒れリスクは軽減され、それまでの貧困層向けの融資よりも大幅に金利を引き下げることができた。

## マイクロファイナンスの奇跡

女性たちは最初、見たこともない大金（一〇ドルそこそこだが、彼女たちにとっては大金だ）に戸惑ったらしい。そこでグラミン銀行は、彼女たちの小さな起業を後押しすることにした。工芸品を作る人、家畜を飼ったり野菜を栽培する人、商店を出す人。これらの生業のおかげで、女性たちは栄養のある食事を家族にとらせ、子どもを学校に通わせることができるようになり、村も少しずつ豊かになっていった。これがたった二七ドルから始まったマイクロファイナンスの奇跡だ（図表3－1）。

なぜ男性には貸さないのか、とユヌス氏に会ったときに聞いたら、「男は変なことに使うからダメだ」と言われて妙に納得させられた。浪費をしたりリスクのある投資をして返済できなくなる男性に対して、女性は家族のために使う。家庭が豊かになれば、村が豊かになり、国が豊かになる。だから、女性にしか貸さないのだと教えてくれた。

鋭い洞察力に裏づけられた厳正なポリシーと貸倒れを防ぐメカニズムを導入した

図表3−1　グラミン銀行のビジネスモデル

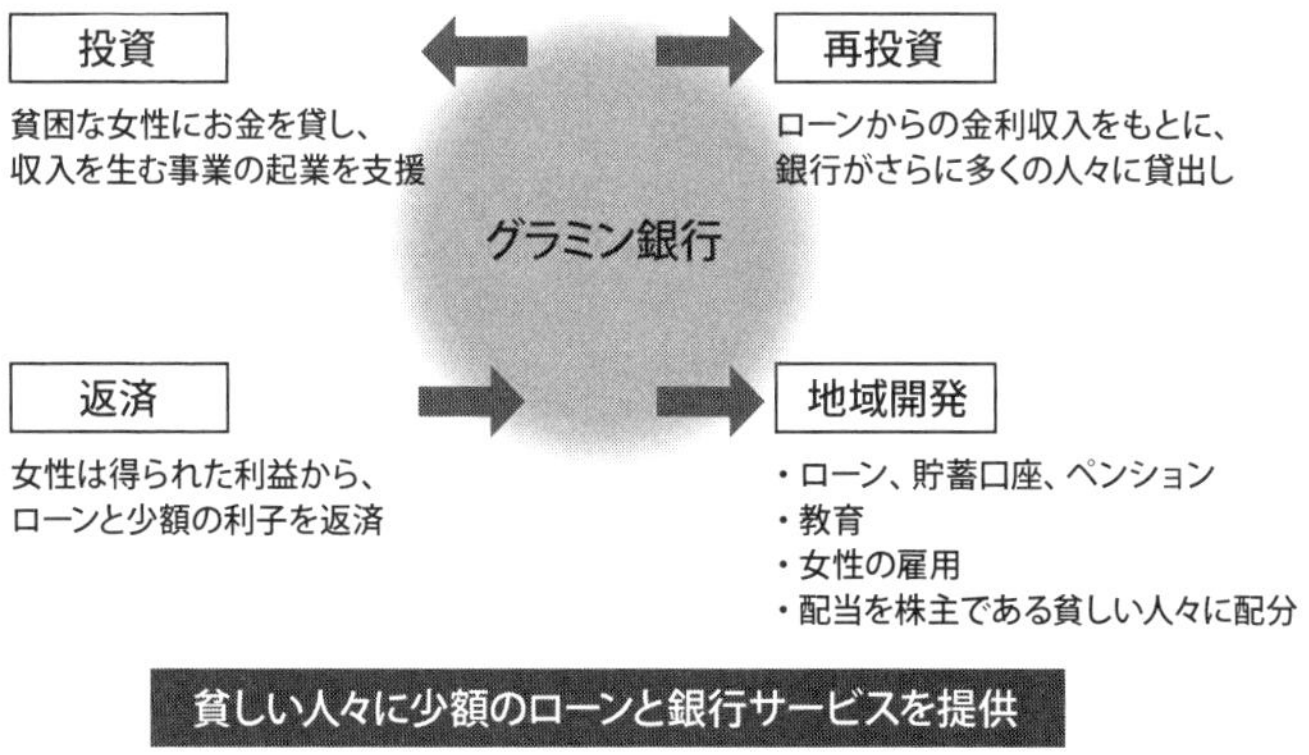


（出所）グラミングループ資料より作成。

おかげで、返済率は九八％を記録した。現在はやや下がってきているとはいえ、貧困層を対象にしていることを考えれば驚くべき数字だ。先進国の一般的な金融機関の貸倒れ率と比較しても引けを取らない。

優れたビジネスモデルのおかげで、グラミン銀行は十分な利益をあげて、さらに多くの人に貸し出すことができるようになった。融資を受けた女性と同じようにグラミン銀行も経済的自立を果たし、現在では国際機関や他の銀行などのどこからも資金提供を受けていない。慈善事業ではなく、ビジネスで社会課題を解決するというユヌス氏の当初の目標は達成された。

グラミン銀行の最大の功績は、マイクロファイナンスという新しいビジネスモデルを作り、それを世界に広げたことだろう。小口の融資を必要とする貧しい人はバングラデシュ以外の他の多くの新興国と、そして先進国にもいる。グラミン自身、リーマンショック直後の二〇〇八年にグラミン・アメリカを設立して、最悪のタイミングでの船出にもかかわらず成功を収めている。また、アフリカやマレーシアなどの多くの国でグラミン銀行のモデルを参考にした新たなマイクロファイナンスの担い手が生まれ、グラミングループもそれを支援している。

## 世界に伝播するソーシャル・ビジネス革命

グラミングループが起こしたソーシャル・ビジネス革命は、国や地域だけでなく、ファイナンスという分野も超えて広がりを見せている。グループには現在、再生可能エネルギーのグラミン・シャクティ、IT分野を担うグラミン・コミュニケーションズなど、二〇を超す企業があり、ファイナンス以外のさまざまな分野でソーシャル・ビジネスを展開している。携帯電話会社のグラミン・フォンもその一つだ。

グラミン・フォンが設立された一九九七年当時、バングラデシュの電話普及率は人口ベースで一%を下回っていて、これが経済発展を阻害していた。「つながることは生産性だ」という信念の下に、固定電話も普及していない町や村で分単位で携帯電話を貸し出すヴィレッジフォン・プログラムがスタートした。

ここでもやはり女性が活躍する。フォン・レディと呼ばれる農村部の女性たちが、グラミン銀行のマイクロクレジットを利用して携帯電話を購入し、通話時間込みで村の住民に貸して使用料金を得る。どの村にどれくらいの需要があるかといったマーケティングやフォン・レディの教育は、同じグラミングループのグラミン・テレコムが担う。

グラミン・テレコムは非営利組織だが、プログラムを行うことで資金を稼いで活動を持続させることができる。グラミン・フォンは広告や販促のための費用をかけずに農村部にユーザーを獲得できる。フォン・レディは人によっては大卒の初任給を上回るほどの高収入を手にしている。そして、村の住民は通信手段をもって「つながる」ことで、仕事を得たり、新たなビジネスを始めるきっかけをつかむことができた。

かかわる人や組織みんなが利益を得られるヴィレッジフォン・プログラムのおかげで、携帯電話は急速に普及した。八万以上の村で二五万台を超すヴィレッジフォンが、二〇〇〇万人の貧困層をカバーするまでになった。グラミン・フォンの加入者は二八〇〇万人を超えていて、これはバングラデシュの人口の一八%に相当する。

同様のモデルで先進国と新興国の間にあるデジタルデバイド（インターネットやパソコンなどの情報通信技術を利用できる人とできない人の間に生じる格差）を解消する取組みは、ウガンダやルワンダといったアフリカの国々にも広がりを見せている。

## ソーシャル・ビジネスの出資者が手にするコイン

ここで、先ほど保留にした問題について考えてみよう。ＣＳＶとソーシャル・ビジネスを同じ土俵にあげてよいのかという問題だ。

第２章でも述べたように、ＣＳＶとソーシャル・ビジネスの違いは利益の取扱いにある。

CSVでは利益は株主に配当されるが、ソーシャル・ビジネスでは事業の目的を実現するために再投資される。ボランティアではないので従業員には適正な給与が支払われるし、一定期間後には出資者にも出資金を返還する前提となっているが、原則としてプレミアムはつかない。損失も出ないが、配当もない。これがソーシャル・ビジネスの基本で、株主の厳しい配当要求に応える必要がないので、一般的な企業と比べて成長のスピードが速くなる利点がある。

では、ソーシャル・ビジネスの運営主体には何の利益も残らないのかといえば、そうではない。第5章で詳しく紹介するが、アパレルでバングラデシュを豊かにするというミッションを掲げて、グラミン銀行とユニクロが手を組んだグラミンユニクロを例にとって説明しよう。

確かにこの事業で、出資者であるファーストリテイリングは直接的に利益を得ることはない。この経済的な価値をエコノミック・コインと呼ぶことにする。ファーストリテイリングの筆頭株主は会長兼社長の柳井正氏だが、すでに使い切れないほどのエコノミック・コインを持っているので、グラミンユニクロでさらに個人資産を増やそうという気はさらさらないはずだ。

一方のユヌス氏も、エコノミック・コインにはまるで興味がないように見える。質素な家に住み、いつもコットンでできたサロワカというバングラデシュの普段着を身につけている。二〇一四年に二度、私がバングラデシュと日本で彼に会ったときも、影響力をもって社会に役立つことがいかに価値のあることかを繰り返し強調していた。

ソーシャル・ビジネスというと特別に思えるが、ほとんどの起業家は多かれ少なかれ、ユヌス氏と同じことを思っているのではないだろうか。事業を立ち上げるときに儲けることだけを考える起業家はまずいないし、仮にいたとしても、すぐに淘汰される。倒産して出資金が全く返ってこなかったり多額の債務を負うのは困るが、いくら稼ぐかではなく、社会にインパクトを与えることを夢見て誰もが事業を起こすはずだ。

こうして社会にもたらした価値は、ソーシャル・コインで測ることができる。ソーシャル・ビジネスの出資者が手にすることができるのは、エコノミック・コインではなくこちらのほうだ。したがって、ソーシャル・コインに意義を感じない人は出資者になるのは難しい。

ただ、ソーシャル・コインは巡り巡ってエコノミック・コインに変換される。たとえばグラミンユニクロの場合、ユニクロは次の二つの経済価値を享受することができる。貧しい国の経済を底上げして将来の市場と購買力を形成できること、そして、マーケティングコストをかけずに市場に対する理解を深めて他の新興国市場への足掛かりとできることだ。

これは多くのソーシャル・ビジネス、とりわけBOPビジネスに共通して見られる、ソーシャル・コインからエコノミック・コインへの転換である。これをCSVとソーシャル・ビジネスの関係に捉え直せば、両者は同じではないが、互恵関係にあるといってよいだろう。

グラミングループとのジョイントベンチャーを希望する日本企業は多いが、ＲＯＩ（投資利益率）が測れないことで二の足を踏むケースもあるようだ。株主に社会課題の解決が第一の目的であることを説明したうえで、長期的にはそれがエコノミック・コインにつながることを理解してもらえれば、ソーシャル・ビジネスの可能性はさらに広がるだろう。

自分ではなく、他の人のためを思う「利他の心」に基づくソーシャル・ビジネスは新しい資本主義のあり方だと、ユヌス氏は一貫して主張している。貪欲な資本主義の暴走を目の当たりにした私たちの社会には、この新しい資本主義の可能性を受け入れる土壌が育っているように思う。

INTERVIEW

# ソーシャル・ビジネスの力で社会問題を解決せよ

——ムハマド・ユヌス

## 「ビジネス」でしか解決できない課題がある

**名和**　ユヌス先生はソーシャル・ビジネスを提唱されています。なぜ、公共サービスでもCSRでもなく、ソーシャルビジネスなのでしょうか。

**ユヌス**　なぜ「ビジネス」でなければならないのか。理由は二つあります。まず、人々がそれを求めているかどうかを見極めるためです。誰が必要としているのか、誰が必要としていないのかがわからなければ、無駄が生じてしまいます。

もう一つは、フリー（無料）の弊害を避けるためです。誰かがお金を出して無料で物を配れば、その人に依存することになります。しかしビジネスならば、出資者はそれを回収して再投資できる。同じお金がグルグルと循環し、誰かに依存することもありません。したがって、社会課題を解決するためには、慈善事業や公的資金に頼るのではなく、「ビジネス」として設計する必要があるのです。

**名和**　しかし、ソーシャル・ビジネスのテーマとなることが多いヘルスケアなどは、政府が提供する公共サービスと位置づけられてきました。

**ユヌス**　そのとおりです。しかし実際には、貧しい人にケアは届いていませんでした。病院や医師は確かに存在しますが、政府がそこにすべての予算を投じてしまった結果、貧しい人々にはサービスが提供されていなかった、という非常におかしな状況でした。

予算の多くがインフラに回される一方で、医師は受け取る診療費の範囲内で、簡便で自分にとって都合のよいサービスしか提供していなかったのです。貧しい人たちが一番苦しめられていました。

病気になっても行く場所のない彼らのために、私たちはヘルスサービスを自分たちで提供することを考えました。その答えが、ソーシャル・ビジネスだったのです。

まず、グラミン銀行の借り手やその他の村民を対象に、健康保険制度を作りました。年間四ドル程度の掛け金で、家族全体をカバーするものです。医師や看護師を雇用して、村にクリニックも開きました。一家族四ドルで、これらのコストは賄えます。こうして、貧しい人たちのための医療サービスが、ソーシャル・ビジネスとして始まったのです。

## 格差を放置すれば代償は大きい

**名和**　ソーシャル・ビジネスは、マイケル・ポーター教授が提唱するCSVとどこが違うのでしょうか。儲からなければ再投資できないわけですから、儲かることは、ソーシャル・ビジネスの必要条件のはずです。そういう意味では、CSVとは大きな違いがないように思います。

**ユヌス**　世界を悩ませる問題には、いろいろなものがあります。たとえば所得格差です。世界中の富の九九％を上半分の人々が保有しています。残りの半分の人はわずか一％の富しか持っていません。ビジネスが、下部から搾取した富を上に運ぶマシンになってしまっている現状があります。

所得格差を仕方がないことだと考えるのは、天に唾することにほかなりません。自分だけ良ければいいという考えは、いつか社会不安を引き起こし、わが身に降りかかってくるからです。

ビジネスに携わる人は、今までのやり方のどこが悪いのかをしっかり考えて、修正していかなければなりません。一方的に吸い上げるのではなく、分かち合う方法はないのでしょうか。一方通行の富の搾取が当たり前のように行われてきただけに、これを共有する方向にシフトするのは簡単ではありません。

では、どうすればよいか。トップに立つビジネスリーダーが今考えるべきことは、利益に心を砕くことだけではないはずです。「トリプルP」という考え方があります。プロフィット、ピープル、プラネットという三つのPです。利益だけを考えるのではなく、この三つのPの観点からビジネスを考える必要があります。

まだ時間は残されています。今のうちに所得格差や貧困の問題に向き合い、大きな構想力で解決していくべきです。一国の中だけにとどまらず、地球や世界の人々に目を向けて、ビジネスを再構築していく時が来ています。

## 各企業とのジョイントベンチャー

**名和**　グラミングループは独自の事業展開に加えて、世界の名だたる企業とのジョイントベンチャーも積極的に展開していますね。

**ユヌス**　私自身、当初は想定していなかったことです。まずフランスのダノンが関心を示して、第一号のジョイントベンチャー、グラミン・ダノンを立ち上げました。狙いはずばり、栄養失調の改善に取り組もうということです。

バングラデシュの子どもの二人に一人は栄養失調です。そこで、グラミン・ダノンで特別なヨーグルトを開発して、ソーシャル・ビジネスとして子どもたちの栄養不良を解消しようとしました。ダノンはそこから利益を得ることはしないので、貧しい人々にも買える、きわめて安い価格が実現しました。もちろん、子どもたちに手にしてもらうためには、おいしくなければなりません。子どもたちに欠けていたいろいろな栄養素が含まれたヨーグルトを食べることで、子どもたちは健康になっていきました。

**名和**　ファーストリテイリングとは、グラミンユニクロを展開されています。

**ユヌス**　柳井正さんに初めてお目にかかったとき、そのエネルギーと熱意に圧倒されました。話しているうちに、彼の思想や構想にとても共感しました。従来のビジネスの延長戦上にいながら、新たに学んでいこうという姿勢、そして一流のやり方を貫こうとする覚悟は見事でした。

そして、グラミンユニクロでは期待どおり、素晴らしい服を作ってくれました。安価なのにクオリティが非常に高いことがバングラデシュの国民にも伝わり、お店には長蛇の列ができています。

バングラデシュは温暖な気候なので、冬のための十分な備えがありません。貧困にあえぐ家族、特に子どもたちは、寒さへの備えがないために、命を失うことすらあります。ですので、特に冬になると「ヒートテック」は引っ張りだこです。シンプルで、暖かい衣類を低価格で提供してくれるユニクロは、子どもたちはもちろん、世代を超えて大人気です。

非常にクリエイティブな人たちが、しっかりとした仕事をしてくれています。商品はみんなバングラデシュの縫製工場で作られています。動物のプリントがされたTシャツなど、デザインにも大変工夫が凝らされていて、とても楽しい。多くの人にいろいろなインスピレーションを与えてくれます。ビジネスが儲けるだけのものではないことを、グラミンユニクロは証明してくれています。

## ソーシャル・ビジネスに向かないテーマなど存在しない

**名和**　ユニクロは「衣」の世界です。先ほどのダノンは「食」。またフランスのヴェオリアとのジョイントベンチャーは「水」のインフラですね。ソーシャル・ビジネスは、どのような領域で特に有効なのでしょうか。

**ユヌス**　対象となる分野に制約はなく、どこでもできると思っています。特に力を入れたいのはヘルスケアの分野です。不必要に命を落とす子どもや母親が世界には大勢います。たった一言のアドバイスで、救える命がたくさんあります。今日のテクノロジーのおかげで、最も高いレベルのヘルスケアサービスを、最も貧しい人たちにも提供することができます。テクノロジーによってコミュニケーションのコストを、限りなくゼロに近づけることが可能だからです。

今後は特に、予防が非常に重要な課題になってくると思います。病気にかかってから治すのではなく、未然に防ぐことにこそ重きを置く。ほとんどコストレスといえる予防に力点を置いたヘルスケアのサービスを、すべての世界の人に届けていきたいと思います。

これを営利企業に依存していると、確実に儲からないところには進出できないということになります。一方で事業としての健全性や持続性を維持するためには、ビジネスの形態をとる必要があります。ですから、ソーシャル・ビジネスが求められているのです。

もう一つの注力分野は教育です。これも根本的な問題です。世界中の子どもが、いかなる遠隔地にいようとも、素晴らしい先生から学ぶことができると思っています。

ヘルスケアであれ、教育であれ、環境であれ、世の中に起きているさまざまな災禍であれ、ソーシャル・ビジネスはあらゆる問題にかかわれると思っています。そして、良い結果をもたらすことができる。時間はかかるかもしれません。しかし、地球上のどこであっても、どの領域においても、成果は出せると考えています。

## ソーシャル・ビジネス・ファンドで若い企業家を後押しする

**名和**　いつの時代もそうであるように、自ら企業家になりたいという学生は今も少なくありません。一方で、CSRのような社会貢献活動に引かれる学生も、最近は増えています。

ソーシャル・ビジネスは、彼らにどのような可能性をもたらしてくれるのでしょうか。

**ユヌス**　ビジネスを通じて儲けることは良いことです。それに加えて社会問題を解決できれば、さらに素晴らしいことです。大中小、どんな企業であっても、ソーシャル・ビジネスを生み出すことができると私は思っています。

アイディアはあって、資金さえあれば、という若者は多くいることでしょう。彼らがビジネスプランを出して、ファンドが投資をする。男性でも女性でも、仕事を求めるのではなくて、自ら企業家になる。求職者ではなくて、仕事を創り出す人になるわけです。まさにパラダイムシフトです。

このように視点を変えると、見えるものも違ってきます。どのようなビジネスを立ち上げ、他の人々のために雇用を生み出せるかを考える。それがソーシャル・ビジネスとして魅力的であれば、ファンドは投資します。そして、その資金を返済すれば、ビジネスは自分のものになる。正真正銘の企業家になるのです。バングラデシュではこうした取組みを積極的に進めていて、ソーシャル・ビジネス・ファンドの創設を促す一方で、若者からはどんどんビジネスのアイディアを募っています。

若者は、そして人間は、計り知れないクリエイティビティを持っています。問題は、それをいかに活用するかです。ソーシャル・ビジネスの世界でその力をフルに活用し、それが持続可能なものであれば、大きく成長します。小さなソーシャル・ビジネスの種でも、きちんとまいて育むことができれば、大きな生態系となって繁殖する。

それがまさに、ビジネスの力といえるでしょう。そのうち消えてしまう運命にある慈善事業からビジネスにシフトし、どんどん成長させるパワーが求められます。ぜひいろいろな企業に、この実験的なアプローチに参加していただきたいと願っています。

**名和**　ご著書の中で、ソーシャル・ビジネスには「七つの原則」があると述べられています。七つ目は「Do It with Joy」、シリアスな社会問題に立ち向かわなければならないソーシャル・ビジネスにおいても、しかめっ面でやるのではなく、楽しめということですね。なぜそう考えられるようになったのですか。

**ユヌス**　自分のために、極限まで集中して何かに取り組むのは、大変な作業です。しかし、それが世の中を変えるための無私の行為であれば、大きな喜びと感動が得られるはずです。それは多くの人にとって、全く新しい感情ではないでしょうか。

ビジネスの世界では、通常は利益を生むことがインセンティブとなります。どんなビジネスも当然ながら、利益の追求が目的となっているからです。誰でも利益追求には関心を持つことができるので、これが素晴らしいインセンティブになることは私も認めます。

しかし、それが唯一の目的ではないはずです。たとえば、人々を幸せにすることで自分自身も幸せになる。これも、ビジネスから得られる達成感の一つでしょう。時には他の人たちが嫌々やるようなことにも、喜々として取り組む。なぜならその行為が、とてつもない喜びにつながるという確信があるからです。
他の人々が抱えている課題や悩みを解決してあげることができれば、想像を超える達成感に満たされます。自分自身のポテンシャルを発揮することによって、今まで限界だと思っていたところを乗り越えて、大きな達成感が得られる。これがソーシャル・ビジネスの本質だと思います。

（二〇一四年七月一六日、「ＣＳＶフォーラム」での対談をもとに構成）

**ムハマド・ユヌス**（Muhammad Yunus）
**グラミン銀行創設者**

1940年バングラデシュのチッタゴン生まれ。チッタゴン・カレッジ、ダッカ大学卒業。米国ヴァンダービルト大学にて経済学博士号取得。72年に帰国後、チッタゴン大学経済学部学部長などを務める。83年に無担保小口融資（マイクロクレジット）を行うグラミン銀行を創設。ビジネスの手法で貧困撲滅をめざす活動が評価され、2006年グラミン銀行とともにノーベル平和賞受賞。邦訳された著作に『ムハマド・ユヌス自伝』『貧困のない世界を創る』（いずれも早川書房）などがある。

# 第4章 日本のCSVフロントランナー

## 日本型経営こそ元祖CSV？

第2章では欧米企業の、第3章では新興国の企業のケースを見てきた。欧米企業と一口に言っても、ヨーロッパとアメリカでは傾向が異なるし、同じアメリカでもホールフーズ・マーケットとGEではめざすものが違う。社会課題が山積する新興国に本拠を置く企業は、それを強みに変えてCSVを推し進めている。それぞれが置かれた環境や創業からのDNAを読み解きながら、自分たちにしかできない社会価値と経済価値を同時に実現しようとすれば、そのありようが多様になるのは当然だろう。

ただ、どの企業にも共通しているのは、CSVによって競争優位を築こうとしている点だ。それも生まれては消える波のような競争優位ではなく、形を変え、進化しながら続く、終わりのない強さの源泉をCSVによって確立しようとしている。

翻って日本はどうか。少なくとも現時点では、CSVを競争戦略として認識している企業はそれほど多くはないようだ。大きな理由の一つとして、皮肉なことにいわゆる日本型経営とCSVがあまりにも似通って見えることが挙げられる。

その証拠に、経営者の方にCSVの話をすると、たいてい次のどちらかの反応が返ってくる。一つは、よくぞ言ってくれた、私たちが昔からやってきたことにようやく時代が追いついた、というパターンだ。身を乗り出すように乗ってきてくれるので話しやすいのは確かだが、ずいぶん簡単に賛同されるのが気にかかる。

もう一方のパターンは、何も新しくなんてない、そんなわかりきった話をしてくれるな、という反応だ。経営者OBを中心とする社外取締役が多く集まる日本取締役協会で講演した際にも、強い拒否反応を示す方が何人かいた。CSRではなくCSVを、と言ったのがいけなかったようで、アメリカの強欲な企業はそういう隠れ蓑や免罪符のようなCSRをしているかもしれないが、私たちは違う。一緒にしてほしくないと猛反発を食らった。

二つの反応は対照的なようだが、実はどちらも同じことを言っている。日本企業はずっとCSV企業であり、日本型経営こそ元祖CSVだという見解だ。果たしてそれは本当なのだろうか。

日本の資本主義の系譜をひもとけば、確かに社会価値は経営の根幹に据えられてきたことがわかる。日本の資本主義の父と呼ばれる渋沢栄一は、有名な『論語と算盤』の中で、道義に則った商いをすること、儲けはみんなの幸せのために使うことを説いている。論語は社会価値、算盤は経済価値の象徴なので、この経営哲学はCSVにぴたりと重なる。

渋沢で興味深いのは、孔子が貨殖を否定したというのは後世の儒学者の読み違いで、なかでも朱子が「計を用い数を用いるは、たとい功業を立てうるも、ただこれ人欲の私にして、聖賢の作処とは天地懸隔す」と経済行為をけなした点に由来していると指摘している点だ。その結果、仁義や道徳を重んじるのは仙人のような人がすることで、経営者はそんなことを考えなくてもいいという考えが、まことしやかに広まってしまったという。

そのせいで実業家は利己主義一辺倒で、仁義もなければ道徳もなく、金儲けだけを追求するようになったが、富みながら仁義を行う例はいくらでもあると渋沢は論じている。資本主義の暴走とその揺り戻しとしてのCSVの台頭という今日の状況を、まるで予言しているようにも読める。

ぐっと最近になるが、ベンチャーキャピタリストの原丈人氏が提唱する公益資本主義も一部の経営者の間で人気が高い。利益を求める資本主義と社会に役立つ公益の両方を追求するこの考え方も、CSVにきわめて近い。このようにして見ると、CSVが日本企業に受け入れられやすい思想であることがよくわかる。

## ガラパゴスモデルの限界を突破する

しかし、親和性が高いことと、現に実行できているかどうかは別の問題だ。社会価値に対する感度が高いことは論をまたないが、問題は創出する価値の量にある。マイケル・ポーター教授は、日本企業はＣＳＶを実践していると主張しているが、実際に世の中を変えられているケースがどれだけあるのか。自己満足でチマチマとやっているだけでは、社会に何のインパクトも与えられないと言っていた。悔しいけれど、この指摘は正しいと言わざるをえない。

どんなに高い志を持って社会の問題に向き合っていても、スケールが小さいままでは、世の中に与えられる影響は限られる。それでは自己満足に終わって、またもやガラパゴスモデルに陥ってしまうことになるだろう。

スケールが小さい、インパクトがないとはつまり、儲ける力が足りないということだ。経済価値をきちんと出せれば、それを元手により多くの新しい社会価値が生み出せる。社会価値が目的で経済価値はそれを実現するための手段とする日本発のＣＳＶは、世界に通用するモデルになる可能性が大いにある。だからこそ、ポーター教授が口をつぐむほどの経済価値の創出力を手にしなければいけない。

ただし、あらゆる企業がグローバルに打って出るべきなのかといえば、必ずしもそうではないだろう。「ガラケー」から進化したシニア向けのスマートフォンが日本の高齢者に喜ばれ、今では海外にも輸出されているように、限られた市場における消費者との太い関係に基盤を置く企業や事業があってもよいのではないかとも思う。

たとえば、優れた中小企業が志の高いステークホルダーとともに、国内だけで質の高い経営を行うのはそんなに悪いことではないはずだ。単に技術や品質が高いだけでなく、「社徳」が高い企業が地方に行くとたくさんある。そうした企業は一様にみな地元の人の尊敬を得ているが、それは彼らが地方の経済を支えているからだけではない。地場産業を守り、雇用を作り、納税しているのはもちろんだが、企業としての振る舞いや、土地の名士である代々の経営者の人格に対して、土地の人々はみな敬意を払い、愛情を持っている。

経営のあり方を高く評価する人がいて、少々高価でもその企業のものを喜んで買う。そういう意識の高い人たちの中でだけ回るモデルが、特に地域に根差す中小企業においては存在してもよいのではないかと私は考える。

もちろん、どんどんグローバルに出て行って、世界を席巻するぞという心意気のある企業もたくさんなくてはいけない。最近私は、二一世紀型の世界の成長企業の要件を抽出するために、売上額が一兆円を超える上場企業（かつ、規制などに保護されず自由競争ルール下に

課題を解決して価値を生み出していこうという覚悟が見て取れる。

ポーター賞とは、日本企業の競争力を向上させることを目的として、私が籍を置くＩＣＳが二〇〇一年に創設した表彰制度で、ポーター教授自身はアドバイザリーボードの一員として関与している。ちなみに、キリンの磯崎功典社長（現・ホールディング社長）がＣＳＶを組織名に使うにあたってポーター教授に事前に知らせたところ、喜んで承諾したという。

ＣＳＶ本部は具体的には、ＣＳＶの視点を取り入れた製品開発やマーケティングを担う。先例となったのがノンアルコールビールの「フリー」だ。二〇〇九年の発売当時は、飲酒運転による事故が多発して社会問題化していた。また、大学の新歓コンパなどで一気飲みをした学生が急性アルコール中毒で救急搬送される事故も、毎年のように発生していた。お酒さえなければこんな悲劇は起きないのに、という批判が、社会のあちらこちらで口にされることが増えていた。

「フリー」以前も低アルコールビールはあった。しかし、ビールとはだいぶ違う味や風味のせいで人気が低かったし、体調や摂取量次第では飲酒の症状が出ることも心配されていた。ビールと同じではないけれどビールを飲んだ気分になれるものを、アルコール分完全ゼロで作ることを目標に開発が始まった。

アルコールを生成させないために酵母を使わないと、どうしても麦汁独特のにおいや酸味が目立つ。それをどうコントロールするかで二年の時間を要したという。試行錯誤の末に完成したフリーは、ドライバーだけでなく妊婦や授乳中の女性、病気で飲酒を制限されている人などに支持されて大ヒットする。もともとお酒の弱い人には、場の雰囲気を壊さずに飲み会を楽しめることも喜ばれた。「フリー」はビールを主力としてきた飲料メーカーが、アルコールを社会悪とみなす批判に逃げることなく向き合った結果、生まれたイノベーションだったといえるだろう。

## 本業を否定せず真っ向から挑もう

しかし私は、あえて二つ注文をつけたい。一つは、後から出たサントリーの競合商品にすぐに抜かれてしまったことだ。その後、最後発となるアサヒにも抜かれて、現在はシェア三位の座に甘んじている。経済価値の創出という点で後れを取ったことは否めない。

もう一つは、より本質的な問題になるが、ビールを作るメーカーとして、アルコールを否定するのは筋違いではないかということだ。CSVは本業の中でやってこそ意味があるので、本業を否定するのはおかしい。お酒やタバコのメーカーはそこで悩むが、負（ネガティブ）の面があるのはアルコールやタバコに限ったことではない。自動車は移動や輸送に不可欠な反面、交通事故や渋滞、環境汚染を引き起こす。

一方で、アルコールにもタバコにも正（ポジティブ）の面がある。アルコールには、飲むと楽しい気分になる、コミュニケーションを円滑にする、食欲がわくといった立派な効用がある。タバコ会社はCSV経営をするならタバコを売るのをやめるのが一番だ、などと言われるが、タバコが気分転換やストレス緩和に役立つことも事実だ。

分煙が進んだおかげで、喫煙スペースはしばしば貴重なコミュニケーションの場にもなっている。私もコンサルタント時代には禁煙した後も、タバコを吸う経営者の後を追って行き、先方が一本吸い終わるまでの三～四分の間に議論を吹っかけたりした。ほっとリラックスしたタイミングでするインフォーマルな議論だからこそ、思いがけない本音を聞けることもあった。

どんなものにも正負の両面があるのであれば、ネガティブな要素を減らすと同時に、ポジティブな効果やエネルギーを増幅させることを考えるべきだろう。ノンアルコールビールはあってもいいが、代替品で批判の矛先をかわすのではなく、アルコールの弊害そのものを解消する取組みを進めなければならない。アルコールの良いところは残しながら、酔ってもすぐにさめるビールや、飲むほどに健康になるワインなどができたら、これこそが本当のイノベーションだ。

キリンにはもう一つ「メッツコーラ」という、社会課題の解決にアプローチした代表的な商品がある。コーラは体に悪いというイメージを覆す、糖質ゼロであるうえに食事の際の脂肪の吸収を抑える史上初の特保コーラだ。これが発売されたとき、コカ・コーラのアトランタ本社は、「なぜ、うちじゃないんだ」と、地団駄を踏んで悔しがったとされる。

コカ・コーラとペプシの二強による寡占状態が長く続いたコーラ市場に風穴を開けたメッツだが、半年遅れでサントリーが新発売した「ペプシスペシャル」の猛追を受けて、シェアを分け合う形となっている。「フリー」と同じく、良いものを出すのに独走できずに失速してしまうところが、キリンらしいと言えばキリンらしい。

競合を寄せつけない強さがあれば、より強力に社会課題の解決に取り組んでいけるはずだ。CSV宣言がその背中を力強く押してくれることを願っている。

CASE

# 伊藤園――ポーター教授も称賛する日本発CSVモデル

## 3S経営をめざす

キリンがCSR推進部をCSV本部に変更したように、CSRをCSVに置き換える動きが一部で活発化している。キリンのような決意があれば別だが、時代に乗り遅れてはいけないと言葉だけを置き換えて、実態は今までと何も変わらないというケースもあるように思える。しかし、本来ＣＳＶとＣＳＲは違うものなのでどちらか一方だけを選ぶ必要はなく、両方をやっていくという選択があってもよい。それを実践しているのが伊藤園だ。

伊藤園は経営戦略の柱に、ＣＳＲ、ＣＳＶ、ＥＳＤのそれぞれの真ん中のＳをとった「３Ｓ」を据えている。図表４－１を見ていただくとわかるように、中央にＣＳＲが置かれている。伊藤園ではＣＳＲを、社会からの信用を得るための基本と捉えて重きを置いている。ただし、その内容はフィランソロピーなどではなく、あくまで本業を通じた社会貢献としているのが特徴だ。

そして、この基本的ＣＳＲの基盤の上に競争戦略としてＣＳＶを置き、製品・サービス、バリューチェーン、産業集積（クラスター）の三つのアプローチで消費者のニーズを満たし、社会価値と経済価値の両立をめざしている。一番下のＥＳＤは「持続可能な発展のための教育（Education for Sustainable Development）」という独自の用語で、上の二つのコンセプトを深く理解して実践する人材の育成を指す。

教育が経営戦略の柱の一つに入っているのが興味深い。いくらコンセプトが素晴らしくても、その実現は社員一人ひとりが自覚を持って行動するかどうかに最終的にはかかっている。こうしたボトムアップ型の取組みは日本企業の強みを生かすもので、これから

CSVに取り組もうという企業にとっても参考になるはずだ。

伊藤園のCSVを牽引しているのが、常務執行役員の笹谷秀光氏である。農林水産省でSR（対象を企業に限定しないので、CSRではなくSR〔Social Responsibility〕になる）の国際規格ISO26000の策定作業などにかかわった後に伊藤園に入社した、筋金入りのミスターCSRだ。

もともと本業の中で社会価値を高める戦略的CSRを志向していたところに、CSVのコンセプトが登場したのでそれにならったが、ポーター教授のよう

図表4−1　伊藤園グループのCSR

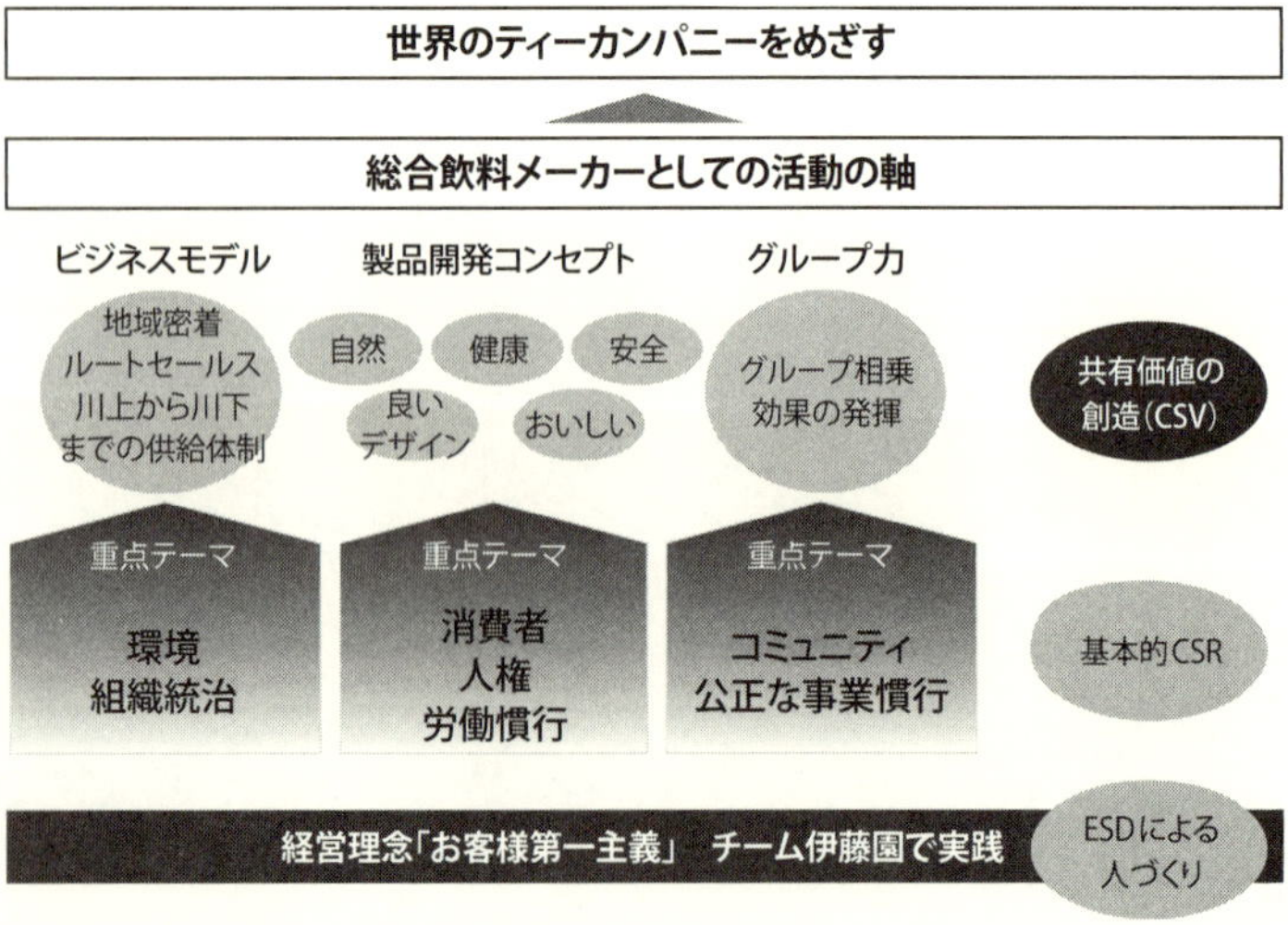


（出所）伊藤園ホームページ（https://www.itoen.co.jp/csr/csrpolicy/）。

に従来からのCSRを否定してCSVに移行しようというわけではない。人権や労働慣行、環境、公正な事業慣行などへの取組みをきちんと行い、そのうえで初めて競争戦略としてのCSVを回していく。そうしなければ企業としての根っこが失われると伊藤園では考えている。

## 日本茶が世界を健康にする日

伊藤園も二〇一三年にポーター賞を受賞しているが、その際にポーター教授が称賛したのが、CSVに対する体系的な取組みである。CSVの三つのレバーである、製品・サービス、バリューチェーン、地域生態系のすべてで、伊藤園は特色のある取組みを行っている。

①製品・サービス

世界で初めて缶入り緑茶とペットボトルの緑茶を開発した伊藤園が力を入れているのが、健康という新たな価値を提供する特定保健用食品の分野である。緑茶にもともと含まれるカテキンに着目し、脂肪やコレステロールの吸収を抑える製品を発売している。

②バリューチェーン
茶葉生産農家から生葉を乾燥する荒茶工場、問屋、飲料工場、小売店、消費者までをカバーするトレーサビリティシステムを確立している。

③地域生態系
売上の約半分を占める日本茶飲料に欠かすことのできない国産茶葉の生産は、今や危機的状況にある。この二〇年間で栽培面積は二割減少。他の農産物と同様に農家の高齢化も深刻だ。このまま事態が進めば、国内の荒茶生産量の四分の一を取り扱う伊藤園にとっては、事業の足もとが揺らぐおそれさえある。危機感を持った伊藤園は、茶産地育成事業を二〇〇〇年から開始した。契約栽培で農家の収入の安定化を図るとともに、遊休農地の造成や機械化・ＩＴ化の支援、技術指導などを通じて新たな産地の育成も行う。活動開始から一五年が経過し、茶葉の周辺に加工工場や肥料などの資材メーカー、県の研究機関が集まるなど、産業クラスターの形成が進んでいる。

私は伊藤園に日本発ＣＳＶの一つのモデルとしての可能性を感じている。それは、次の二つの理由からだ。一つは、先ほどのＣＳＲもＣＳＶも両方きちんとやっていくという方針だ。ネスレやユニリーバなどのヨーロッパ企業にも見られる考え方だが、アメリカ型ＣＳＶとの違いを明確に打ち出すことができる。

もう一点は、他の国にはない日本茶という製品そのものの強みである（最近は台湾や中国のメーカーも日本茶もどきの製品を扱っているが）。無糖でどんな食事とも相性の良い日本茶は、欧米でも注目されている。特に肥満が社会問題となっているアメリカでの関心は高く、グーグルやフェイスブックのオフィスに行くと、伊藤園の「お～いお茶」が置いてあり、健康志向の高い社員が好んで飲んでいる。

今、伊藤園は世界に健康で豊かな生活を提案する「世界のティーカンパニー」を長期ビジョンに掲げて海外展開を加速している。多くの国でコーヒーや紅茶が飲まれるように、日本茶が世界の人に愛されるようになる日もそれほど遠いことではないかもしれない。

CASE

# 三菱ケミカル――KAITEKIを提供する会社

## 三軸経営で化学産業の宿命に打ち勝つ

二一世紀の私たちは、高度に進歩したさまざまな技術のおかげで便利で快適な生活を送っている。しかし、その裏に自然環境や生態系の破壊、資源の枯渇といった犠牲が生じていることもまた一面の事実である。化学産業は長年にわたって、こうした科学技術のもたらす負の側面に対する批判の矢面に立たされてきた。

化学産業の特殊性を挙げれば、第一に、少しでも管理を誤れば火災や爆発といった重大な事故を引き起こす可能性のある物質を取り扱っている点がある。過去には大規模な事故も発生していて、一九八四年にインド・ボパールで発生した化学ガス流出事故は、三〇〇〇人以上の死者と一七万人の被災者を出した。最近では、二〇一五年八月、中国・天津の化学物質倉庫で大規模な爆発炎上があり、多数の死傷者を出したことは記憶に新しい。こうしたことから、化学産業は危険であるというイメージが一般に根強い。

第二に、化学物質そのものの特性がある。典型的なB to B産業である化学産業の製品は直接消費者の手に渡ることがない。そのため有益性が伝わりにくく、有害性ばかりが過大に評価される傾向がある。年々増え続ける耳慣れない化学物質に、消費者は不信を募らせてきた。

化学産業はこのようなハンディキャップを補うために、一九八〇年代から社会に対する負の影響を軽減するレスポンシブル・ケア（製品の全ライフサイクルにおいて、健康・安全・環境に配慮することを経営方針の下で公約し、自主的に環境安全対策の実行、改善を図っていくこと）に取り組み、プラスの価値を提供するCSRについても、他業界に先駆けて積極的に取り組んできた。

　こうした背景を持つ化学産業において、「KAITEKI」というユニークなキャッチフレーズでCSVを展開しているのが国内最大手の三菱ケミカルである。KAITEKIは「快適」のことで、暮らし、情報、健康、環境、エネルギーなどの分野が抱える社会課題を解決して、人も社会も地球も心地良くあり続けることをめざしている（図表4-2）。

　KAITEKIを実現するために、MOT、MOE、MOSの三つの軸に基づいた経営を行っている。MOT（Management of Technology）は、革新的な製品やサー

図表4−2　三菱ケミカルのKAITEKI価値

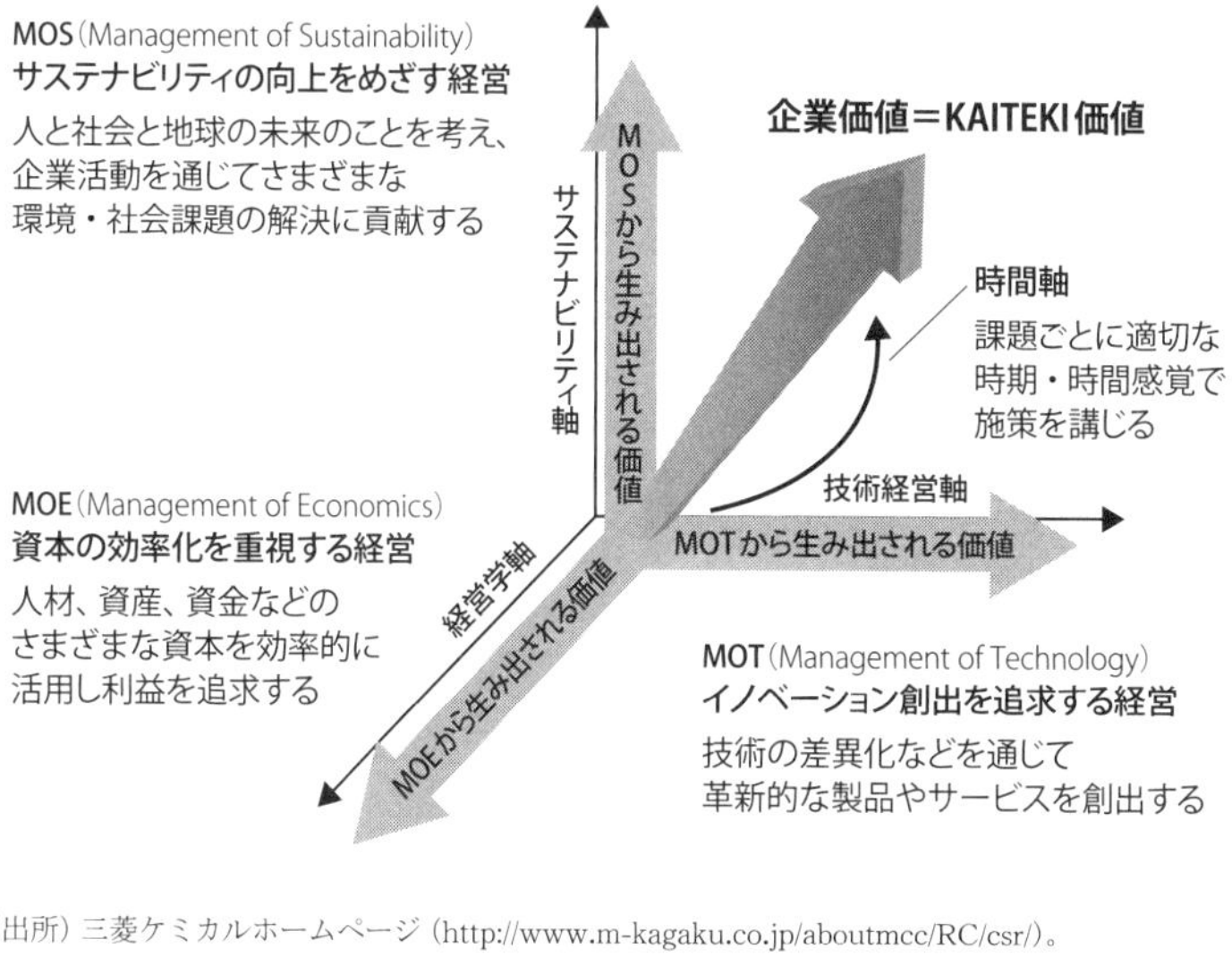


（出所）三菱ケミカルホームページ（http://www.m-kagaku.co.jp/aboutmcc/RC/csr/）。

図表4−2　**三菱ケミカルのKAITEKI価値（続き）**

| | |
|---|---|
| 必達 | 重大事故・重大コンプライアンス違反は発生ゼロにする |
| サステナビリティ（グリーン）指標 | S-1：地球環境負荷の削減への貢献<br>S-1-1：地球環境負荷を05年度比30%削減する<br>S-1-2：製品を通じて$CO_2$を350万トン削減する効果を出す<br>S-2：天然資源枯渇への対応・省エネルギー活動の実践<br>S-2-1：再生可能原料・材料の使用量を重油換算1万トンにする<br>S-2-2：希少金属の使用を1200トン（累積）抑制する効果を出す<br>S-2-3：原燃料88億円相当の省資源・省エネルギー効果を出す<br>S-2-4：製品を通じて9億トンの利用可能な水を提供する<br>S-3：調達を通じた社会・環境課題解決への貢献<br>S-3-1：購入原料品目の有害物質含有調査の実施率を80%以上にする<br>S-3-2：CSR調達率を原料・包材の90%以上にする |
| ヘルス指標 | H-1：疾病治療への貢献<br>H-1：治療難易度×投与患者数を50%増加（09年度比）させる<br>H-2：QoL向上への貢献<br>H-2：QoL改善への寄与度を70%増加（09年度比）させる<br>H-3：疾患予防・早期発見への貢献<br>H-3-1：ワクチンの投与係数を17%増加（09年度比）させる<br>H-3-2：臨床検査受託患者数・健診受診者数を26%増加（09年度比）させる |
| コンフォート指標 | C-1：より快適な生活のための製品の開発・生産<br>C-1-1：コンフォート商品の売上を4000億円増加（10年度比）させる<br>C-1-2：新商品化率を16%から30%に増加させる<br>C-2：ステークホルダーの満足度の向上<br>C-2-1：社外からの企業評価を向上させる<br>C-2-2：従業員に関連する指標の目標を達成する<br>C-2-3：顧客満足度を80%以上に向上させる<br>C-3：より信頼される企業への努力<br>保安事故を削減する<br>環境事故を削減する<br>商品クレームを削減する<br>休業度数率を削減する<br>GPSに沿った製品の安全確認を製品の70%終了させる |

ビスにつながるイノベーションをどのように効率的かつ継続的に生み出すかという技術経営の軸である。ＭＯＥ（Management of Economy）は、資本効率の最大化を推し進める経済価値の軸だ。

そしてＭＯＳ（Management of Sastainability）は、企業活動を通じて環境や社会課題の解決に貢献して、サステナビリティの向上をめざすという社会価値である。この三つが相互にプラスの影響を与え合い、時にせめぎ合いながら、ＫＡＩＴＥＫＩ価値を生み出していこうとしている。

## ＣＳＶを「見える化」する

注目すべきは、三軸すべてにＫＰＩを設定している点だ。ＭＯＥは当然だし、ＭＯＴにおいても一般的に行われてきているが、社会価値のＭＯＳを指標化しているのは、チャレンジといえる。

ＭＯＳの達成度合いは、サステナビリティ、ヘルス、コンフォート（快適）の三点で測る。このうちサステナビリティは$CO_2$の排出量や原料であるレアメタルの使用削減といった、測定が比較的容易で業績との関連性もわかりやすいものが多い。ヘルスは新薬開発などの社会課題の解決に直結する指標になるが、患者のＱｏＬ（生活の質）向上の視点から捉えている点がユニークだ。

最もチャレンジングな領域はコンフォートだろう。たとえば、便利や楽しみ、安らぎなどに貢献する商品（コンフォート商品と呼んでいる）の売上を二〇一〇年度比で四〇〇〇億円増加させることを目標に掲げているが、単に売上の拡大をめざしているだけなのではないかという疑問が浮かばないわけではない。新商品化率の向上という目標も、MOTに寄った指標に見える。

しかし、たとえこうした疑問や多少の問題があったとしても、指標として「見える化」して公表すること自体に意義があると私は思う。現在二二ある指標は、五〇〇ぐらいの候補の中から振るい落として生き残ったもので、より最適化するための見直しも常に行っている。なかにはまだ達成度の低い指標もあるがそれも正直に公表して、改善の方向性を示している。

社会価値をどう計測するかは、CSVの重要な課題だ。ポーター教授に聞いても、「今のところ決め手はない。もしも指標化できればノーベル賞ものだ」と言う。したがって、三菱ケミカルのMOS指標についてもポーター教授は懐疑的で、「こういう曖昧なものは、やめたほうがいい」と手厳しい。白か黒か、正か負か、はっきりしないものは認めないというポーター教授らしい考えだが、図らずもここにアメリカ型CSVの限界が露呈している。

心地良さや安心感といった人の心の状態を表すコンフォートは、アメリカ流のデジタル思考では扱えない。他方、日本には形や数字には置き換えにくい価値を高い水準で提供する企業と、その価値を正しく認識できる受け手が数多くいる。アメリカ型CSVでは触れることのできない領域を日本発CSVのために残しておいてくれたことをポーター教授に感謝して、生活や経験の「質」を大事にする日本的な価値観を世界に発信していくべきである。

試行錯誤を重ねながら、社会価値の「見える化」を進める三菱ケミカルに続く日本企業が、次々と現れることを期待したい。

CASE

# 味の素――ASV経営でネスレを超える

## 世界一のアミノ酸メーカー

衣食住の中でも「食」は特別なものだろう。ヒトの生物としての原型を作っているのは食だし、食が満たされてこそ文化も知恵も産業も生まれる。そのせいか食品メーカーの中には、あらゆる社会価値を創り出す源をビジネスにしているという自負があるところが多い。ＣＳＶに引っ掛けたＡＳＶ（Ajinomoto Group Shared Value）を打ち出している味の素もそのうちの一社だ（図表４－３）。

甘味、苦味、酸味、塩味に次ぐ第五の基本味、うま味の発見を創業の起源とする。うま味のもとであるグルタミン酸は、あらゆる生命の源として欠かせないアミノ酸の一種である。その「うま味を利用して栄養のある食を広めて、国民を健康にする」という志を掲げて、一九〇七（明治四〇）年に現在の味の素の前身となる鈴木製薬所が設立された。

貧しい食生活を強いられていた日本人に明治、大正、昭和を通じて、うま味調味料「味の素」はささやかな食の喜びを与え、栄養の改善に貢献した。その後、急速な経済発展に伴って日本人の食は一気に西洋化したが、それでも欧米並みに肥満が増えなかったのには、だしとうま味をベースにした食事が一役買ったという説もある。

日本の食生活の改善に貢献することで得たアミノ酸栄養や食品加工に関する知見は現在、世界の食と栄養に関する課題解決にも生かされている。その代表例が、ガーナでソーシャル・ビジネスとして展開している「ガーナ栄養改善プロジェクト」だ。このプロジェクトは、二〇一五年度の「日経ソーシャルイニシアチブ大賞」を受賞している。

他の途上国と同様にガーナでも幼児の死亡率の高さは深刻で、一歳未満の乳児の死亡率はおよそ五％と、日本の二五倍にのぼる。その主な原因の一つが、離乳期に当たる生後半

図表4-3　**味の素のASV**

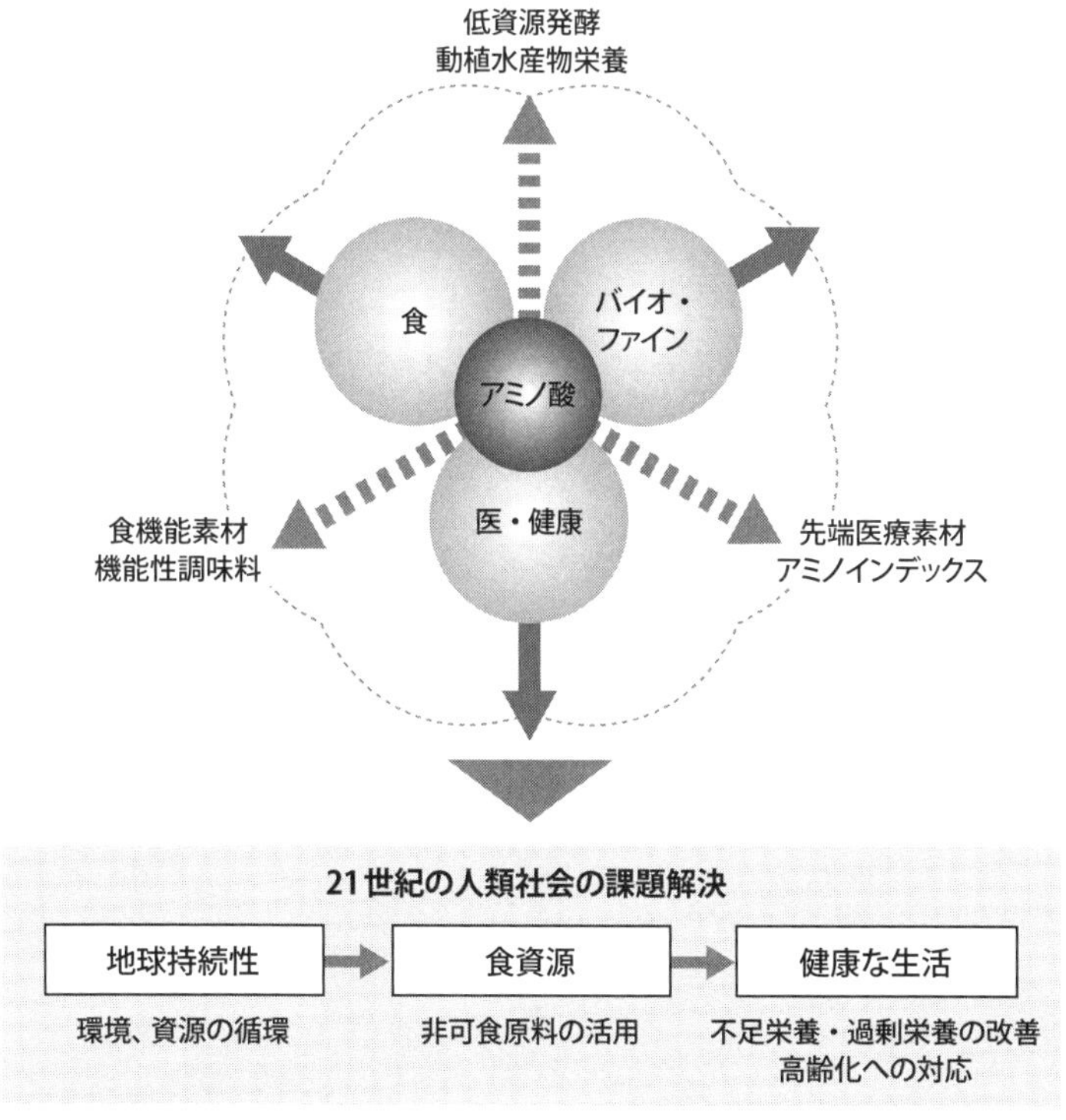


（出所）味の素ホームページ（http://www.ajinomoto.com/jp/aboutus/vision/）。

年から二四カ月までの深刻な栄養不足とされる。

ガーナではココと呼ばれる離乳食を食べさせる伝統があるが、発酵させたコーンで作るこのお粥にはエネルギーやタンパク質が足りない。さらに、母乳では摂取できていたアミノ酸などの微量栄養素（微量ではあっても発達や代謝機能を維持するために不可欠な栄養素）も不足してしまう。

栄養学では、妊娠中を含む二歳の誕生日までの「最初の一〇〇〇日」の栄養が生涯の健康に影響するとしている。この時期に栄養が不足すると成長不良が起こって五歳までの死亡率が高まるうえに、知能の低下も招くことがわかっている。

この問題を解決するために味の素が開発したのが、アミノ酸入りの栄養サプリメント「ＫＯＫＯプラス」である。ココを調理するときに加えることで、必要な栄養素を補うことができる。現地産の大豆などの材料を使って現地企業が製造し、小分けにして手の届きやすい価格に設定された商品を各村の女性たちが販売する。同時に、政府の保健機関やＮＧＯなどと協力して母親を対象とした栄養教育も行っている。

このように、製品、バリューチェーン、クラスターの三つのアプローチでＡＳＶを実践する味の素だが、言うまでもなく、その先には他の途上国の市場を見据えている。ネスレにもダノンにもユニリーバにもないアミノ酸という核となる技術を武器に、世界の栄養課題に新しいビジネスの可能性を切り拓こうとしている。

一方、国内ではアミノ酸工場を置く九州で、地元農家、堆肥業者、小売業者と連携し、バイオマスを混ぜた堆肥を活用したバリューチェーンを構築している。アミノ酸の発酵製造時に発生するバイオマスは年間四〇〇〇トンにのぼる。以前は重油を燃やして乾燥させていたが、何とか有効活用できないかと考え、佐賀市と共同で市の下水浄化センターで作る肥料に混ぜる技術を開発した。

これにより味の素は燃料と$CO_2$排出量を削減でき、下水浄化センターでは堆肥が発酵する際のアンモニア臭が低減された。バイオマスを混ぜることで耕作物の甘み成分とうま味成分がアップした野菜は契約農家が生産し、イオン九州が「九州力作野菜」と「九州力作果物」のブランドで販売している。味の素、佐賀市、農家、小売業者のそれぞれに価値を生むウィン・ウィンの関係が築かれている。

## 価値を正しく伝える

食品メーカーとして一般消費者にはなじみのある味の素だが、他の食品メーカーや製薬会社、素材メーカーを顧客とするB to Bビジネスも収益の柱の一つとなっている。その核となるのがインサイド戦略だ。

たとえば食品分野では、ネスレやゼネラルミルズといったグローバルメーカーにも、食品添加物などに使われるアミノ酸や化成品を提供している。インテル製CPUの入ったPCの「Intel Inside」と同じで、味の素の名前は前面には出ないが、多様なパートナーと組むことでスケールをとる戦略だ。

インサイド戦略の中で今最も注目されているのが培地事業だ。iPS細胞などの再生医療研究やバイオ医薬品製造に使われる培地には、アミノ酸が必須成分となる。アミノ酸製造の高度な技術を持つ味の素は、医薬品、食品用の両方で世界一の培地サプライヤーとなっている。

しかし、このインサイド・モデルの場合、黙っているとその価値が伝わりにくいという難点がある。インテルが「インテル入ってる」で認知度を上げて完成品メーカーだけでなくエンドユーザーからも選ばれるようになったように、味の素もASVを実践していくうえでは、社会価値をより広く知ってもらう必要がある。

日本企業らしくこれまでどちらかというと「陰徳陽報」を旨としてきたが、ステークホルダーとの関係構築に力を入れ始めている。社内ではER（Employee Relationship）の成果があがっている。

私が川崎市にある研究所を訪ねた際には二〇歳代の女性社員が、「KOKOプラス」の開発に携わったことを誇らしげに話してくれた。現地にも何度も足を運んで、母親と子どもを取り巻く環境やニーズを自分の目で見て、捉えてきたという。ポーター教授の嘆きではないが、日本でも若くて優秀な人材の関心がＮＰＯやＮＧＯに向いている。そうした中で、自社の価値や仕事の意義を再認識してもらうために、社員や学生に向けて情報をしっかり発信することは、ますます重要になってくるだろう。

Ｂ to Ｂビジネスでは、他の企業に向けたコミュニケーションを強化する必要がある。経営姿勢をはっきりと示して、自分たちの持つ力や価値を打ち出すことにより、インサイド戦略や共同開発のパートナーが、これまで以上に広がるはずだ。

投資家向けのＩＲ（Investor Relationship）の観点からは、単に儲けるだけでなく、どのように正しく成長していくのかを示すことは重要な意味を持つ。どういう形で地球に貢献し、世界の人々に役立つのかという成長ストーリーを描いて、株価に反映させる必要がある。

こうしたステークホルダーとのコミュニケーションにおいて、一日の長があるのは、やはり欧米企業である。たとえばネスレは、さまざまな機会を捉えて多様なツールを駆使した厚みのあるコミュニケーションを展開していて、参考になる点が多い。味の素も製品や技術はインサイドでも、価値は外からもわかるようにしっかりと提示しなければならないだろう。

もう一点、味の素がネスレにならってほしいことがある。それはＫＰＩの設定と公表である。味の素が指標化に慎重なのは、より本質を捉えた正しいものにしたいという真面目さがあってのことだと思う。しかし、最初から一〇〇点のものにしようとせずに、とりあえず六〇点のものでもいいから出して、そこからどんどん磨き込んでいけばよいのではないだろうか。ＫＰＩを設定してそれにコミットしたとき、ＡＳＶはさらに力強く回り始めるはずだ。

CASE

## 三井物産——「良い仕事」を腹落ちさせてCSVエンジンを回す

### 業績評価にメスを入れる

ＣＳＶは競争戦略であり経営コンセプトだが、それを現実のものとするのは社員一人ひとりだ。何を判断の軸として、どう行動し、発言するか。その結果がＣＳＶ経営の行方を大きく左右することになる。いくらトップが、社会価値が先で利益は後からついてくるとお題目を唱えても、社員がそれを信じていなければ、社会課題の解決よりも儲けが優先される。

三井物産で社長と会長を務めた槍田松瑩氏も、かつてそれを心配していた。三井物産はもともと社員の儲ける力が、他の商社と比べても秀でている。アグレッシブで、時には同僚にさえ情報を隠して成果をあげようとするほどだ。物産マンが通った後はペンペン草も生えないと、競合他社には恐れられていた。

闘争心が良い結果につながることも多いが、過剰になると弊害が生じる。それが表に出たのが、二〇〇二年の国後島の発電設備工事をめぐる不正入札事件だった。当時の経営陣が退任に追い込まれ、槍田氏が社長に就任する。事件の背景にあるのは、グレーな案件をハンドルすることも器量のうちという社内の風潮だった。この意識を変えない限り、また同じことが起こると考えた槍田新社長はコンプライアンスの強化に取り組む。

しかしその矢先、ディーゼル車の排ガス浄化装置のデータ捏造事件が起こってしまう。発覚したのは二〇〇四年だが、国後島の事件があった二〇〇二年から捏造は行われていたことが後に判明する。コンプライアンス重視の意識改革も、強化したはずの内部統制もまるで機能していなかったのだ。

理念を唱えたり、内部統制や内部監査の仕組みを強化するだけでは限界があることは明らかだった。そこで着手したのが、業績評価制度の思い切った見直しだ。それまで単年度で見る定量評価だけで行っていたのを、定量評価は二割、あとの八割は定性評価にした。これがどれほど大胆なものか、商社の事情を多少でも知る人ならわかるはずだ。

あらゆることを商売にする商社では、事業の評価も部門の評価も個人の評価もすべて数字で行うのが基本となっている。そこに八割の定性評価を持ち込んだのだから、社内には相当の反発があったはずだ。それでも槍田氏は改革を断行し、時代や市場を見据えた事業企画や部下の育成、顧客や社会への貢献といった数字では測れない物差しで、中長期の成長にどれだけ貢献したかを評価するようにした。

改革のスローガンとして掲げられたのが「良い仕事」だ。社員にとって評価ほど明確なメッセージはない。「良い仕事」をしなさい。さもなくば、いくら利益をあげても評価はしないと突きつけられて、さすがの物産マンも変わらざるをえなかった。

## 「良い仕事」からCSVへ

「良い仕事」とは何か。槍田氏は「世の中の役に立ち、顧客やパートナーに有益で付加価値をもたらし、自分自身のやりがいや納得感につながる仕事」だと説明している。

あるとき私は、槍田氏の後を継いで社長になった飯島彰己氏（現・会長）に、「飯島さんにとっての良い仕事は何ですか」と聞いてみた。すると、「家に帰って、家内と子どもに一日のことを誇らしく言えること」という答えが返ってきた。シンプルでありながら本質を言い表していると感心したが、これを社員に押しつけようという気は全くないという。

会社として「良い仕事」を定義することはあえてしていない。それはどう定義してもお仕着せになってしまい、社員の心の中には残らないからだ。実は、私は三井物産で「良い仕事」をテーマにした研修を行う機会があるが、そこでは受講者に「あなたにとって良い仕事は何ですか？　良くない仕事はどんなものですか？」としつこいほどに聞いて、自分なりの定義を見つけてもらっている。こうするより他に、社員一人ひとりに内在化させることはできない。

しかし、このあえて定義しないというのが評価の分かれるところで、またもやポーター教授は、この曖昧さに問題があると指摘している。ハーバード・ビジネススクールと共同で開発した次世代経営者研修プログラムに同社の幹部候補生を送り込み、ポーター教授をはじめとする教授陣の講義を受けさせたりもしているので、三井物産が「良い仕事」を大事にしていることはポーター教授も知っている。しかし、こういう曖昧なものを根幹に据えるのはいただけないというのが彼の主張だ。

社会的価値が先で、経済価値は後。ソーシャル・コインが貯まればエコノミック・コインは後からついてくる、という三井物産の考え方に対してポーター教授は、エコノミック・コインがなければ社会課題も解決できないと言う。両者の違いは大きいが、私は三井物産の考え方は日本発のＪ‐ＣＳＶの方向性を示すもので、いくら本家とはいえ、ポーター教授に寄せる必要はないと思っている。

ただし、何事も行きすぎは禁物だ。あまりに「良い仕事」を喧伝するものだから、最近はＮＰＯやＮＧＯのつもりで三井物産の門を叩く就活生が増えているとも聞く。利益至上主義を修正しようとしたら、振り子が振れすぎてしまったということだろう。

インフラ、資源、食糧などの事業を通じて社会に貢献し、市場を創造する商社の仕事は、正しく儲けてさえいれば自然とＣＳＶになる。問題は経済価値の創出だ。リスク管理が難しい事業を多く手掛けることもあって業績のぶれが大きいのは事実だが、そのビジネスモデルの特殊性を差し引いたとしても、利益率は他業種と比べて低い。

エコノミック・コインがなければ社会課題は解決できないし、「良い仕事」を持続的に行うこともできない。これからも「良い仕事」をしながら儲けるというのはどういうことか、苦しみながら、時には矛盾も感じながら、社員全員が諦めずに追求し続けていくことに意味があるだろう。各自が自分なりの答えを見つけたとき、ＣＳＶ経営のエンジンはフル回転し始めるはずだ。

CASE

## CSVフォーラムから

日本企業の間でもＣＳＶへの関心が高まる中、ＩＣＳでは二〇一四年に次世代の経営リーダーを対象に日本版ＣＳＶのあり方を討議する「ＣＳＶフォーラム」を立ち上げた。

コーディネーターを務める私が講義する以外に、社会価値と経済価値の共創について造詣の深い講師を招いて理論に対する理解を深めている。また、CSV経営を実践するうえでの課題について、参加企業の取組みを共有しながら議論をしている。現在は日本を代表する約三〇社に参加していただいている。

業種はさまざまで、一番多いのが商社と金融系で四社。あとは三菱ケミカルやNECなどのB to Bの会社から、ユニクロ、味の素、キリン、LIXILなど、衣食住を扱う会社が揃う。東京だけでなく関西からも、堀場製作所とオムロンが参加している。全社の事例を紹介したいところだが、紙幅の都合上、七社のCSVについて紹介することにしよう。

## トップと現場が同期するヤマト運輸

「宅急便」のサービス品質の高さは、日本に住む人だったら誰もが認めるところだ。しかし、ヤマト運輸の事業はすでに配送業の枠に収まり切らなくなっている。「運ぶ」ことを通じてさまざまな社会課題を解消し、事業を広げている。

高齢化と過疎化が進む地方の自治体と協定を結んで行う「高齢者見守り支援」サービスもその一つだ。青森県黒石市では、市が発行する定期刊行物をドライバーが高齢者に手渡しすることで近況を確認している。二日続けて不在の場合は、市から依頼を受けた民生委員が高齢者の自宅を訪ねて安否確認をすることになっている。市からは配送料を受け取ることで、ボランティアではできない継続的なサービス提供が可能になっている。

また、地方に店があり、仕入量も少ないために大手事業者と取引できない「仕入れ困難者」の小規模小売店など向けには、食品卸の国分と組んで卸売価格で販売するウェブサービスを展開している。受発注や在庫の管理、決済サービスなどをヤマトグループでまとめて提供することで、山間部の商店にも注文した翌日には商品が配送され、従来は難しかった掛けでの仕入れも可能になった。こうした小売店を支援することは、買い物困難者を増やさないことにもつながる。こちらも配送の他にシステムの構築や保守、在庫管理や決済の手数料が発生するので、ビジネスとして成立している。

これらの取組みは確かに興味深いが、ヤマト運輸がなぜCSVの担い手となりうるかを理解するには、次のエピソードを知っていただいたほうがよいだろう。一人暮らしの高齢者に荷物を届けたドライバーがチャイムを鳴らしたが返事がない。明かりはついているし、いつもなら必ず家にいる時間だ。不審に思って外から覗くと窓際に人が倒れているのが見え、慌てて中に入って声をかけた。こういう話は全国で数多くあるという。

これを外国人に話すと驚かれる。アメリカならまず間違いなく警察に通報されるし、運が悪ければ銃で撃たれるかもしれない。では、なぜ日本で、ヤマト運輸にそれができるのかといえば、地域の人たちとの信頼関係が築かれているからにほかならない。担当地域の家族構成、在宅時間などを把握していて、お客もドライバーの顔や名前を知っている。だから異変に気づくことも、緊急時には敷地内に入ることもできてしまう。

その裏にあるのは「ヤマトは我なり」という社訓を体現するドライバーの存在だ。ヤマト運輸ではドライバーをセールスドライバー（ＳＤ）と呼んでいる。ただ荷物を運ぶだけでなく、きちんとした言葉遣いや身なりで注文を受け、代金を受け取り、時にはクレームや要望も聞く。この顧客接点となるＳＤの質が宅急便の、そしてヤマト運輸という会社の評価を決める。

「全員経営」のモットーの下にＳＤには責任と権限が与えられ、状況に応じて自ら考えて最善の行動をとることが認められている。東日本大震災のときに社員たちが自発的に救援物資を運んだり、近隣の県からトラックや燃料を集結させたエピソードはよく知られている。これも、本社の指示を待つのではなく、現場が判断して動く文化が組織にしっかり根づいている証拠といえる。

他方、渋滞や路上駐車が社会問題化している都心周辺では、少しでも緩和できるように他の配送会社と協力している。たとえば、狭い道を多くの車が行き交う吉祥寺の住宅街では、ブロックごとに担当を決めて、複数の会社の車が乗り入れるのをできるだけ避ける仕組みを作った。短期的な利益を考えればマイナスかもしれないが、地域とそこに暮らす人のことを第一に考えた行動は、長い目で見れば信頼の獲得につながる。

「宅急便」を生み出した小倉昌男氏が唱えた「サービスが先、利益は後」は、SD一人ひとりに腹落ちし、意識と行動に表れている。経営トップから現場のSDまで同期が取れていることが、ヤマト運輸の最大の強みだろう。

## 「MUJIらしさ」にこだわる良品計画

私が筋金入りのCSV企業だと思う一社が、無印良品を展開する良品計画である。「MUJIらしさ」に徹底的にこだわっていて、MUJIらしくないものには手を出さないし、MUJIが手掛けたものはみんなMUJIらしくなる。事業であれ、商品であれ、業務であれ、「そこに良心（＝良品）はあるか」をみんなが常に自問自答している企業である。企業の価値観（バリュー）が従業員一人ひとりの信条（ビリーフ）にまでしっかりと浸透しているという点で、いい意味でほとんど宗教的な組織といえるだろう。

では、インフラを造るわけでもなく、エネルギー問題を解決するわけでもない良品計画のどこがCSVなのか。それは、世の中で見落とされている、または希薄になってしまっている本質的な価値を掘り起こして、世界の人々に生活の質（QoL）と心の豊かさをもたらしていることにある、と私は思う。

CSVではBOPに目が向けられがちだが、先進国の経済的に豊かな人たちに課題がないわけではない。飽食や美食が生活習慣病につながるのと同様に、たとえば衣食住の世界でも、過剰なデザインや目まぐるしく変わるトレンドが人々の心を消耗させている。

良品計画が日本と海外で提供しているのが、そういう人たちの本質的欲求を満たす衣料品や家具、生活雑貨などだ。無駄な機能を排し、デザインというほどのデザインも施していない家具や電化製品。ミニマムでどんなふうにも着られる洋服。これらはすべて、「これがいい」ではなく「これでいい」という無印が掲げるコンセプトに基づいたものだ。

利己の抑制が感じられる「これでいい」は、欲望を前面に出す消費主義とは明らかに距離を置く。マズローの欲求階層でいえば、生命維持のための生理的欲求はもちろん、人から一目置かれたいという自尊欲求や、創造性を発揮しようとする自己実現さえも超えた、もう一つ上の利他の領域に位置づけられるのではないだろうか。「これでいい」といっても、品質や安全性には妥協がないのは言うまでもない。

青い鳥は自宅にいたというチルチルミチルの伝説のように、幸せは実はごく身の回りにある――MUJIのビジネスそのものが、世界の人々にそういう新しい価値観を提供するCSVだといえる。CSVは今後、狭いBOPの世界から、多くの人々にとって日常的なものへと、大きく広がりを見せていくだろう。

「Found MUJI」と呼ばれる取組みでは、インドネシアの籐でできた椅子やリトアニアの織物など、世界中から無印の目で見つけて（ファウンドして）選んだものを売っている。ただエスニックなものとして扱うのではなく、それぞれの国の生活の知恵や文化に根差した良いものを日本の生活に取り入れ、世界にも再発信しようというコンセプトに基づいている。日本の美意識や価値観を一方的に押し広めようとするのではなく、世界の多様な価値観や身近にある「良品」を共有してソーシャル・バリューを高めていこうという姿勢がそこにはある。一方で、最近では「和」をテーマに、富山県の八尾和紙、静岡県の下駄、青森のリンゴの木から作られた箸など、日本の地方の名品の価値を再発掘して、世界に発信している。

生活を心暖まるものにして社会を良くする、こういう高次元のCSVが日本企業にはできることを良品計画は示している。

## 世界の「住」を豊かにするLIXIL

この五、六年で最も変化を遂げた日本企業はどこかと聞かれたら、LIXILの名前を挙げる人が多いはずだ。典型的な内需型企業だったのが、国内売上高二兆円、海外売上高一兆円のグローバル企業をめざして、果敢にM&A攻勢をかけてきた。

GEから転身した藤森義明社長の指揮の下、アメリカの水回り機器大手のアメリカンスタンダード、ドイツの住宅設備機器グローエ、イタリアのビル外壁材大手のペルマスティリーザなどを買収している。インドや南アフリカなどの新興国の企業も傘下に入れた。これで世界に飛躍する舞台装置は出来上がったことになる。あとはそこに魂を入れるだけだ。

ＬＩＸＩＬにとっての魂は、やはり住まいを作る知恵だろう。日本の住まいは土地の制約や四季がはっきりした気候という条件の下でさまざまに工夫をして、冷房はおろか暖房も最小限に抑えながら快適さを追求してきた。持続可能性が問題となる中、こうした知恵が世界各地で求められるようになってきている。

とはいっても、そのまま輸出することはできない。日本がそうであるように、世界のどの国や地域にも気候風土、生活習慣に根差した住まいと暮らしがある。たとえば、サッシのない国は東南アジアに行けばいくらでもあるし、家で靴を脱ぐ習慣のない国の玄関には段差がない。イスラム教の国では温水洗浄便座などというものが生まれるはるか昔から、トイレで用を足した後は水で洗って清めている。

こうした日本とはまるで違う生活習慣を持つ国に出て行くにはローカライズが必要なのは言うまでもないが、ただ迎合してしまえば、今度は差別化ができなくなる。自社の強みを生かしながらどうやって現地のニーズに応えるかが課題だ。

世界には日本の住まいに関する知恵や技術を必要としている地域がたくさんあるが、その一つがケニアだ。都市部では人口増加にインフラ整備が追いつかず、特に衛生的な水とトイレの不足が深刻化している。自宅に水洗トイレがある家は全体の三分の一で、都市部でも約半数が共同トイレを使用しているが、下水処理能力が不足しているために約半量が人工の溜池で簡易処理した後に土壌に排出される。共同トイレさえない地域では、穴を掘って埋めたり袋に入れて捨てるなどしていて、環境汚染や病気の拡大が懸念されている。

ケニアでＬＩＸＩＬが展開しているのが、水を使わない「グリーントイレ」だ。床下に処理装置を置き、分離、乾燥、発酵分解までを行う。処理済みのし尿は肥料として利用可能だ。このシステムが優れているのは、インフラが未整備な途上国だけでなく、水資源の乏しい地域や山間部、被災地の仮設住宅など、多様な使い方が考えられる点である。

グリーントイレにさらに、雨水をためて浄化するシステム、生ゴミ処理装置、使用済みのバッテリーを再利用した蓄電システムの三つの機能を加えた「インフラフリー・ユニット」の開発も進められている。住生活に関する幅広い分野を手掛けているからこそできる取組みといえるだろう。「住まうこと」を通じて世界を豊かにする挑戦をＬＩＸＩＬには続けてほしい。その先に、住生活産業のグローバルリーダーの未来が拓けてくるはずだ。

## 社会課題を起点にした第二の創業・富士フイルム

デジタルカメラの普及によって写真フィルムが大幅縮小し、本業消失の危機に直面した富士フイルム。その崖っぷちでの一連の事業構造の大転換の中で、新たに立ち上げて成功させたのが化粧品事業だ。写真フイルムで培った高機能科学技術を生かした基礎化粧品の「アスタリフト」シリーズは、それまでの化粧品の概念を覆したといってよいだろう。

化粧品の小売価格に占めるマーケティングコストは約七割とされる。今やこの事実は、正確な数字はともかく、多くの女性に知られているが、高価な化粧品は相変わらず売れているようだ。

一万円の化粧水や美容液のうち七〇〇〇円は肌に何の影響も与えない宣伝費や販売費のために支払うのがわかっていて、なぜ買い続ける人がいるのか。それは、これを使えばきれいになれる、高価なものだからきっと効くはずだという期待に感性的な価値を感じているからだろう。高価格帯から低価格帯までのほとんどの化粧品は、消費者のイメージに働きかけることで販売してきた。

この常識を一八〇度変えたのが、アスタリフトだった。イメージではなく実証データで、感性ではなく科学で訴求する方法を選んだのだ。科学の裏づけは、フイルム製造に必要な粒子の大きさや機能が異なるさまざまな種類のコラーゲンを製造する技術と、表層から深層にまで深く浸透させるナノテクにあった。これにより肌の表面を潤すだけでなく、肌の奥に浸透するコラーゲンを配合した画期的な商品が生まれた。富士フイルムはそのアンチエイジング効果を、データを用いて論理的に説明した。

似たような試みは他社でも以前からあったが、フイルム製造で世界一の技術を持つ富士フイルムが言うのだから説得力が全く違う。イメージで選んだお客は別に気を引くものが出てくれればすぐに乗り換えるが、論理的に説得されて購入したお客は、より説得力のある商品が出てこない限り簡単にはスイッチしない。

化粧品事業では、マーケティングコストをほとんどかけずに済むリピート客は宝のような存在であり、顧客にとっても長く使うほど効果が出る。感性に頼らずに科学で訴える化粧品の登場は、顧客とメーカーにウィン・ウィンの関係を築いた。

世の中の半分を占める女性を美しくして、その周囲にいる男性も幸せにしているなら、これはもう社会価値の創出にほかならない。それを従来の化粧品メーカーとは違う科学的な方法で実現したことに、アスタリフトの価値はある。

コア事業がなくなるという大ピンチに富士フイルムが行ったのは、自社の資産の棚卸しだった。写真フィルムで培った化学、画像、光学、解析などの技術を改めて整理すると、その数は一〇〇以上にも及んだ。そしてこれを社会課題と関連づけて捉え直すことで、医療、医薬、化粧品、産業用素材などの事業へ活路を見いだした。

なかでも、化粧品以上に社会に大きなインパクトを与える可能性があるのが、医薬品分野だ。感染症治療薬など従来からの低分子医薬品に加え、最先端のバイオ医薬品と再生医療を三つの柱として取り組んでいる。

たとえば、傘下の富山化学工業が開発した治療薬が、エボラ出血熱に有効性が高いことが証明されたことは記憶に新しい。また同社では、山中伸弥教授率いる京都大学iPS細胞研究所と、アルツハイマー型認知症治療薬の共同研究に着手している。さらに最近では、アメリカの有力バイオベンチャーであるセルラー・ダイナミクス・インターナショナルを買収、iPS細胞を活用した創薬支援に拍車をかけている。

もちろん、いかに収益に結びつけることができるかは、今後の大きな課題である。しかし、創薬や再生医療分野で大きな社会価値を生み出すことができれば、いずれ経済価値は必ずついてくるはずだ。

社会価値の創出を考える際には、単に技術や市場があるからというのではなく、資源、環境、高齢化といった世界が直面する問題の潮流を起点に、自社の価値を捉え直す視点が不可欠だ。このことを、富士フイルムの第二の創業ストーリーは教えてくれる。

## リボンモデルで市場を創造するリクルート

会社がCSV宣言をして一番戸惑うのは社員だろう。社会価値と経済価値の両立と突然言われても、今までの仕事の仕方の何を変えればよいのか、判断の基準をどこに置くのか困惑するはずだ。「事業で社会に貢献する」という方針を二〇一四年に改めて明確に掲げたリクルートの社内でも、おそらく同じことが起こっているはずだ。

リクルートのビジネスの本質は「リボンモデル」にある。結び目を挟んで需要と供給の膨らみが左右対称にあり、それを真ん中でマッチングさせて結び合わせる役割をリクルートが担う。このモデルのポイントは需要と供給が左右対称なことだが、自然に対象になるわけではなく、あれこれと手間をかけて白地に市場を創造している。

たとえば宿泊情報・予約サイトの「じゃらんｎｅｔ」では、すでにあるニーズに働きかけるのではなく、眠っているニーズを掘り起こして顕在化させることにより、需要と供給の双方に価値をもたらしている。

旅行者に対しては、ペットと一緒の旅行、アウトドア体験ができる宿といったカテゴリーを用意したり、宿泊地の街や村の巡り方をセットで提案することで、思わず出かけてしまいたくなるような働きかけをしている。「熟年夫婦がゆったり過ごせる、良質だがこれ見よがしでない適正価格の宿」といった、他社のサイトではありそうでなかなかない切り口でまとめた特集ページなども高評価を得ている。

供給側に対しては、各地の営業スタッフが宿泊施設に足を運び、宿泊プランの提案や宿泊客とのコミュニケーションの改善方法をアドバイスするなどして、支援と育成を行う。営業スタッフの多くは地域に住む契約社員で、都会の大学や会社を経てＵターンしたり、縁あってＩターンした主婦などが多い。地元愛はあるが都会と比べて足りないところも見えている契約社員たちが、何とか人を呼べる町にして地域起こしをしたいと懸命になってサポートするので、宿泊施設の側もやる気が出るという。リクルートはこの「じゃらんｎｅｔ」事業で、二〇一二年にポーター賞を受賞している。

婚活サイトやウエディング情報サイトの運営では、結婚する人の数を増やすことにより、少子化というより大きな社会課題にも向き合っている。では、経済価値はどうかといえば、儲ける力の高さは折り紙つきだ。このようにして見ると、わざわざ宣言をするまでもなく、リクルートは十分にＣＳＶ企業だったということができる。

ところが、宣言と時をほぼ同じくして社内に衝撃が走った。二〇一四年春、一部のメディアが、学生も大学も企業も衰弱させていると、就職情報サイト「リクナビ」を叩いたのだ。特に学生については、煽られて大量エントリーをした結果、何十社と連続して落とされることになり、自信喪失につながっていると批判した。上位校に通う学生に企業の需要が集中するために、ここではリボンの左右に非対称が生じてしまっていたのだ。

企業からも学生からも高い評価を得ていたサービスだけに、社内のショックは大きかったようだ。しかし私は、またとない良い経験だったと思う。社会の声に耳を傾けているつもりでも、落とされた学生の悔しさやストレスまでは汲み取れていなかったことを、痛みを伴いながらも知ったことは大きい。進化を遂げるチャンスが巡ってきたと捉えるべきだろう。実際に社内では反省とサービスの見直しが行われていると聞く。自浄作用が働くということは、まだまだ伸びる余地があることを示している。

日本の雇用市場には解決しなければならない問題が山と残されている。そこにはリクルートにしかできないこと、やるべきことがある。ただ市場が立ち上げられそうだから、できるからというのではなく、雇用のあるべき姿を示して、その実現のためにリーダーシップをとっていくことが、今のリクルートには求められているはずだ。

それと同時に、自らの立ち位置を改めて自覚する必要がある。リクナビが批判されたのは、どの就職情報サイトよりも社会的影響力が大きいからだ。こういう企業には、その影響力に見合った責任がある。同時に、その影響力があればこそ、社会全体に大きく働きかけて、あるべき姿へと舵を切る原動力にもなれるはずだ。

トヨタ自動車が燃料電池車関連の特許を無償開放し、他の自動車メーカーやエネルギー会社と組んで水素インフラ整備に取り組んでいるのは、持続可能な社会を作るためだ。もちろん、それによって市場もさらに広がることを見越している。短期的な利益だけを考えれば違う選択もあるが、社会価値を創出することで、長期的には、より大きな経済価値を実現することを期待できるはずだ。

リクルートも同様に、社会に対する影響力をさらに深く自覚して、ミッションに照らして事業を作る段階に入ってきている。ＣＳＶを実践するための指標化や業績評価の見直しも必要ではあるが、まずは社会も社内も納得する大義の旗を掲げることが、社員の迷いを解消することが先決だろう。同社が二〇一五年に初めてまとめた「ＣＳＲレポート」は、その第一歩となるはずだ。今後は、この大義を社員一人ひとりに腹落ちさせ、同社のDNAである「圧倒的な当事者意識」に埋め込むことができるかどうかが問われている。

## トヨタグループの尖兵・豊田通商

前述のとおり、CSVフォーラムの参加企業のうち、業種別で金融と並んで最も多いのが商社だが、その中でも出色なのが豊田通商である。大手総合商社と比べて地味な印象があるかもしれないが、トヨタグループの尖兵として独特の存在感を発揮している。

トヨタ自動車の工場はおろか正規の新車販売も行われていないような国に、グループを代表して真っ先に乗り込むのが豊田通商だ。中古車であろうと、非正規ルートで入ってきた車であろうと、その国の人にとってトヨタ車はトヨタ車だ。トラブルがあれば、中古車販売業者ではなくトヨタのブランドに傷がつく。

かつてはカンボジアも、そういう国の一つだったが、トヨタ自動車の豊田章男社長が現地を訪れた際に、「これだけトヨタの車が走っているのに修理も請け負わない、部品もないというのはおかしい。会社として無責任だ」と言ってサービスセンターの設立を命じた。このときも豊田通商が主体となって、デンソーやアイシン精機と一緒に現地法人を設立している。

二〇一五年の春先、私がプノンペンにあるサービスセンター「ピット&ゴー」を訪れた際には、店には所狭しとばかりに修理車が並んでいた。時代もタイプもバラバラで、新品同様のレクサスもあれば、昭和の時代に活躍したと思しき商用車もある。トヨタ車が多いが、他のメーカーのものも持ち込まれている。なかには、走っているのが不思議なぐらいの車もある。手を尽くしてトヨタらしいメンテナンスをしてもらえるので、安心して走れると評判だ。

豊田通商が特に強みを持つのがアフリカである。一九二〇年代に東部アフリカで綿花の買付けを行ったのを手始めに、北アフリカでも発電所建設などのインフラ事業を手掛けてきた。自動車は一九六〇年代に完成車が輸出されるようになったのを機に、完成車販売やアフターサービスなどを通じてトヨタ自動車のアフリカ市場開拓をサポートしてきた。一九九〇年代には政情不安から日本企業の撤退が相次いだが、アフリカ市場を重点地域と定めて動かなかったことが現在につながっている。

二〇一三年には、一二〇年以上にわたってアフリカで事業を行ってきたフランスの大手商社セーファーオー(CFAO)を子会社化して、かつてフランス領だった西アフリカでの事業展開を強化している。これによって、自動車事業についてはアフリカをほぼ網羅した面展開が可能となり、医薬品や清涼飲料など、セーファーオーが強みを持つ分野にも事業ポートフォリオを広げた。

もう一つ、豊田通商が得意としているのが、静脈系と呼ばれる産業廃棄物などにかかわるビジネスだ。日本でも海外でも、工場で発生する鋼材や非鉄金属などの金屑を回収、加工して、持続可能なものづくりを側面支援している。静脈系はそれほど大きなビジネスにはならないので、他の商社はあまりやりたがらない。それでも豊田通商は産業があるところには必ず廃棄物があるのだから、トヨタグループの一員としてものづくりの最後までしっかり見届けるという姿勢を貫いている。

## CSV企業を資本市場から支援する日興アセット

CSVは企業価値につながるのか。その答えを示唆するファンドがある。二〇一三年に日興アセットマネジメントが開発したCSVファンドである。同社は、CSVフォーラムのメンバー企業ではないが、ゲスト企業として毎年登壇している。

一般的なSRI（Sustainable and Responsible Investment）ファンドは、CSRを評価の軸としている。これに対して、同社のCSVファンドは、投資判断の一般的な基準である財務、市場競争力に「ESG」を加えた三方向から企業を分析投資対象として選別する。環境（Environment）、社会（Social）、ガバナンス（Governance）の頭文字を取ったESGが加わることで、社会貢献と中長期的な経営を両立させている銘柄を選ぶことができるという。

本業で社会課題を解決して業績をあげている企業は経済価値成長力も高いという、純粋な収益追求モデルに基づくものだ。

具体的にどんな事業や企業行動がＥＳＧの三要素につながるのか。同ファンドでは、少子高齢化や新興国への貢献、環境といった一般的なものに加え、女性の社会進出や精神的幸福といった、独自の視点で社会課題を捉え直している。そして、それぞれの課題の周辺にどのようなビジネスチャンスがあり、どのような業態がその課題解決と事業機会の実現を通じて、どのように収益を生み出すかを予測する。

気になる運用実績だが、二〇一三年初頭からの一年間だけでも、同じ期間のＴＯＰＩＸ株価指数をしっかり上回る結果だったという。そもそもＣＳＶは短期的な業績に直結するものではなく、ファンド自体の運用期間もまだ短いので、本当の評価はこれからだ。しかし、ＣＳＶが企業価値向上につながることを示す、幸先の良いスタートが切れたことを素直に喜びたい。

金融機関ではこの他に日本政策投資銀行、オリックス、ＮＥＣキャピタルソリューションなども、融資などを通じてＣＳＶ企業を応援する試みを始めている。株主還元を強く求めるアクティビスト・ファンド（「物言う株主」とも呼ばれる）など、ＣＳＶに批判的な投資家も少なくない。しかし、資本市場でＣＳＶへの関心が高まり、その結果、資金調達や資本コストの面でも優位に働くようになれば、さらに好循環が生まれてくるだろう。

# 第5章 ファーストリテイリングのCSV経営

## ムハマド・ユヌス博士との出会い

ファーストリテイリングの柳井正会長兼社長は、めったなことでは人を賛美したりしない。しかし、ごくたまにそういう人がいると、本人に会わずにはいられなくなる。そして、会って話をすれば何かを一緒にやらずにはいられなくなる。バングラデシュでグラミングループと展開するグラミンユニクロも、もともとはムハマド・ユヌス博士との出会いから始まった。

出会いのきっかけは、『グラミンフォンという奇跡』（英治出版）という本だった。この本を読んで感銘を受けた柳井氏が面会を申し込み、あれよあれよという間に合弁会社を設立することが決まった。二〇一一年にグラミンユニクロを立ち上げ、グラミンレディによる委託販売を開始、一三年には首都ダッカに店舗をオープンさせた。

グラミンユニクロはCSVではなく、ソーシャル・ビジネスだ。利益は出資者（ファーストリテイリングの一〇〇％出資会社のUNIQLO Social Business Bangladeshが九九％を出資している）には還元されず、再投資される。

バングラデシュといえば世界最貧国の一つで、一人当たり年間総所得（GNI）は一〇〇〇ドルをようやく超えた程度。これはセネガルやケニアとほとんど変わらない水準になる。そこに先進国発のアパレル企業として初めて店を出したのがグラミンユニクロだ。

しかも、国民の九割近くがイスラム教徒であるバングラデシュでは、多くの女性は民族衣装しか着ない。いくらユヌス博士に感銘を受けたからといって、なぜ柳井氏はグラミンユニクロを誕生させたのだろうか。

その背景には、全世界に出店するという壮大な目標がある。二〇一五年六月現在、日本以外でユニクロの店舗があるのは、アメリカ、イギリス、フランス、ドイツ、ロシア、オーストラリア、中国、香港、台湾、韓国、タイ、シンガポール、マレーシア、フィリピン、インドネシアの一五の国と地域。いわゆる開発途上国（国連開発計画の基準による）には一つも出店していない。四〇億人を擁するBOP市場に切り込んでいくために、バングラデシュは格好の実験場となるのだ。

理由はそれだけではない。アパレル産業にとってバングラデシュは特別な国だ。主要産業は衣料品製造で、H&MやZARAといったグローバルアパレルが生産の拠点を置く。ユニクロもその一社で、二〇〇九年から現地での生産を開始している。生産拠点としてのバングラデシュの魅力は、高い技術力と安い労働力、そして繊維、織物、染色などのアパレル産業クラスターが形成されている点にある。若年人口が多く、中長期的な成長も期待できることから、中国などから生産拠点を移すグローバルアパレルも多い。

その一方で、二〇一三年には複数の縫製工場が入った八階建てのビルが崩壊して一一〇〇人を超すの犠牲者が出るなど、重大な産業事故が発生している。安全衛生対策の不備や劣悪な労働環境が問題視されていて、先進国のアパレル企業がそうした状況を看過することへの批判が高まっていた。

これに対して、H&M、マンゴー、ZARA、ベネトンなどのヨーロッパ企業や、ウォルマート、ギャップ、シアーズなどの北米企業は、工場の安全性を改善するための資金援助を行うことで批判に応えようとしている。ユニクロも労働環境のモニタリングを強化するなどして、自社だけでなくサプライチェーン内の環境や人権に配慮するCSR調達に取り組んでいる。

しかし、そうしたいわゆる社会貢献だけでは、バングラデシュの根本的な問題は解決しないと柳井氏は考えている。保護するだけでは国も企業も労働者も自立できない。その国で産業を起こし、現地で消費されて、収益を上げて再投資するという、自立のサイクルが回ることをめざしてグラミンユニクロは設立された。

## グラミンユニクロの挑戦

二〇一五年九月現在、グラミンユニクロの店舗は一〇店にまで増えた。コンビニほどの大きさの店が多いが、二〇一四年三月に私が訪ねたときは、ひっきりなしに客が来て大変な賑わいを見せていた。大半は男性客で、商品を手に取って熱心に見ているが、実際に買う割合はそれほど多くない。やはり価格がネックになっているようだった。

マーケティング・リサーチでは、Tシャツならば一ドルにしないと売れないという結果が出ている。ユニクロ品質を守りながら出せる価格とは大きな開きがある。日本から中古品を持っていって、徹底的にきれいにして売ってはどうかと柳井氏に提案したことがある。そうすれば一ドルで売れるし、程度の良い新古品はバングラデシュの人に喜ばれるはずだ。ところが、これが大不評で「学者が考えそうなチープなアイディアですね」と、レッドカードを出されてしまった。それでは現地の産業が潰れてしまうというのだ。

東南アジアやアフリカに行くと、何十年も前の日本のバスや商用車が現役で走っていて懐かしい気持ちになる。しかし、中古車を流すことで現地の産業の芽を摘んでしまっているのも事実だ。柳井氏はバングラデシュのアパレル産業で同じことが起きるのを心配していた。

商品の企画から素材の調達、生産、販売、消費までのサイクルを国内で完結させ、その利益をまたビジネスに投資する。これを続けていけば、ゆくゆくは現地の人による現地のビジネスになって、社会が豊かになる。そのためには、CSRではなくソーシャル・ビジネス、新古品ではなく現地生産でなければならないのだ。地域の富を形成して豊かさの輪を回すために一ドルの壁をどう越えるか、今もイノベーションのチャレンジが続けられている（図表5－1）。

価格以外にネックとなっているのが、現地の人の「コットン信奉」である。中東でも南アジアでも暑い国では綿素材の人気が高い。蒸し暑い気候でも汗をよく吸ってくれるし、通気性が高くて肌触りも良い。コットンこそが実用衣料のための最高の素材だと考えられている。

その反対に人気がないのが化学繊維である。吸湿性に乏しく、じっとりと肌に張りついて不快なのがその理由だ。「ヒートテック」をはじめとする高機能化学繊維を使った下着や服の良さを知っている日本人からすると不思議な気がするが、一昔前の日本にも化学繊維イコール粗悪品と考える人は大勢いた。

もちろんグラミンユニクロでも、コットンのシャツやパンツを売ってはいる。しかし、

図表5-1　グラミンユニクロのビジネスの流れ

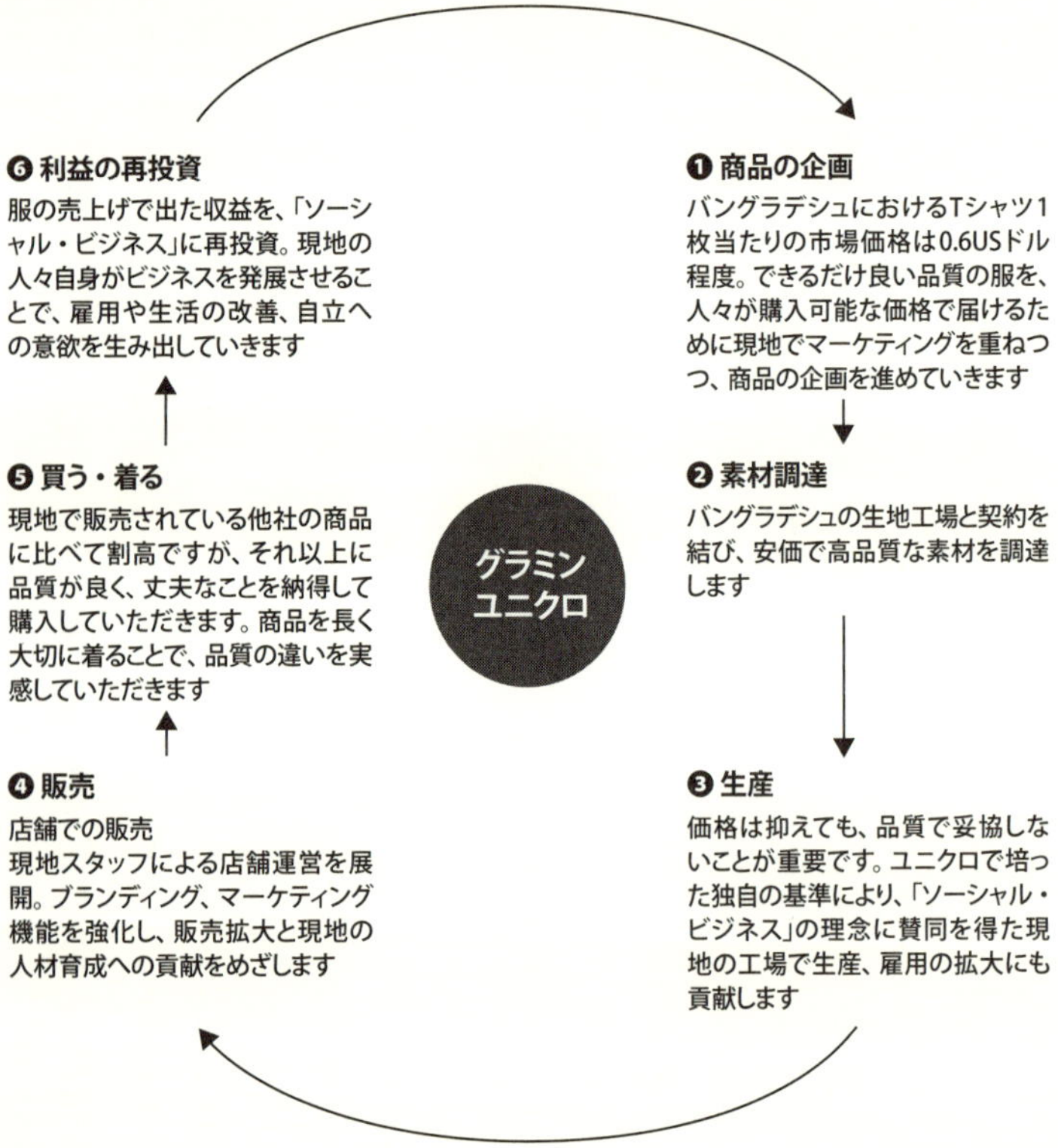


（出所）ファーストリテイリングホームページ
（http://www.fastretailing.com/jp/csr/community/socialbusiness_popup）。

現地のブランドや他のグローバルアパレルとの差別化を図るためには、機能性の高さはぜひともアピールしたいポイントだ。

H&MやZARAはバングラデシュに出店していないが、製造段階で弾かれた規格外商品が街にはたくさん出回っている。アパレル産業の集積地らしく、現地ブランドの商品もデザイン性が高い。目の肥えた現地の人に多少割高でも選んでもらうためには、ファッション性はもちろん、機能性という他のブランドにはない価値を上乗せする必要がある。

吸放湿性が高く、汗をたくさんかいてもムレやベタつきを軽減できる「エアリズム」や、バングラデシュならシャツの下に一枚切るだけで冬でも暖かく過ごせる「ヒートテック」。これらの機能をしっかりと伝えれば、綿にはない化学繊維の良さを、現地の人にもきっと理解してもらえるはずだ。

バングラデシュへの進出は、ファーストリテイリングの基本戦略にも変化をもたらし始めている。

ユニクロはこれまで「MADE FOR ALL」を掲げて、世界中で同じ商品を大量に販売してきた。国籍、年齢、職業、性別といった人を区別するあらゆるものを超えた、あらゆる人々のための服づくりというコンセプトだ。そういうユニバーサル（普遍的）な商品であれば、国や地域によってサイズ展開の違いぐらいはあっても、商品そのものを変える必要はない。現地に媚びない、ローカライズしないというのがこれまでの鉄則だった。

しかしグラミンユニクロでは、この方針を転換して民族衣装を売り出している。現地で生産する現地の人のための服が日本と同じである必要はない。民族衣装しか着ない女性がいるなら民族衣装を作ろうということである。もちろん、ユニクロらしさを出すための工夫も忘れてはいない。現地のデザイナーを起用してカジュアルテイストを取り入れた民族衣装は、女性客を中心に新たな顧客層を開拓している。

言うまでもなく、そこには全世界への出店という目標に向けた計算も働いている。世界の人口の四分の一はイスラム教徒だとされていて、その数は一六億人に達する。国によって多少の違いはあるが、女性たちはおおむね体や頭を覆い隠した衣装を身に着けている。バングラデシュの女性にグラミンユニクロの新しい民族衣装が受け入れられれば、この巨大な市場への足がかりとなる。実際、二〇一五年には、マレーシア、シンガポール、インドネシア、タイの店舗でイスラムの民族衣装を販売し始め、話題を集めている。その先には、八億人の新たな市場が待ち受けている。

## プラットフォーム企業をめざせ

グラミンユニクロを、どうすれば継続性のあるソーシャル・ビジネスに育てていけるのか。私と現地を一緒に視察したＩＣＳの学生とディスカッションして出てきたのが、プラットフォームを作るというものだった。せっかく厚みのある産業集積があるのだから自分たちだけが突出して、現地の人材や知恵を生かさないのはもったいないという、率直な思いから導き出されたアイディアだ。

バングラデシュには才能のあるデザイナーや、イタリアやフランスの一流ブランドの厳しい要求に応えるパタンナー（デザイン画から型紙を起こす人）などが大勢いる。そういう人たちに、ユニクロとそのサプライチェーンが持つ服づくりの資産をプラットフォームとして提供し、そのうえで力を発揮してもらう。そこで生まれた服はユニクロのブランドで売ってもいいし、オリジナルブランドにしてユニクロの目で選んだ商品として、セレクトショップのようにグラミンユニクロの店に並べてもよいだろう。

もしこれが実現すれば、脱「MADE FOR ALL」に続く大きな転換になる。ユニクロがとるSPA（アパレル製造小売）と、よその会社が作ったものを仕入れて売るセレクトショップのビジネスモデルは対照的だ。ユニクロは他の店でも売っている商品を扱わず、自社で手掛けたオリジナルだけを売ることでここまで成長してきた。企画開発から製造、販売までの全機能を垂直統合することで高い利益率が実現できるし、一から十まで自社でやらなければクオリティは守れないと考えてきたからだ。

しかし、セレクトショップの「セレクト」は、デザイン、素材、つくりなどのクォリティを目利きのバイヤーが見定めて、ブランドのコンセプトに合致するものだけを調達することを意味する。日本では、そうして集めてきた仕入れ商品と、自社で企画したオリジナルの両方を扱うセレクトショップの人気が高い。ファーストリテイリングのグループ内にもそうした業態を取る「ＰＬＳＴ」というブランドがある。

いくらユニクロの服が素晴らしくて、どんな人にもどんな場面にもマッチするといっても、それだけではやはり単調になってしまう。ユニクロで買ったことを気づかれてしまう「ユニバレ」や、同じ服を着ている人と一緒になってしまう「ユニかぶり」は、売れている証拠でもあるが、画一的で個性に乏しいことを揶揄するニュアンスも含まれている。

そうした課題はユニクロ内部でも認識されていて、Ｔシャツやパンツにラインストーンやレースなどをデコレーションできる「マイユニクロ」や、好きな絵や文字を一枚からプリントできる「ユニクロカスタマイズ」などのオリジナル企画が、少しずつではあるが生まれてきている。最近では、自分でオリジナルＴシャツをデザインできる「ＵＴＭｅ！」というサービスも好評だ。

しかし、そうした小さな多様性は認めても、ユニクロで仕入れ品までを扱うことには、やはり根強い抵抗がある。いったん仕入れ品に頼ってしまうと、社外には良いものがたくさんあるので、自分たちの手で良いものを作り出そうという頑張りが利かなくなるのを恐れているからだ。その心配は理解できるが、社外の良いものを目利きするのが甘えだとは私は思わない。外に良いものがあればどんどん取り入れて、それに負けない良いものを自社で作る。今のユニクロには、それぐらいの度量があるはずだ。

## ユニクロチャイナの快進撃

『一勝九敗』（新潮社）というタイトルの著書がある柳井氏だが、海外展開は「〇勝三敗」から始まった。最初はイギリス、次は中国、そしてアメリカと、ファーストリテイリングの初期の海外進出はことごとく失敗に終わっている。理由はそれぞれあるが、共通していたのは市場に対する理解が不足していたことだろう。その代表例が中国での大敗だった。

そもそも中国で本当に満足のいく収益をあげているところは、グローバル企業の中でもわずかしかない。日本企業ではダイキンやベビー用品のピジョンなどがその代表で、ファーストリテイリングと良品計画が後につけている。特にファーストリテイリングの中国におけるここ最近の伸びは目覚ましく、全世界で日本の次に売り上げている。

ユニクロチャイナの歴史は失敗から始まった。二〇〇二年に一号店を上海に出店するが、まるで売れなかった。敗因は現地に迎合しすぎたことにある。日本と同じ価格では高すぎて売れないだろうと考えて中途半端に安くした結果、圧倒的に安い現地ローカルブランドと比べて割高で、品質もそれほど良くはないという、どっちつかずのものが生まれてしまった。ユニクロ本来の強みがまるで生かせなかったのだ。

一度は縮小を余儀なくされたが、失敗を踏まえて二〇〇五年の香港出店を機に反転攻勢をかける。新たに総経理（社長）に就任した中国出身の潘寧氏の陣頭指揮の下、商品によっては日本よりも高い価格を設定して、上質ブランドとしての価値を打ち出すこととした。ローカライズしすぎずに本来のユニクロらしさを取り戻したこの方針は見事に功を奏する。日本を上回る利益率を達成し、本格的な世界進出の足場を固めた。

中国で成功している他の日本企業とファーストリテイリングの最大の違いは、日本のブランドであるとほとんど意識されていない点だ。もちろん、日本生まれであることは認知されているのだが、仮に中国やその他の国のブランドだったとしても、ユニクロの評価はほとんど変わらないだろう。これは、現地法人のトップ二人の力によるところが大きい。

副総経理を務めるのは、高坂武史氏だ。潘氏と同じく中国出身で留学生として来日し、ファーストリテイリングに就職してキャリアを積んできた。最初の上海進出の際には幹部として指揮をとったが失敗。責任をとって一度は日本に戻ったものの、敗者復活戦で潘氏とタッグを組んでリベンジを果たした。

ファーストリテイリングは、「Global is Local, Local is Global」や「日本発外資」といった意表を突くモットーを掲げている。それらが何を言わんとしているのかは、中国での事業を見るとわかりやすい。

日本の本当に良いものは、どこの国に行っても受け入れられる。世界に通用するアフォーダブルなブランドを作るためには、ローカルに学んでグローバルに通用するものを引き出すことが欠かせない。ユニクロはたまたま日本で生まれただけで、日本にこだわっているわけではない。こだわっているのは、世界中の人が良いと思えるものを作っていくという、ユニバーサル志向の服づくりであることを、中国のトップ二人ははっきりと示している。だから中国の人たちは、日本のブランドであることを必要以上に意識せずに、ユニクロの良さを認めているように見える。

二〇一四年に三〇〇店を超えたユニクロチャイナは、中国人の服に対する価値観も変えつつある。少し前までは一目ではっきりとわかるブランドものが好きで、ユニクロのポロシャツやTシャツにはどうしてロゴが入っていないのかと不思議がられることも多かったという。それが今では、プレーンで質の良いものを選ぶ人が増えている。特に都市部では、無駄なお金を使わずに本当に価値のあるものをアフォーダブルな価格で買うことが賢くて格好いいのだという意識が広がっている。

ユニクロの本質的な強みは、消費者が本当に求めている価値を（スマート）、顧客の値頃感を満たす価格で提供する（リーン）、スマート・リーン経営にある。H&MやZARAがデザインとファッション性でスマートを追求したのに対して、ユニクロは機能性にそれを求めている。その価値が中国でも受け入れられて、人々の意識を変えつつある。

## ユニクロが街にやって来た！

二〇〇六年にグローバル旗艦店の第一号をソーホーにオープンしてニューヨーカーたちの話題をさらったアメリカでも、最初は全くと言ってよいほど注目されなかった。ニュージャージーに三店舗を相次いで出店したが、どこも売上は低迷。商品の良し悪しや価格の問題以前に、現地では誰もユニクロのことを知らないという大きな問題があった。

海外で成功するためにはブランド認知が重要なことを痛感したファーストリテイリングは、世界初のグローバル旗艦店の総合プロデュースをアートディレクターの佐藤可士和氏に依頼する。ブランドの本質は何かを原点に戻って見つめ、もう一度ピカピカに磨き込んで発信するためだ。ソーホー店のためのその作業は、そのままユニクロの本質とは何かを突き詰めて純化する作業でもあった。

そして今、ロンドン、パリ、上海、ニューヨーク五番街など、一三に増えたグローバル旗艦店は、「高品質でベーシック」というブランドコンセプトを世界中に伝える情報発信基地の役割を果たしている。何度負けても懲りない、転んでもただでは起きないファーストリテイリングのしぶとさが、遺憾なく発揮された例だろう。

アメリカでは、主要都市に大型店をオープンさせる一方で、ボストンやロサンゼルスなどの郊外にも相次いで出店している。私もアメリカの友人に手みやげとして買うことが多いのだが、近くに店がなければ「この値段でこんなものが買えるのか！」と驚かれ、新規出店のニュースを伝えれば「頼もしいやつが来てくれる」と喜ばれる。

特にボストンは、カリフォルニアなどとは違って保守的な土地柄だ。しかし高学歴・高収入の住民が多いこともあって、科学に裏づけられた機能性の高いユニクロの人気は高い。新しい店が郊外にオープンすると、私たちの街にもユニクロがやって来たと歓迎ムードに包まれる。その様子はホールフーズの店が新たにできたときに似ていて、ユニクロが来ることによって地域の価値が上がると期待されているのがわかる。

もちろんオンラインショップを利用すれば、いつでもどこでも買えるわけだが、近くに店があって、ふと思いついたときや何かの用事のついでに気軽にショッピングができる。その店があるおかげで街が華やいで、住人も生き生きと暮らしを楽しみ、その結果、また住みたがる人が増える。そういうコミュニティにとってなくてはならない店になるのが、ファーストリテイリングのめざすCSVの一つの形だ。

しかし、コミュニティとの関係を深めようとすればするほど課題となるのが画一性だ。日本全国どころか世界中どこに行っても、置いてある商品や接客はそれほど変わらない。以前のユニクロではその画一性を維持するために、商品の発注から店のディスプレイまでを本部が主導し、店を回って指導するスーパーバイザーはそこから逸脱しているものがないかどうかをチェックしてきた。いうなれば二〇世紀型のチェーンストア経営だが、それを徹底して、高い精度で行ってきたからこそ、ユニクロはあそこまで成長したといえる。

しかし、いつまでも同じことをしていればやがて飽きられるし、何の進化もない。本当にコミュニティに不可欠な店になるためには、一つひとつの店がその地域、その店なりの個性を発揮して土地に根差す必要がある。こうした考えに基づいて二〇一三年頃からは、店舗スタッフを主役とする「個店経営」の目標が新たに掲げられた。

チェーンストア経営はインテグレーション（統合）することでスケールをとる事業モデルだ。商品も店舗運営もルーティン化するので効率が良く、どんどん規模を拡大することができる。ただし、同じことをやるだけなのでイノベーションは生まれない。これに対して個店経営は、現場発のイノベーションが生まれる可能性があるが、そのままでは各店・各自の成果にとどまり、組織として共有できないのでスケールしない。

イノベーションとスケールを両立させるためには、素晴らしいアイディアや取組みなどのクリエイティブを仕組み化して、ルーティンに落とす仕組みが必要だ。顧客接点から生まれる知的資産をプロセス化して、誰もが実践できるように仕組みに落とす。野中郁次郎教授が説く「クリエイティブ・ルーティン」を繰り返すことで、チェーンストア経営と個店経営の両方のいいとこ取りが可能になる（図表5-2）。

## 「個店経営」の主役は現場スタッフ

「個店経営」に舵を切って、変わったのはスーパーバイザーと店のスタッフたちだ。

かつては本部が意図したとおりの店舗運営ができているかをチェックして、おかしなところがあれば改善させていたスーパーバイザーは、今では新しい知恵や面白い取組みを探すために店を回っている。面白いものが見つかれば、それを全社に広げる。クリエイティブをルーティンに翻訳するために、現場に学ぶことが今の彼らの役割だ。

店では店長と販売スタッフの主客が入れ替わった。従来、本部の指示どおりに店を運営するために販売スタッフを指導管理してきた店長だが、今ではスタッフをサポートするの

図表5−2　**クリエイティブ・ルーティン**

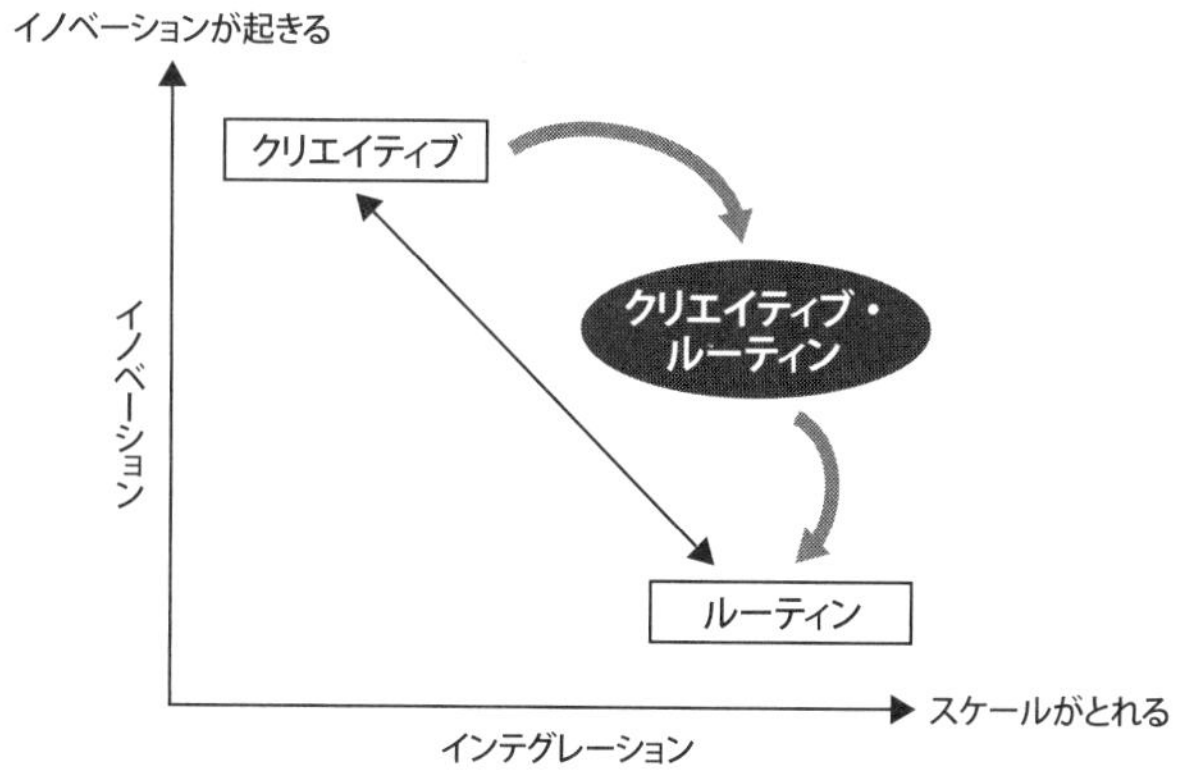

が仕事となった。実際に顧客と接して気づきを得る機会の多いスタッフの知恵やアイディアを汲み上げて、一緒になって形にする。すべての知恵は接客から生まれるという考えに基づき、販売スタッフを主役とした店づくりを行っている。

店長を主役とする店づくりに柳井氏が限界を感じ始めたのは、おそらくあのときだろうという瞬間がある。それは、スターバックスのハワード・シュルツCEOと話をしているときだった。敬愛するシュルツ氏に、ファーストリテイリングのオペレーションもユニクロの商品も素晴らしいと言われると、柳井氏も悪い気はしなかったに違いない。しかし、そこで一つだけシュルツ氏が疑問を呈したのが、店長を主役に据えた店づくりだった。

スターバックスでは、心を込めて顧客を迎えて、スターバックス体験を提供するスタッフが店の主役。顧客一人ひとりとスタッフの思いや関係で店は作られるので、一つとして同じ店はない。そう考えるシュルツ氏にとって、店長主体の店づくりは理解しづらいものだったのだろう。

シュルツ氏の言葉にじっと耳を傾けていた柳井氏が、何かを受け止めていたことは確かだった。そして、それからわずかひと月後に、あれほど大胆な方針転換をしてのけたのだ。

ファーストリテイリングでは年二回、三月と九月に「FRコンベンション」を開催する。全国の店長、本部社員の他に、世界各国、各ブランドの経営陣など、のべ一万人が参加する巨大会議である。シュルツと会った一カ月後に開催されたコンベンションの壇上で柳井氏は、「これからは店のスタッフが主役です」と、店舗運営の方針転換を突然宣言した。

スタッフ全員が経営者の視点を持ち、その地域に最も合った店、コミュニティに愛される店はどんなものかを考え抜いて、各店舗独自の魅力で顧客に選ばれる「究極の個店経営」をめざすという、新しい目標を掲げたのだ。ひと月前に方針転換を言われて関係者は相当慌てたはずだが、柳井氏が決断して指示を出せば、猛烈なスピードで組織が動くのがファーストリテイリングのすごさだ。ほどなくして、スタッフを主役とする「スタッフコンベンション」が開かれ、現場のスタッフと経営者が直接対話する場が設けられるようになった。

## CSVとはビジネスそのもの

私はファーストリテイリングの社外取締役をしている関係で、柳井氏とCSVについて話をする機会がある。あるとき、「ファーストリテイリングにとってCSVとは何ですか」と、直球の質問をしてみた。柳井氏の答えは、いつもどおりの明快きわまりないものだった。「ビジネスそのもの。服を変え、常識を変え、世界を変えていくことです」

この文言はファーストリテイリングのミッション・ステートメントである。つまり、本当に良い服、新しい価値を持つ服を作り、世界中の人に服を着る喜びや満足を提供するという本業そのものがＣＳＶである、と柳井氏は考えている。

本当に良い服、新しい価値を持つ服とはどんなものか。ファーストリテイリングは「ライフウェア」と「コンポーネントウェア」という二つのコンセプトで説明している。

「ライフウェア」は、誰もが理屈抜きで心地良いと感じて、自然に手に取ってしまうような服を意味する。機能性が高く、品質も良いのに価格は手頃で、生活のどんな場面にも適している。風雨や気温、湿度から体を守って快適に過ごすという衣服本来の機能に着目して作られている。

人が服に求める本質的なニーズに応えているので、年齢・性別にかかわらず、好きも嫌いもなく受け入れられて必要とされる。そういうものだから、いったん良いとわかれば爆発的に売れる。フリースやヒートテックはまさにその代表例だが、売れるべくして売れるものしか作らないのが、ユニクロの成功の本質だ。

あまり売れすぎると「ユニかぶり」が問題になるのだが、たとえば「カシミアかぶり」を気にする人はいないだろう。暖かくて軽くて肌触りが良くて、何ともいえない艶がある。誰もが認める毛織物の王様だからみんなが欲しがるし、手が届く人は愛用する。デザインや色はさまざまだし、セーターやコートで取り入れる人もいれば、マフラーで楽しむ人もいて、十人十色の着こなしがある。

ユニクロのライフウェアもこの域まで突き抜けてしまえば、もう誰も「ユニかぶり」を気にしなくなるはずだ。カシミアはさまざまなブランドが扱うが、ライフウェアはユニクロでしか手に入らないということになれば、ファーストリテイリングにとっては最高の状況といえる。しかも、社会に対して唯一無二の価値を提供しているのだから、CSVであることも間違いない。

もう一つの「コンポーネントウェア」は、着る人のライフスタイルを生き生きとさせるためのコンポーネント（部品、個性要素）となるような服だ。デザイナーやブランドの個性をあえて前面に出さずに、誰もが自由にその人らしく着こなせる、どんなブランドと組み合わせてもしっくりといくように作られている点は、インテルや味の素のインサイド・モデルと共通する部分がある。

ライフウェアの思想とコンポーネントウェアの戦略で、ファーストリテイリングは世界を変えようとしている。

## ブラック企業批判を超えて

ファーストリテイリングがなぜCSV企業なのかと不思議に感じている読者もいるかもしれない。ブラック企業という批判をかわし、免罪符とするためにCSVを標榜しているだけなのではないかという見方もあるだろう。この点について、率直に柳井氏に聞いたことがある。

まず伝えたいのは、ファーストリテイリングが大反省をしているということだ。批判された離職率の高さやサービス残業の多さについては不確かな情報や噂も飛び交ったが、事実無根というわけではない。期待された働きができずに規定の勤務時間を大幅にオーバーして働いたり、職場を去った社員がいたことは確かだ。ではなぜ、そうした事態になってしまったのか。

柳井氏は二つの失敗があったと分析している。一つは、猛スピードで進むグローバル展開についていけず、反発を感じた社員が一定数いたこと。日本のアパレル企業に入ったはずの社員が、英語も話せないまま「あなたもグローバルスタッフの一人です」と言われて突然海外に送り込まれれば戸惑うのも無理はない。逆に、世界で働くチャンスがすぐにでも巡ってくるように受け止めて入社したのに、日本の地方都市に行かされて、一向に海外赴任の話が出ないのを不満に感じている社員もいた。

もう一つは、店長を主役にした店舗運営を行ってきたこと。本部がいろいろな取組みをするほど、店長はあれもこれも一人でしなければならず、精神的にも肉体的にも負荷がかかってしまった。急激な拡大成長とグローバル化に、人事制度や人材育成、店舗運営の仕組みが追いついていなかったということになる。

こうした反省に立ち、まず人事制度については、社員を、海外転勤があるG（グローバル）

社員、国内転勤のみのN（ナショナル）社員、転居を伴う転勤のない勤務地限定のR（リージョナル）社員の三通りに分けることとした。しかも、R社員は本人が希望すれば、週休三日を選択できる。これによって人材のミスマッチは、最小限にとどめることができるはずだ。

店舗運営ではR社員のスタッフが主役となる。二〇一四年には店舗勤務のパート、アルバイト約三万人のうち一万六〇〇〇人を正社員化する方針を打ち出して、希望する地域で地元に密着して働ける体制を整備している。地域で暮らし、その街のことをよく知るR社員が個店づくりを引っ張ることで、店長の負荷は軽減されている。

## 経営者道場「FRMIC」

きめ細かい人材育成にも着手している。二〇〇九年にスタートしたFRMIC（Fast Retailing Management and Innovation Center）では、柳井氏自身がこれまでの経験から培った暗黙知を形式知化して共有し、世界中どこに行っても活躍できる経営人材を育成する。

経営理念を理解するのはもちろん、ファーストリテイリングの未来をどう創っていくかを受講者一人ひとりが経営者の視点で考え、それを実践するための組織をつくり上げていくために必要な力をつけることを目的としている。柳井氏が学長で、副学長はハーバード・ビジネススクールの竹内弘高教授。東京以外に、ニューヨーク、上海、シンガポール、パリにも拠点を置く。

ＦＲＭＩＣをどれほど大切に思っているかは、柳井氏の時間の使い方を見れば一目瞭然だ。ＧＥのリーダーシップ開発研究所・クロントビルでは、ジャック・ウェルチ氏やジェフ・イメルト氏などの歴代のＣＥＯが、自らの時間の三〇～四〇％を割いて教壇に立って次世代リーダーを育成してきた。これに対して、柳井氏は実に自身の半分近くの時間をＦＲＭＩＣのために使っている。講師は学長、副学長の他にＩＣＳの教授陣などが務めているが、社内のいろいろな人材がコーチをすることも多い。一部の選抜した人材だけでなく、社員全員が対象となり、教わるだけでなく、時には教える立場にもなることで、全員が学び合って企業変革を内側から進める推進力としているのが、一般的な企業内ビジネススクールとは異なるユニークな点だ。

マネージャー対象のプログラムでは、柳井氏が自ら執筆した『経営者になるためのノート』（ＰＨＰ研究所）に沿ったプログラムが組まれている。ただ講義を受けるだけでなく、受講者が経営課題を見つけて、その解決策や事業上のチャンスについて発表することで、企業変革の起点としている。理論だけでなく、経営者に求められる多様な力を身につける場となっている。

経営者ノートの中で柳井氏は、経営者は四つの力で成り立っていると述べている。一つ目は変革する力、二つ目は儲ける力、三つ目はチームを作る力、そして、このトライアングルの中央に四つ目として、理想を追求する力がある。

商売力は、CSVの二本の柱の一方の経済価値の創造に相当する。そして、ど真ん中に据えられた理想を追求する力は、社会価値の創造にほかならない。全社員が経営者の視点で社会価値をどこまで突き詰めるか。そして、それを組織にどうやって落とし込み、一人ひとりに我が事として考えさせられるか。そこで経営者の魂が問われるというのだ。これを読めば、CSVが決して免罪符などと考えていないことがわかるに違いない。

経営基礎講座は、入社数年の若手にも広く門戸を広げていて、グローバリゼーションやイノベーションなどのセッションがある。その中で私も、CSVとチェンジマネジメントについて教えている。

普通の企業でCSVのセッションをして、「あなたの会社のCSVは何ですか?」「どんな事業やプロジェクトが相当しますか?」と尋ねても、なかなか答えが返ってこない。しかし、ファーストリテイリングでは次から次に事例が挙がってきて、自分たちはCSV企業だという意識が上から下まで浸透しているのがわかる。

逆に、「CSV的ではない事業は何ですか?」と聞くと、みんなきょとんとした顔をしている。「ブラック企業だと批判されているじゃないですか」と意地悪に突っ込んでも、社員たちにはその自覚はないようだ。退職した人はともかく、社内にいる人は、わりとあっけらかんと自分たちは本質的にCSV企業だと信じている。何も特別なことではなく、自分たちのビジネスそのものがCSVであるという確信。ここにファーストリテイリングの強さの一端を垣間見ることができる。

## CSVが最強の成長ドライバーになる

ソフトバンクの孫正義氏、日本電産の永守重信氏、そして柳井氏。この三人が、今の日本で最も旺盛な成長意欲を持つ経営者たちであることは誰もが認めるところだろう。

永守氏とともにソフトバンクの社外取締役を務めている柳井氏は、折に触れて二人から刺激を受けているようだ。二〇四〇年に世界のトップ一〇企業、時価総額二〇〇兆円をめざす孫氏、二〇三〇年度に売上高一〇兆円を目標とする永守氏に負けじと、ファーストリテイリングも二〇二〇年度に売上高五兆円という野心的な目標を掲げている。

なぜ、これほどまでに成長に貪欲なのかといえば、理由は二つある。

第一に、二〇一一年度にファーストリテイリングの年間テーマにもなった「Change or Die」という言葉に象徴される強い危機感だ。H&MやZARAのような企業がヨーロッパの辺境からグローバルに瞬く間に成長していく中で、少なくとも世界のトップスリーに入っていないと消費者の想起の対象にすらならない。バーチャルでもリアルでも、消費者がいつどこにいても触れられる最も身近な存在にならなければ戦えないという思いが、成長を急がせている。

そこまでスケールすれば、自分たちの良い服を多くの顧客に届けることができ、より多くの価値を社会に提供できるという好循環が生まれる。

第二に、スマート・リーンのリーンのほうを徹底的に追求していくうえで、規模の経済は欠かせない要件であることが挙げられる。圧倒的な量を作って売り尽くすことで品質の良い商品を低価格で提供できるという、より経済軸に寄った理由だ。

あえて拡大成長を追わないという選択肢もある。たとえば、アウトドアウェアのパタゴニアは限られた、しかし強烈に支持するファンによって世界のトップブランドの座にある。ただし、パタゴニアが基本的には趣味の時間をより豊かに過ごすための商品を提供しているのに対して、ライフウェアを追求するファーストリテイリングは、あらゆる人の生活の中で一緒にいることで価値を生む。いつでもどこでも買える状況を作り出すためには、是が非でも成長しなければならない。

では、社員全員をどうやってその気にさせるか。すでにファーストリテイリングの成長率は目覚ましいので、今の調子で続けていけばいいじゃないかと普通は考える。急拡大する組織の中で自分を歯車の一部のように感じ、コストを下げたり売上を拡大したりするのがそれほど意味のあることなのかと疑問に感じる社員も増えてくる。

そうした中で、もう一段も二段もギアを上げて次元の違う成長を果たすためには、彼らに自分たちがやっていることにどんな価値があるのかを知らせるポジティブなストーリーが欠かせない。これがファーストリテイリングにどうしてもＣＳＶが必要な一つの理由だ。

私のＣＳＶのセッションに出てくる社員には「濃い」人が多い。知りたいことも言いたいことも山ほどある、という情熱と意欲に満ちた人たちだ。しかし、正直を言うと他のセッション、たとえば同じく私が講義しているチェンジマネジメントと比べてそれほど人数が多いわけではない。これが私には不満だし、柳井氏にも「もっと社員たちをその気にさせましょう」と注文をつけている。

全世界で約九万人の従業員が自分の仕事の価値を知り、自ら奮い立って目標に向かえば、世界のトップに立つことも決して夢ではない。ＣＳＶは成長を強く求める意欲を、社員一人ひとりに内蔵させる役割も果たす。

## 「オア」ではなく「アンド」の経営

グローバル企業であればＣＳＶは当然のことであると、常々柳井氏は言っている。その理由を、私とのインタビューの中で次のように説明している。

「海外に進出すると、常に問われることがあります。あなたはどこから来ましたか。この国に対して、そして世界に対して、あなたはどんな良いことをしてくれますか。これらの質問に答えられなければ、グローバル展開はできません」（『ＤＩＡＭＯＮＤハーバード・ビジネス・レビュー』二〇一五年一月号）

その国や地域に何らかの貢献をしなければ、いずれはビジネスを続けられなくなる。貢献といっても寄付をしていればよいわけではなくて、社会に価値をもたらすことが必要だ。そうしてコミュニティにとって、なくてはならない存在以外は、いつ退場させられてもおかしくはない。この危機意識が、グローバル企業としてのファーストリテイリングのＣＳＶの根底にはある。

したがって、ＣＳＶもＣＳＲもソーシャル・ビジネスも、できることは全部やって社会に貢献する。あらゆるアプローチで社会に尽くすのだから、あれはやってこれはやらないということにはならないという考えだ。この話を聞いていて改めて感じたのは、柳井氏という人は良い意味で欲張りな人だということだ。

ＣＳＶもＣＳＲもソーシャル・ビジネスも全部やるのに越したことはないが、資源には限りがある。中途半端になってはいけないので、どれか一つに注力するというのが普通の発想だろう。同じく、短期価値と長期価値のどちらを重視すべきかで頭を悩ませる経営者も多い。ＣＳＲやソーシャル・ビジネスは短期価値には直結しないし、ＣＳＶも社会価値が経済価値につながるには、ある程度の時間を要する。だから、短期価値を重視する経営者はＣＳＲやソーシャル・ビジネスはもちろん、ＣＳＶにももろ手を挙げて賛成することはできない。長期価値に重きを置いていると株主に解されれば、株価に影響しかねないからだ。

しかし、柳井氏にはそんな逡巡はない。社会的な価値を創出してソーシャル・コインを貯めていくには長期的な視点が必要だが、それを短期価値を軽視する言い訳にはしない。短期の積み重ねが長期価値につながるのだから、志が高ければ高いほど、短期でもしっかり収益をあげてビジネスを回していく。だから、短期も長期もどちらも、「オア（or）」ではなく「アンド（and）」だというスタンスだ。

ファーストリテイリングでは、どんな事業でも立ち上げから一年で黒字化することが求められる。すぐには利益が出ないけれど、将来大きく育つから少し待ってほしいというような言い訳は基本的には認められない。利益をあげて拡大再生産し、事業を成長させるのが資本主義における企業の役割だと、柳井氏は考えている。したがって、簡単には儲かりそうもない事業が現実に儲からないのは、イノベーションがないからだということになる。短期も長期も、社会価値も経済価値も同時に追求して両立させようとするとき、そこに課題が生まれてイノベーションにつながるというのだ。

だから、ちょっとした思いつきで面白いことをやろうというようなものも好まない。グループ企業の経営者たちもよく、「いったいそれで何がしたいんだ?」と聞かれている。たとえ短期間で利益が出たとしても、そこに志なり骨太のビジョンがない限り、ファーストリテイリングとして取り組む意味がない。一年で黒字化しろ、しっかり利益を出せ、それでもしっかり志を示せというのだから、やはり欲張りだ。こんな常識外れにも思える要求を出される側は、たまったものではないはずだ。

しかし、つまらない常識や思い込みは柳井氏が最も嫌うところだ。たとえば、マーケティングの常識であるセグメンテーションの話をすると、「これだから学者は困る」と失笑される。「ライフウェアなんだからセグメンテーションなんてものはない。赤ん坊も高齢者も、男性も女性も宇宙人もみんなが着るからライフウェアなんです」と言うのだ。これはもう、欲張りを通り越して戦略になっていないともいえなくはないが、詳しく話を聞くと、そうではないことがわかる。

ヒートテックならヒートテックを、どんな人がどんなシチュエーションでどんなふうに着るのかというイメージが、後から後からいくらでも出てくる。それこそ一〇〇〇通りの着方をイメージして服づくりをしている。一〇〇〇通りの服は作らないけれど、一〇〇〇通りの着方、一〇〇〇通りのストーリーは考えるというのが、ライフウェアの戦略ということである。不可能に思えることに挑戦して、常識では両立しないものを両立させる。経営の本質は矛盾に対峙することにあると、柳井氏は考えている。

## ユニクロ2・0への進化

当初ユニクロは世界のどこの国でも、同じ商品を同じマーケティング方法で同じような店で販売する「グローバルワン」をモットーにしていた。この均質な経営をめざすのが「ユニクロ1・0」だとすれば、現在は「ユニクロ2・0」の段階にあるといえる。「Global is Local, Local is Global」をモットーに、その国や地域に根差して、それぞれの良いところをどんどん取り入れていくことで、真のグローバルブランドをめざしている。

統一した標準を持ちながらローカルに柔軟に対応して多様なイノベーションを創出し、それを組織全体で共有することでスケールメリットを生かして効率を高める。こうした経営は、トランスナショナルモデルと呼ばれるグローバル経営モデルの一つの進化形だ。

ただし、トランスナショナルモデルを実現するためには、ファーストリテイリングとしていくつか解消しなければならない課題がある。一つは、強すぎる日本のユニクロを、他国の拠点やブランドがいかに乗り越えるかという問題だ。日本のユニクロに分厚く蓄積された知識や人材などのアセットを、世界の拠点や他のブランドに分散、共有し、そこからイノベーションが生まれてくるようにする必要がある。

もう一つは、コーポレートブランディングの課題である。ユニクロで買い物中の人にファーストリテイリングについて聞いても、知らない人が多いはずだ。商品や店のブランドが認知されていればそれでいいという考え方もあるが、マルチブランド、マルチリージョナルを進めていけばいくほど、コーポレートブランドを認識してもらう必要がある。

この会社は何をする会社か、社会に対してどんな良いことをするのかを知ってもらい、ファーストリテイリングのファンになってもらう。そのためには自分たちが何者で、何をめざしているのかをもっともっと発信していかなければならない。

グローバル旗艦店は確かに情報発信力という点で優れているが、伝えているのはユニクロブランドの魅力で、コーポレートの価値ではない。CSV企業をめざすのであれば、ファーストリテイリングとは何者かを明確に示して、その価値を知ってもらう必要がある。

トランスナショナル企業になる過程で見失ってはならないものもある。それは日本企業としてファーストリテイリングが持つDNAだ。

「日本発外資」は日本にこだわらないだけで、オリジンとしての日本を忘れることではない。品質へのこだわり、「おもてなし」という言葉に象徴される顧客の経験価値を高めるサービスや店舗運営、チームワークを重視した経営は、世界一のアパレル企業をめざすファーストリテイリングにとって決して手放してはならない強みだ。

実は、ユニクロではあまり「おもてなし」という言葉は使わない。基本的には一対一の接客は行わないからだが、その一方でさりげない配慮や計算されたシステムによって、買い物や服を着る喜びを顧客に実感してもらうことは常に意識している。

商品の棚はいつでもきれいに整理されていて、サイズやカラー別に見やすく陳列されている。特別価格やチラシ掲載商品は店内の目につきやすいところにたっぷりと置かれて、必要に応じて速やかに補充される。会計を待つ人の列が長くなれば、すぐにレジ係が増員されて、並びやすいようにテープが張られる。どれも何でもないことのように思えるが、海外の低価格帯のアパレルショップではなかなか目にしないサービスだ。

## 日本発のグローバル企業をめざして

「接客」が「客に接する」という店側の目線であるのに対して、ユニクロの場合は顧客の目線で店やサービスを考え抜いて気持ち良く買い物を楽しんでもらうことをめざす。主役はあくまでも顧客で、店やスタッフは舞台とそれを回す裏方という位置づけだ。人がそこに登場しない分だけ余計に、顧客の経験価値を高める工夫が、商品にも店舗運営にもしっかりと埋め込まれていなければならない。

そのうえでスタッフが、仕組みやシステムだけでは提供できない血の通ったサービスを提供するのだが、教えて教えられるものではないので難易度が高い。しかし、これを実践して柳井氏を喜ばせた一人の学生アルバイトがいる。

ある時を境に急に売上が伸びた店があったので調べてみたら、キーパーソンともいえるアルバイトの存在が浮かび上がった。彼が接客するとみんな喜んで買ってしまうし、次の機会にもまたその店で買い物をする。ぜひその秘密を知りたいと店の顧客にインタビューすると、「この店で買い物するのは楽しい」「親身になってサイズを探してくれたり、選ぶのを手伝ってくれるので、近くにもユニクロの店があるけれど、ついこちらに来てしまう」と、口を揃えて彼の接客を絶賛したという。

ぜひともファーストリテイリングの社員にと誘ったところ、彼は教師になることを決めていて振られてしまった。しかし、彼のようなスタッフとその力を生かす店長の登場は、スタッフ主役の個店経営が回り始めたことを示している。こうした機械的でない、人間らしい視点を持った接客を、アルバイトを含む社員全員ができるようになるのが理想だ。

そのためには国籍や勤務地、正社員・非正社員の別なく、組織の一人ひとりが残らず同じ価値観を共有し、体現できなければならない。その共有すべき価値観を柳井氏は「真・善・美」という言葉で言い表す。偶然にもホールフーズ・マーケットの共同創業者でCEOのジョン・マッキー氏と全く同じだ。

何が真実なのか、何が善いことなのか、何が美しいことなのかという世界に通じる普遍的な価値観を、服を通じて提供して、世界を良い方向に変えていく。それがファーストリテイリングにとってのCSVである。この価値が組織の外にも内にもしっかりと示されれば、日本発の真のグローバル企業になるはずだ。

山口県宇部市で父親が起こした小郡商事を受け継ぎ、広島、大阪、東京と一気に日本を駆け上がってきた柳井正氏率いるファーストリテイリングは、国体では満足せずにオリンピックに出て金メダルをとろうとしている。その間、一貫して柳井氏の心にあったのは個人的な野心ではなく、服を変えて世界を変えるという自分の理想をどこまで広げられるかというチャレンジスピリットだったように思う。

転んでは立ち上がり、前にも増して力強く道を切り拓く姿は、故郷・山口のかつての長州藩士を彷彿とさせる。現代の長州藩士は自ら世界に飛び出て頂上に登ることで、明治維新と戦後復興に次ぐ、第三の開国を果たそうとしている。

# 第6章　CSV経営を実践する

## 中小企業が牽引するJ-CSV

ここまで、ネスレ、GE、グーグル、グラミングループ、キリン、伊藤園、三井物産、ファーストリテイリングなど、内外の有名企業のCSV経営を見てきた。読者の中には、言っていることは正論だし、ああいう立派な会社ならそういうこともできるだろうが、自社では無理だと感じている方もおられるかもしれない。

しかし私は、CSVにならない企業はどこにもないし、仮にあったとしてもすぐに消えてなくなると考えている。つまり、現に存続している企業であれば、どこでもCSV企業になりうるということだ。最近は経営者の方々にCSVについて話をする機会が増えたが、業種や規模の大小にかかわらず、わが社こそがCSV企業だと自負する経営者が多いことにいつも意を強くしている。

なかでも大きな可能性を秘めているのが中小企業だ。組織が小さいので、上から下まで一つになってスピード感をもって取り組むことが比較的容易だ。非上場や同族経営が多く短期主義に陥りにくい点も、CSVの推進には有利に働く。何よりも日本の企業の九割以上は中小企業なのだから、ここが動きださなければ世界に、日本発のJ-CSVを厚みをもって力強く発信することはできない。

CSVだからといって大上段に構えたテーマである必要はない。たとえば埼玉県の洋菓子製造会社は、このところ増えた外国人観光客からの評判が良いので、それまで考えもしなかった海外進出を決めた。欧米やアジアの、頭痛がするほど強烈な甘さに慣れた外国人には、低カロリーなのに満足できて、見た目も美しい日本のケーキは特別なものに感じられるようだ。

台湾企業に材料の配合や製造方法などを技術提供し、ライセンス収入を得ることから始めた。ゆくゆくはおいしく食べられて低カロリーの日本のケーキの魅力を、より多くの国にも伝えていきたいと考えている。

社会価値と言ったとたんに社員が元気になった害虫駆除の会社もある。食品製造や飲食店などの衛生環境を確保するためには欠かせない存在なのに、いわゆる３Ｋ（きつい、危険、汚い）仕事とされて、なかなか人が定着しないのが悩みだった。

転機となったのは、食品工場での異物混入騒動などを機に食品安全に対する社会的要請が高まったことだった。害虫が出てから駆除するのではなく、害虫が出ない環境を作る同社への依頼が一気に増えた。「害虫がいない」という客観的事実に基づく「安全」はもちろんのこと、「きちんと対策しているのだから、害虫は出ない」という心理的な「安心」を提供している点が高く評価されている。今では社員たちも、自分の仕事に誇りを感じて生き生きと働くようになった。

## 二一世紀のＴＱＣになる

大企業でも中小企業でも、良い仕事を通して社会の役に立ちたい、立っているという自負が広く現場にあるのが日本企業のすごさだ。目の前の製品や顧客だけでなく、その先に社会を捉える高い視点を持つ現場が当たり前にある。こんな国が日本以外にいったいどこにあるだろうか。

かつてＴＱＣ（Total Quality Control：全社的品質管理）を現場が主導したように、ＣＳＶにおいても、現場が成功のカギを握る。

ＴＱＣはエドワーズ・デミングがアメリカで提案したものだが、後に本人が述べているように日本で開花し、どこよりも日本に根づいた。初来日した際の講演をまとめたものを翌年に再来日したデミングに見せたところ、著作権を放棄したうえでテキストとして使うことを快諾してくれたと伝えられている。

このテキストで学んだ日本は品質立国への階段を駆け上り、高品質・低コストの製造業を中心に世界を席巻した。「ジャパン・アズ・ナンバーワン」と呼ばれ、ＴＱＣが生まれたアメリカもこれを再輸入して日本の強さをまねようとした。

当時の日本企業では、トップから現場までが一丸となってＴＱＣに取り組んだが、主体はもちろん現場だ。もっと良くしよう、無駄をなくそうと、とことん極めた結果、世界が追いつけない品質を手にすることができた。

同じくＣＳＶでもカギを握るのは現場である。欧米では、ＣＳＶは経営の言葉として捉えられているが、日本では経営の言葉であると同時に、現場を駆動するものでなければならない。日本の現場には、まだそれだけの力が残っている。もともと強い現場に社会価値の軸を据えてＣＳＶの魂を入れることができれば、世界に類を見ない日本独自のＣＳＶが生まれる。

二一世紀のＴＱＣになって、もう一度、日本企業の競争力を世界のトップに引き上げていく可能性をＣＳＶは持っている。

## ニッチに終わらない老舗企業へ

「ＣＳＶでない企業などはない」と言うと、「ベンチャーはどうですか？」と聞かれることがある。確かに、新興国の血気盛んな若手経営者たちが、社会価値の提供などは政府の仕事だと考えているように、衣食足りて礼節を知るという側面がないわけではない。それでも私は、ベンチャーにはベンチャーの、そして老舗企業には老舗企業なりのＣＳＶがあると考えている。

まず、相性の良さそうな老舗企業から考えてみよう。長きにわたって生き残っているのはそれなりの理由があるからで、企業の平均寿命が二〇年程度とされる中で五〇年も一〇〇年も続いているのは、社会価値と経済価値の二つが揃っているからだろう。

日本各地に、優れた技術やその会社でしか作れないものを持つ企業がたくさんある。多くは中小企業で地元の人や限られた業界内でしか存在を知られていないが、最近では優れた嗅覚とリサーチ力を持つ中国資本などが目ざとく見つけ出して買収を試みることも少なくない。

たとえば、群馬県に本拠を置く自動車金型メーカーの老舗オギハラ。同社の館林工場は二〇一一年に中国の民族系自動車メーカーの比亜迪汽車（ＢＹＤ）に買収された。ＢＹＤは世界一といわれたオギハラの金型を中国本土に持ち込み、中国人社員への技術移転を進めている。

この例が示すように、海外の買収企業の主な狙いは、匠とも呼ぶべき熟練人材の力だ。彼らの技のほとんどはアナログの世界のものなので、簡単に移転することもコピーすることもできない。世界中どこを探してもそこでしかできない、その職人にしかできない技術がある。だから、買ってしまおうという話にもなるのだ。

ただ、惜しむらくは、地域に埋没してともすればニッチに終わってしまう老舗企業が少なくないことだ。現状維持を続けた末に、後継者難や資金の問題などで買収されたり、廃業に追い込まれたりするケースも出てくる。

老舗企業に必要なのは、自らの価値を示す旗を、社外にも社内にもしっかりと見えるように立てることだろう。自己満足に終わらずに目に見える形で明示することで、外からの認知、評価が高まり、従業員の意識も変わる。

ないものをあるように見せるわけではない。もともと備わっているものを整理して見えやすくすればよいのだから、難しい話ではない。経営者は頼まれた仕事の中から、ただ儲けの大きいものを選んで利益の最大化だけをめざしているわけではないだろう。現場の従業員も給料分を働けばよいというのではなく、自分の仕事が世の中を便利にしたり豊かにしたりすることに意義を感じて汗を流しているはずだ。

こうした企業が、自分たちが持つ代わりの利かない技能や追求している価値観を世界に広げようとするとき、CSVは有効な手段となりうる。そうなれば、外国資本に買われるのを待つのではなく、自ら世界に飛び出すという選択肢も現実味を増す。

## 地域と一緒に世界をめざす

CSRV（Creating and Realizing Shared Value）という言葉をご存じだろうか。名づけ親は中小企業庁で、間にリアライズ（実行する）が挟まっているが、意味するところはCSVと変わらないようだ。中小企業庁はこれを中小企業、小規模事業者のこれからの「生きる道」だと言っている。

無理やりオリジナリティを出したように見えるワーディングはさておき、「生きる道」であることには私も異論がない。地元に根差す企業が事業を通じて地域の課題を解決し、その恩恵を受けた住民が豊かになって、需要増大で企業の利益が増えるという好循環が生まれれば、地域経済と中小企業を取り巻く厳しい現状を打破する決め手の一つとなるだろう。

ひと頃、日本の市場は頭打ちで、産業の空洞化が進んでいるから、海外に出るしか生き残る道はないと盛んにいわれた。確かにそういう産業はあるし、「成長か死か」を掲げるファーストリテイリングのようにグローバルで戦うことを宿命づけられた企業があることも事実だ。しかし、日本中すべての企業が、海外でしか生き残れないわけではない。

特に中小企業には、地元で地域とともに豊かになるという選択肢がある。そうした企業に期待されるのは、コミュニティの特徴や強さをさらに煮詰めて、色濃くする役割だ。

新潟県三条市に本拠を置くアウトドア製品のスノーピークは、一九五八年に金物問屋としてスタートした。登山の趣味を持つ初代社長の山井幸雄氏が、満足できる登山用品がなかったことから、アウトドアとレジャー製品の製造を手掛けるようになる。現在では世界三〇カ国以上で販売され、連結売上高は五五億円を突破した。

顧客からもオーバースペックと評されるほどの品質へのこだわりは、たとえばテントを地面に固定するペグ一つをとってもわかる。消耗品というそれまでのペグの概念を変えたが、同社のシンボルともされる「ソリッドステーク20」。やや高めの値段だが、どんなに固い地面にも確実にテントを固定できると定評がある。

品質を支えているのは、江戸時代から金物製造が盛んだった燕三条地域の地場産業だ。ソリッドステークにも燕三条にある特殊な機械を使った摩擦溶接の工法が用いられている。素材同士の摩擦熱で結合する摩擦溶接は自動車部品の世界などでは広く用いられているが、ペグに応用したのはソリッドステークが初めてだった。

美しい自然に恵まれた土地に生まれ、地場産業に支えられて育ったスノーピークは、三条に強い思い入れを持つ。地域のものづくりネットワークでも主導的な役割を果たしていて、製品開発だけでなく、マーケティングや販売促進、次世代の経営者育成にも貢献している。そこには、自分たちだけが大きくなるのではなく、多様で厚みのある産業クラスターを形成して地域全体で豊かになるという強い意志が感じられる。

日本国内で認知度を高めたスノーピークは、海外展開にも積極的だ。二〇〇〇年から販路を拡大していて、現在の海外売上高比率は三三％（二〇一四年実績）にまで伸びた。一足飛びに進出を図るのではなく、地域産業とともに段階を踏みながら進む地に足の着いたスノーピークのグローバル戦略は、地方の老舗企業にとっても参考になる点が多い。

## 持続するベンチャーが自問する三つのこと

それでは、ベンチャーはどうか。実は、ＣＳＶのフィルターを通すと、その企業が一過性のブームで終わるのか、それとも成長し続けるのかが見えてくる。いわばリトマス試験紙の働きをするのが、ベンチャー企業におけるＣＳＶだ。

生き残るベンチャーは、次の三つを自らに問いかけ、答えを求めながら脱皮と成長を繰り返していく。顧客は何に困っているのか、自分の強さを生かせる事業とは何か、そして、社会のどんな問題に応えて役に立っているのかということだ。

リクルートを例に引いてみよう。創業者の江副浩正氏は、世の中に提供者と受益者、サプライヤーと顧客がいる限り、そこには必ず情報の非対称があることに着目した。この不均衡状態を改善すれば顧客の不満や不利益が解消され、サプライヤーの側も新たな機会を得られる。そう考えて一九六〇年に事業を立ち上げ、企業広告だけをコンテンツとする新たな就職誌『企業への招待』を刊行した。そしてリクルートは、この広告をコンテンツとする雑誌モデルを、アルバイト、転職、不動産、旅行、結婚など、新しい白地市場へと次々に展開していった。これがいわば「リクルート1・0」だ。

そこにインターネットが登場し、コンテンツは無料という時代を迎える。そこで同社は素早く「リクルート2・0」に舵を切り、雑誌のコンテンツをインターネットで無料で提供する完全広告モデルに踏み出す。さらに雑誌事業においても、『ホットペッパー』や『R25』などのフリーペーパーの発刊に乗り出す。こうして、ネット時代を迎えて飛躍的に膨張する情報量を取り込み、それを広告料としてマネタイズすることによって、売上一兆円を超える大企業への急成長を遂げてきたのである。

「リクルート1・0」と「リクルート2・0」では、先に挙げた成長し続けるベンチャーの要件のうち、前の二点は文句なく満たしている。しかし、最後の社会問題の解消という点についてはそれほど意識されていなかったように思える。顧客がいて需要があり、自社の強みを生かせる領域で事業を展開して成長してきた。これから求められているのは、社会の本質的な課題に応えるビジネスなのかという、もう一つ上の視点だろう。

社会にある歪みや不均衡を正すことでより良い社会を作る。しかも、それをきちんとマネタイズして経済価値に結びつける。社会価値と経済価値の二つが揃うリクルートは、J－CSVの実現に最も近い位置にいる企業の一社だ。

女性の就業率が結婚・出産期に落ち込むM字カーブの解消や、高齢者の医療費抑制など、日本が解決しなければならない問題は山積している。出産・育児と無理なく両立できる転職・求人情報や、保育サービスと利用者のマッチングが最適化されれば、M字カーブの改善が期待できる。そこで、二〇一五年七月、同社は「はたらく育児」を応援する「iction!プロジェクト」を開始した。また、情報サービスを利用して、ボランティアや趣味を見つけて生き生きと暮らす高齢者が増えれば、医療費の抑制効果が望める。こうした分野で、リクルートにしか果たせない役割は必ずあるはずだ。

二〇一四年一〇月、リクルートは上場を果たした。グローバル展開を進めるためのM&A資金の調達が目的とされるが、そこに社会の問題に応えるためという理由が加わったとき、上場はさらに意義深いものになるだろう。

## 創業の志に立ち返ったDeNA

チャンスの波に乗るのがベンチャーだが、それだけでは仮にスケールできたとしても、サステイン（持続）させることはできない。ベンチャー企業ほど身近な機会に飛びつくだけでなく、何のために事業を行うのかという本質的な目的をもって立ち上がるべきだ。そうすれば事業はおのずと拡大していく。

ＤｅＮＡが創業一五年目にして始めた新事業からは、こうしたベンチャーの成長と進化の様子が見て取れる。同社はインターネットを使って個人が十分な情報をもって主体的に意思決定を行える状況を作り出すという志を抱いて、個人間取引のネットオークションから事業を始めた。しかしその事業は、目の前の顧客と市場に引きずられてどんどん変遷していった。

ＳＮＳとして始まった「モバゲー」はソーシャルゲームとして爆発的にヒットし、登録会員数五〇〇〇万人超えを果たす。モバゲーの当初の売上を支えていたのは、ＳＮＳ上で自分の分身となるキャラクター「アバター」だった。

しかしそれは、個人と企業の情報格差を解消し、消費者にパワーを与えるという当初の目的には合致しないものだった。当時の南場智子社長は後に、「ユーザーさんたちは、なぜこんなにお金を使うのかわからなかった」と、その頃の心境を語っている。

そして二〇一二年にあの騒動が起きる。「コンプガチャ」と呼ばれるＳＮＳゲームの課金方式が景品表示法に抵触する可能性があるとして、消費者庁が規制に乗り出したのだ。これを受けてコンプガチャ事業は全廃。株価は急落し、業績も落ち込んだ。

山も谷も経験したＤｅＮＡが、二〇一四年に立ち上げたのが遺伝子検査サービス「ＭＹＣＯＤＥ（マイコード）」である。インターネットで解析依頼を受けつけて検査キットを送付。口の中の唾液を解析することで将来かかりやすい病気などがわかり、検査結果はいつでもサイト上で確認することができる。自分の遺伝子上のリスクを知って病気の予防や早期発見に役立てるこのサービスは、個人にインターネットを通じて情報や知恵を提供し、大事なことを自分で決められるようにする、という創業の原点に立ち戻っているように見える。

一度は成功したベンチャー企業がその成長を持続していくためには、ある段階で「何のためにわれわれは存在するのか」という創業当初の志を再確認する必要があることを、リクルートとＤｅＮＡのケースは物語っている。

## 自社のＤＮＡを問う

企業規模にも業種にも関係なく、どんな企業もＣＳＶ企業になりうることがわかっていただけただろうか。ただし、ＣＳＶの二本柱である社会価値と経済価値をしっかり両立させるためには、単に従来どおりに経営していればよいわけではなく、改めて整理すべき点や強化しなければならないポイントもある。

具体的には後に七つの要件を挙げて説明するが、その前に自社にとってのCSVを考えるうえで手掛かりとなる作業についてお話ししたい。

すべては、「私たちのDNAは何か」を自らに問うことから始まる。ここでいうDNAとは、本質的な強みとも置き換えられる。シンプルなことのようだが、これがはっきりとわかっている企業は、実はそれほど多くはない。社長に聞いても、営業力や製品開発力といった表面的な答えは返ってくるが、それらは本質的な強みが発揮された結果にすぎない。もう一段掘り下げて、「その強みの源泉は何ですか?」と聞くと、返事に窮してしまう。社長でさえそうなのだから社員となると、なかには「実は私にもよくわからない」と答える人もいる。しかし、DNAがなくても事業は立ち上げられるが、何十年にもわたって続けることはできない。ここだけは負けない、これがあるから生き残ってこられたというものが何かしらある。

答えられない理由はさまざまだ。長い時間の中でDNAが薄まってしまっていたり、当たり前すぎて自分たちでは意識できないケースもある。そんな企業の一社で、「それではまだ表面的だ、もっと剥いて本質をつかみ出して」と問い詰めていったところ、最後に「汗」という答えが飛び出して、思わず笑ってしまったことがある。どうやら剥きすぎてしまったようだ。

ただ、労を惜しまない組織体質がその企業の最大の特徴であり、強さの源泉でもあることは確かなので、「汗」をもう一度解読し直すことにした。汗をかくなら何でもよいわけではない。肉体作業は行わないし、頭に汗をかく種類のビジネスでもない。突き詰めて浮かび上がってきたのは、心にびっしりと汗をかきながら、とことん仕事をやり切る力だった。

ある自動車メーカーの場合は、「ものづくり力」というＤＮＡがいったん浮かび上がった。品質の高さは世界でも指折りなので、この答えは正しいように思えるが、完成車メーカーは自分で作るというより、部品メーカーに作らせている。現に、製造原価のうちの七割が外部からの調達品だ。とすると、突き詰めれば「ものづくらせ力」ということになる。

このように、直感的な判断や表面的な答えと事実が食い違うケースは多いので、簡単に思考を停止せずに本質に迫る必要がある。

## 「拡業」でずらす

次に行うのは、この力を発揮できるかどうかという視点で、現在の事業とその周辺を見直すことだ。そのうえで、本業と共通性の高い領域に新規事業を仕掛ける「拡業」を行う。本業の中で培われたＤＮＡの強みは、隣り合う別の事業領域でも通用する確率が高いからだ。

成長分野だからといって縁のない新規事業に進出する企業もあるが、その多くは失敗に終わる。いきなり飛び地に進むのではなく、既存の技術や市場から一歩だけずらして自社の本質的な強みを生かすことで、成功確率は飛躍的に高まる。デジタルカメラの普及でフィルム事業という本業消失の危機にあった富士フイルムも、この拡業によって事業構造の転換を成功させた。

当時の古森重隆社長から、これまでの強みを生かせる新しい事業を探すという命を受けた技術者たちは、縦軸に市場、横軸に技術を取ったマトリックスを使って技術の棚卸しを始めた。二×二のマトリックスはよく使われる一般的なものだが、実際にやってみると、右上の第四象限に当てはまるものを見つけるのは難しい。富士フイルムの場合も、当初は右上の新規技術、新規市場に入るものがなかなか見つからず苦戦をしていた。

そこで、縦横の新規と既存の間に、隣接する象限をそれぞれ設けた三×三のマトリックスを使ってみることにした（図表6-1）。飛び地にジャンプするのは難しいので、渡り廊下をかけて、まずは隣に伸ばしてみたのだ。すると、いきなり新規に置くのは難しいが、中間にならば当てはまるものが次々と浮かび上がってきた。この一歩だけ浸み出す努力が積み重なって、化粧品事業などの全く新しい領域を生み出すことに成功し、富士フイルムは第二の創業に成功した。

現場が苦しみ、考え抜くことで生まれたこのやり方は、閉塞感を打破できずにいる他の企業にぜひ取り入れていただきたい。非連続的な成長は難しくても、一歩ずつ浸み出していってやがて大きく化ける可能性がある。

ただし、自分たちだけでこれをやろうとすると、拡大再生産に終わってしまう危険があるので、外の知恵を取り入れていくのが望ましい。自分たちでは気がつかない多様な可能性が発見されることもある。そのためには海外でも他業種でもよいから、勝手知ったるコンフォートゾーンからあえて一歩でも二歩でも踏み出してみる勇気が必要だ。すると表面積が広がるので、触れ合う相手が増えて思わぬものが生まれる可能性が高まる。

それには、最初の自社のＤＮＡ、すなわち本質的な強みが定義できていることが大前提になる。これがなければ、いくら表面積を広げ

図表6−1 「拡業」でつかんだ第2の創業

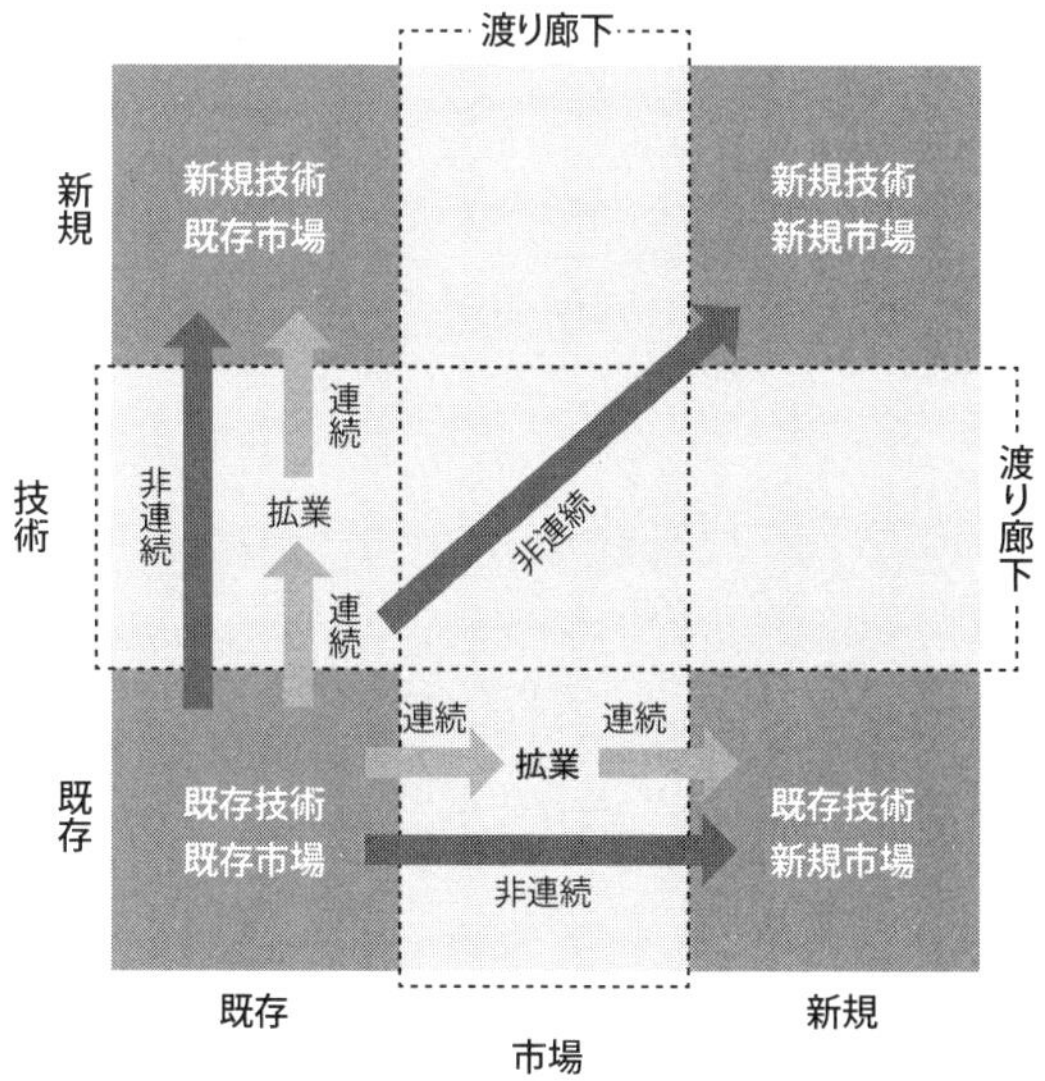

ても ただ薄まるだけで誰にも相手にされない。手持ちの技術や資産を出し合うだけのお手軽なオープン・イノベーションと同じで、核がなければ本当に革新的な製品やサービスは生まれない。DNAを呼び覚まし、それを純化することが大事な理由はここにもある。

## 志か戦略か

一橋大学名誉教授の野中郁次郎氏は、ポーター教授の戦略論には二つの足りないものがあるという。一つは「志」、もう一つは「人間」だ。「志」はなぜそれをやるのかという「why」で、「人間」はどのようにしてやり遂げるのかという「how」を意味する。ポーター教授にあるのは、何をやるかという「what」だけだとも指摘している。私も同じ意見だ。志と人間が抜け落ちたCSV1・0は、本当のCSVにはなりえないと考えている。

自動車メーカーを例に考えてみたい。戦略を演繹的なものと捉えるポーター教授ならば、スバル（富士重工）とホンダの違いについて、おそらくポジショニングで説明するだろう。しかし私に言わせればポジションは結果にすぎず、その結果を生み出したのは志であり、人間であるということになる。

スバルは安全に絶対的なこだわりを持つ。自動車とりわけ国産車では「安全技術はカネにならない」と長い間いわれてきた。そうした中で他の国内メーカーに先駆けて、万が一衝突した場合にもドライバーや歩行者を守る衝突安全性能や、夢の「ぶつからない車」を実現するための運転支援システムの開発にいち早く取り組んできた。

背景には、飛行機メーカーを前身とする歴史がある。事故が起きれば、すぐさま人命にかかわる飛行機では、乗員の安全確保が最重要課題とされる。その志が現在のスバルにも受け継がれ、世界トップクラスの安全性能が高い評価を得ている。

これがスバルの描いた戦略かといえば、そうではないだろう。戦略の結果ではなく、脈々と流れるDNAに埋め込まれた志がもたらしたのが現在のポジションである。同様にホンダにもトヨタにも日産にも、それぞれのDNAと志がある。その違いを明らかにするには「why」、なぜあなた方はそれをやるのか、と問いかけるしかない。

日本企業は総じて「how」の部分は強いのだが、「why」は当たり前すぎてわざわざ表明するほどのことはないと考えがちだ。しかし、経営者が思うほど外部には知られていないし、組織の中でも放っておけば、どんどん希薄化する。もう一度「なぜわれわれはそれをやるのか」という問いに正面から向き合い、その答えを内外に宣言すれば、創業の頃のまっすぐな成長意欲を蘇らせることができる。

ポーター教授は、日本企業は経済価値が低いのでCSRにしかならない、CSVをめざすなら競争戦略を一から勉強し直したほうがいいと言った。しかし、今本当に必要なのはそうしたことではなく、志の原点に立ち戻ることだ。もちろん、経済価値の創出は必須なので、そのためには戦略論が役立つこともあるが、スタートはそこではない。小賢しい戦略に振り回されてはいけない。

## CSV経営実現の七要件

繰り返し述べてきたように、CSV経営はDNAの覚醒から始まる。しかし、DNAを呼び覚ましたとしても、徒手空拳では戦うことはできない。そこには押さえておくべき方法論があり、これを実行することが、より確実で影響力のあるCSV経営につながる。

CSV経営を実現するためには、次の七つの点をクリアする必要がある。

①社会課題をどう捉えるか?
②大義はあるか?
③「ならでは」のひねりがあるか?
④儲けの仕組みにどう変換するか?
⑤誰をどう巻き込むか?
⑥いかにスケールするか?
⑦いかに持続的成長を実現するか?

大きく分ければ①と②が「思い」に関係するステップで、③以降はこれを自社独自のアルゴリズムに落としていくステップといえる。以下、順を追って一つずつ見ていくことにしよう。

## ①社会課題をどう捉えるか？

まず重要なのが、社会課題をどう捉えるかという課題設定の問題だ。顧客がいて需要があるから事業を行う、というのはマーケティング的には正しいが、これではCSVにはならない。時には、顧客本人も気がついていないような本質的な欲求を捉えて、こうすればもっと幸せになる、より良い社会につながるという方向へ導くことを意識して、どこで社会価値を創出していくかを考えなければならない。

リクルートは「リクナビ」の影響力が大きすぎて、学生も企業も疲弊させていると指摘された。彼らにしてみれば、あの批判は不意打ちもいいところだったはずだ。学生も企業も望んでいるサービスを提供し、事業は好調だった。

しかし、社会課題の捉え方に問題があったことは否めない。就職活動はどうあるべきか、そもそも仕事とは何なのかという視点があれば、リクナビのコンセプトはもっと違ったものになっていただろう。リクルートグループには、仕事や組織に関する研究成果と情報が蓄積されたワークス研究所もある。その知見を活用することもできたはずである。

実際に、正しい課題設定によって社会を変えた過去もある。日本発の女性求人雑誌『とらばーゆ』がそれだ。創刊された一九八〇年当時、女性の求人情報は新聞などにわずかに載る程度だった。絶対に失敗すると言われながら誕生した『とらばーゆ』だが、おおかたの予想に反してヒットする。自分に合う、やりがいのある仕事を求めていた女性が、世の中には大勢いたのだ。

当時はまだ、転職はもちろん、女性が働くことそのものを好ましく思わない風潮がまだあり、職場はおろか街や電車の中でも堂々と読めずに、家でこっそりページをめくった読者が多かったという。転職しないほうが肩身が狭いような雰囲気さえある今では、信じられない話だ。性別に関係なく、さまざまな分野や業務で生き生きと働く人がもっと増えるべきだというリクルートの社会課題に対する認識がなければ、女性の就職・転職事情の変化はもっと遅れていたかもしれない。

社会課題を設定するうえで参考になるのが、グーグルのヒュージ・プロブレムだ。人類にとってきわめて大きな、未解決のままにしておいてはいけないような問題を意味していて、これをグーグルでは自分たちが取り組むべき社会課題の基準に置いている。人類などというと、いかにも大げさだが、もっと小さく身近な問題でも、もちろん構わない。企業の数だけ解決せずにはいられない課題はあるはずだ。

## ②大義はあるか?

①の社会課題と表裏の関係にあるのが、②の大義だ。環境、高齢化、健康といった社会課題はそこにあるものなので、どんな企業にも等しく与えられているが、それらの課題に手を挙げるかどうかは個々の企業の大義によって決まる。

たとえば第2章でご紹介したGEのケースを振り返ってみよう。CEO就任直後に九・一一の乱気流にもまれ、視界不良に突入したジェフリー・イメルトは、Non Stoppable Trends（決して止まることのないトレンド）を抽出することに専念する。このトレンドこそ、本質的な社会課題にほかならない。

この作業を通じて抽出された何十という課題の中から、GEは二つだけにターゲットを絞り込んだ。それが環境問題に対峙する「エコマジネーション」と、健康問題を見据えた「ヘルシーマジネーション」の二つだ。GEがたとえどれだけ強大であったとしても、すべての社会課題を解決できるわけがない。環境問題と健康問題こそ、自社の英知が求められている領域だと見極めたのである。まさに、GEならではの「大義」を見いだしたのだといってよいだろう。

「なぜあなた方はそれをやるのか」と問われて、説得力のある答えが出ないような課題には最初から手を出すべきではない。社会課題と大義が揃って初めて、社会にどんな価値を生み出していくのかというCSVの土台が固まる。

## ③「ならでは」のひねりがあるか？

志と大義があっても、それを実現する手段がなければ価値を生むことはできない。その手段が、よそにはまねのできない自社ならではの「ひねり」だ。何をひねるのかといえば、余分な外側の皮を剥いて剥いた一番奥にある自社の本質的な強み、すなわちDNAである。

たどり着いたDNAは、そのままでは使い物にならないこともあるので、蘇らせてずらす、と先ほど述べた。この、掘り下げて定義し直す、純化させる、横にずらして広げるという一連の作業が「ひねり」である。そして、このひねりを繰り返すことによって、DNAそのものも進化し続けることができる。

たとえば前述した良品計画を例に取ってみよう。同社は「わけあって、安い」をコンセプトにして、大成長を遂げた。「スマートだがリーン」というデフレ時代にマッチした「ひねり」技が光っている。これがいわば「MUJI1・0」だ。

しかし、その後同社では「これでいい」というコンセプトにたどり着く。より成熟した社会を迎え、身近なものの価値を再発見（「Found MUJI」）することに意義を見いだそうとしているのである。理性（文明）のレベルから感性（文化）のレベルへと、スマート・リーン・モデルを進化させているといえよう。同社はこの「MUJI2・0」によって、より高次元のQoLの実現をめざしている。

その根底にあるのは、「そこに良心（良品）はあるか？」と問い続けるDNAだ。時代の変化を先取りすることで、このDNAから同社ならではの「ひねり」を生み出し続けているのである。

### ④儲けの仕組みにどう変換するか？

「志」と「人間」が欠落しているポーター教授のCSVは本当のCSVではないと前述したが、経済価値が出せなければCSVではないという点ではポーター教授の主張が正しい。良いこと、良い仕事でしっかり利益が出る仕組みを作らなければならない。

ここはまさしく経営戦略の領域だ。世の中では、ブルーオーシャン戦略、破壊的イノベーション、リバース・イノベーション、オープン・イノベーション、フリーミアム・モデル、プラットフォーム・モデルなど、次々と新しい経営コンセプトが生み出されている。ただし、これらの「旬」な経営モデルを表層的に取り入れても、効果が出ないことが多い。それどころか、自社の本来の強みを見失うなど、逆効果になることも少なくない。

たとえば、P&Gは二〇〇〇年代、A・G・ラフリーCEOが掲げたC&D（Connect and Develop）戦略で大躍進を遂げた。R&Dのような自前主義と決別し、外部から新事業のネタを仕入れて、事業化するアプローチに大きく転換したのだ。この戦略によって、P&Gは次々に新商品を世に送り出し、同業他社をはるかに上回る企業価値向上を実現する。こうしてC&Dは、オープン・イノベーションのベストプラクティスとして世界中から注目された。

しかし、ラフリー氏が二〇一〇年に引退した直後、同社は急失速する。リーマンショック後のデフレ基調や、新興国市場の台頭の波に乗り遅れたというのは、表面的な理由にすぎない。外部の力に頼りすぎた結果、新たな社会課題に対して大きな価値を生み出すという本質的なパワーを弱めてしまったのだ。

名経営者としての名声と引退生活を謳歌していたラフリー氏は二〇一三年、CEOの座に呼び戻され、同社のリストラに専念した。二年後の二〇一五年九月、リストラにメドをつけたラフリー氏は、CEOのバトンを次世代に託すことを表明。新CEOのデービッド・テイラー氏は、まずは、「世界の人々のより良い暮らしのために」という同社の企業理念に立ち返って、社会価値創造をめざす同社のDNAを覚醒させることから始める必要がありそうだ。

オープン・イノベーションという経営モデルの生みの親は、カリフォルニア大学バークレー校のヘンリー・チェスブロウ教授である。ある日私がチェスブロウ教授にP&Gのケースについて水を向けたところ、次のような答えが返ってきた。「オープン・イノベーションは、他社に頼るという安易な道に流れてしまうと本末転倒になる。自社の本質的な強みを磨き込むことを忘れてはならない」

オープン・イノベーションに限らず、先に挙げたような経営モデルは、自社らしい儲けの仕組みに埋め込んで初めてパワーを発揮する。その詳細については、近々本書の続編として、私の経験と見解を世に問うことにしたい。ここでは、「流行りの経営モデルに安易に乗ってはいけない」ということだけを、肝に銘じていただきたい。

## ⑤誰をどう巻き込むか？

自分たちだけでチマチマとやっていても、スケールさせるのは難しい。良いアイディアを形にする力や、優れた技術に息吹を吹き込む斬新な視点を得るには、外部を巻き込む必要がある。

こう説明すると、エコシステムやクラスターやバリューチェーンをイメージするかもしれないが、そのいずれでもない。こうした既存の関係からは、イノベーションはなかなか生まれないからだ。もちろん、そういうUsual Suspects（いつもの面々たち）の有効性は否定しない。しかし、そのうえで全く新しいもの、自分とは異質なものと重ね合わせる「クロスカップリング（異結合）」がなければ、シュンペータがイノベーションの本質と定義した「新結合」は起きない。

ファーストリテイリングを例に取り上げてみよう。同社が東レとのコラボレーションによって、ヒートテックをはじめとする数々のヒット商品を世に送り出していることはよく知られている。ファーストリテイリングの商品を企画して売り切る力と、東レの世界初の繊維を開発する力が新結合した結果だ。

同社はまた、大和ハウス工業とのコラボレーションを基軸に、ロードサイドの店舗展開で急成長を実現した。最近では、eコマースの本格展開のカギを握る自動倉庫を、同社と合弁で江東区有明に設立している。一方でデジタルへの進化を加速するため、この倉庫の建屋の中に、アクセンチュアとの合弁でITの戦略子会社を立ち上げている。

目を海外に転じると、アジア市場への急拡大のパートナーとして、現地の有力企業との提携を積極的に展開してきている。たとえば、韓国はロッテ財閥、シンガポールとマレーシアはウィン・タイ・グループ、フィリピンはSMグループといった顔触れだ。もちろん、前述したバングラデシュのグラミングループは、ソーシャル・ビジネスのかけがえのない先導役となってくれている。今後、新たに進出が期待されているインド以西や、ラテンアメリカなどでも、現地企業とのパートナリングが切り札の一つとなる可能性が高いだろう。

## ⑥いかにスケールするか?

クロスカップリングによってイノベーションを起こしたら、あとはレバレッジ(梃子の原理)を利かせて、一気にスケールを拡大させる。その代表例がプラットフォーム・モデルだ。ひとたびプラットフォームを形成してしまえば、ネットワーク効果によって幾何級数的に拡大し、市場支配力を高めることができる。

その典型的なプレーヤーは、グーグルである。同社は主軸の検索サービスに加えて、携帯端末や車載用のアンドロイドOS、地図のグーグルマップ、決済用のグーグルウォレットなど、さまざまなプラットフォームを提供している。そして、これらを多様なプレーヤーに開放することで、さまざまな分野にグーグル生態系を広げている。

日本企業は、この手のプラットフォーム戦略は苦手だ。独自性にこだわるため、すべて自分で作り込んでしまう。エコシステムも、ケイレツに代表されるように、仲間同士の閉鎖系になりがちだ。まずは日本の中でというアプローチが災いして「ガラパゴス」化する例は、ガラケー、おサイフケータイ、カーナビなど、枚挙にいとまがない。

一方で、日本企業がグローバル標準を握れたケースは、かつてのDVDやデジタルカメラなど、日本の製品がグローバルで圧倒的なシェアを獲得した場合に限られる。その場合でも、その端末をベースにプラットフォーム・ビジネスをグローバルに展開できた日本企業は皆無だ。トヨタが燃料電池自動車で自社の特許を無料開放する方針を発表したが、それを梃子にプラットフォーム・ビジネスを展開できるかどうかは未知数だ。

グローバルにスケールするうえで、もう一つの道がある。「インテル入ってる」でおなじみのインサイド・モデルだ。東京大学の藤本隆宏教授の分類によれば、「外モジュラー、中インテグラル」ということになる。内側を擦り合わせて作り込んだうえで、外はオープンにすることで業界標準を獲得することができる。このモデルによって、世界を席巻できた日本企業は少なくない。たとえば、自転車ギアで世界市場の約七〇%を握るシマノなど、その代表例だ（コラム参照）。

さまざまな相手に寄り添い、取り込んでもらうインサイド・モデルは、独り勝ちを志向するプラットフォーム戦略に比べれば、華々しさには欠けるかもしれない。しかし、共進化を基軸とする日本企業らしいビジネスモデルといえる。そしてその結果、利便性や快適性の向上に貢献し、世界を少しでも豊かにすることができれば、社会価値と経済価値が真に両立する日本発ＣＳＶを確立することができるはずだ。

### ⑦いかに持続的成長を実現するか？

成長を持続させるためには、戦略に時間軸を取り入れる必要がある。一時の成功を持続できるかどうかは変化への適応力にかかっている。

グローバル戦略の決定版とも評される「トリプルＡ戦略」を参考に、持続する成長について考えてみよう。このモデルは、マイケル・ポーター教授が持っていたハーバード・ビジネススクール（ＨＢＳ）の教授の最年少記録を更新し、現在はスペインのＩＥＳＥビジネス・スクールで教鞭を執るパンカジ・ゲマワット教授が二〇〇七年に発表したものだ。

なおゲマワット教授は、戦略論における私の師匠で、ＨＢＳ在籍当時、ゲマワット教授の指導の下で私が作成を担当した「ニューコア」というケースは、破壊的イノベーションの古典的ケースとなっている。日本では『コークの味は国ごとに違うべきか』（文藝春秋）

という一風変わった、しかし見事にその内容を表しているタイトルの著書としてすっかり有名になった。

ゲマワット教授の「トリプルA戦略」を一言でまとめれば、「世界はフラットではなく、その差異を理解して利用することが競争優位をもたらす」ということになるだろう。トリプルAは次の三つの頭文字から取っている（図表6－2）。

・アダプテーション（適応）……商品や販売などのバリューチェーンをローカライズすることで、現地のニーズや環境に合った事業を展開し、売上高と市場シェアを増やす戦略
・アグリゲーション（集約）……製

図表6－2　**トリプルA戦略**

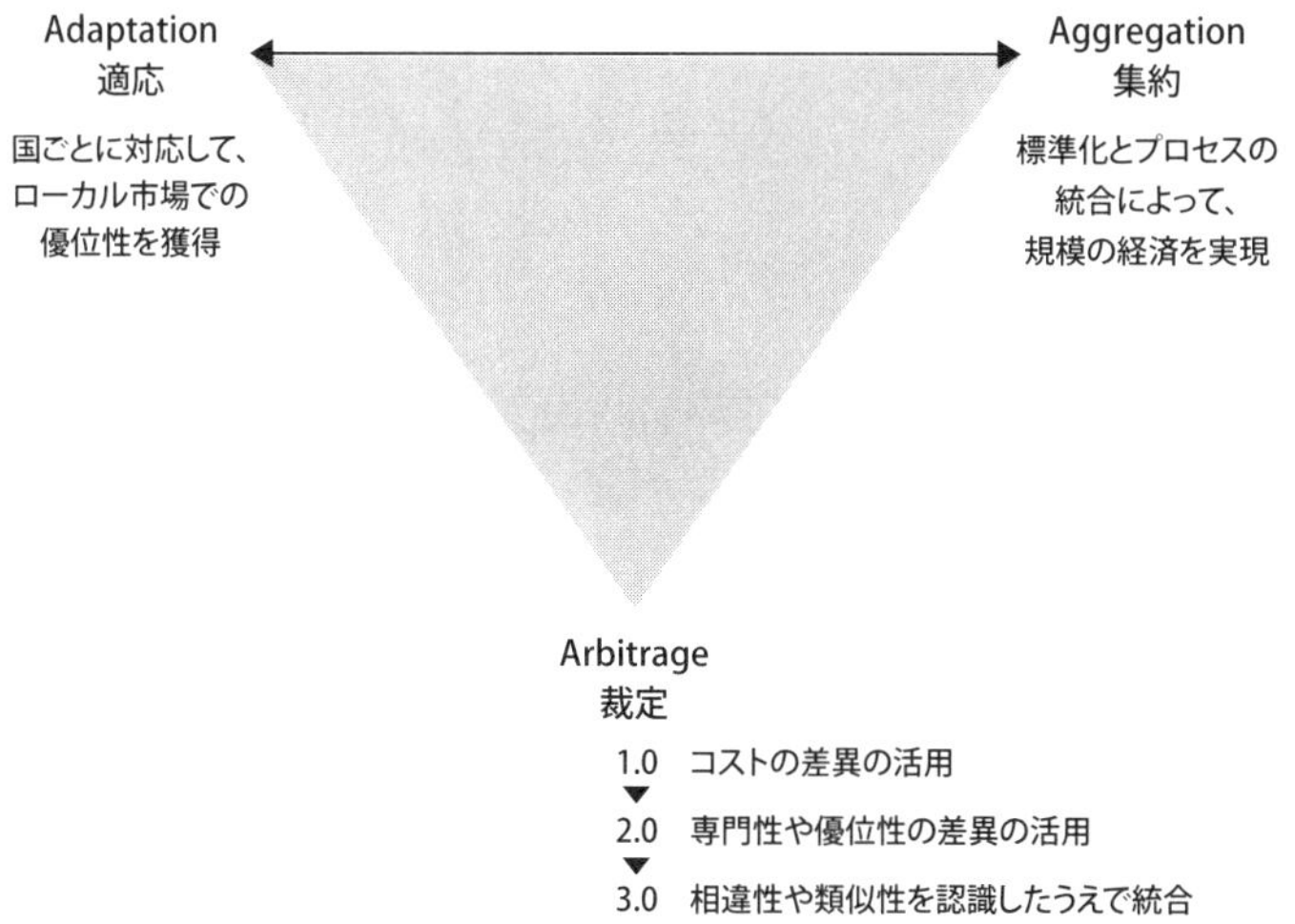

品やサービスを標準化し、開発と生産のプロセスを統合することで、規模の経済を追求する戦略

・アービトラージ（裁定）……国や地域ごとの差異を理解して活用する戦略

こう整理すると、ゲマワットのトリプルAが空間軸でしか捉えていないことがよくわかる。そう、時間軸が欠落しているのだ。しかし本来は、グローバル化の進展によってトリプルAも変遷しなければならない。

たとえば最後のA、アービトラージは、グローバリゼーションの初期段階、1・0においては単純な鞘抜きを表す。たとえば、生産コストの低いインドネシアで作った製品を欧米で販売して、ソフトウェアの開発センターはインドに置く、といった具合で、市場間の主にコストの差を利用する。

次の2・0の段階では、専門性や優位性の差に着目する。国境を超えて経営資源を獲得し、国や地域ごとの知恵や強みを共有しながら、それぞれの特徴を生かした事業や製品づくりを行う。

ここまでは差異を利用する加算・減算の話だが、3・0に進むとそれぞれの強みを掛け合わせる掛け算の世界になる。自社のルーツや独自性を把握したうえで、地域ごとの文化、政治、地理、経済の差異を認識し、双方向に知恵を出し合いながら異質のものを融合する。

これにより何倍もの価値を生み出すのが、鞘抜きや分業を超えて3・0に進化したアービトラージだ。同様にアダプテーション（適応）やアグリゲーション（集約）も、段階に応じて進化する。

こうした時間軸の視点を入れなければ、CSVにおいても成長を持続させることはできない。DNAや大義も、長い歴史の中では読み替えが必要になることもある。さらに七要件の④以降は、常に最適解を求め続けていかなければ、成長どころか生き残ることさえ危ぶまれる。

では、どうやってそれを実現するかといえば、戦略論に求めても答えは出ない。競合でも市場でもなく、自分たちの中から湧き出る成長力こそがCSV経営を実践するための唯一無二の力となる。

COLUMN

## シマノのCSVストーリー

四〇年ほど前、自転車部品シマノの経営陣は急速なモータリゼーションに危機感を募らせていた。調べれば調べるほど、移動手段としての自転車のほとんどは自動車に取って代わられ、ハイエンドのスポーツバイクと、ごく安価な、今でいうママチャリの二つしか生き残らないだろうという答えが出た。

この予測はおおむね当たり、両方の市場で果敢に戦ってきたシマノは世界の約七割のシェアを取るまでになった。その一方で、自動車の急激な普及がもたらす弊害と、自転車を取り入れたライフスタイルがここまで広がることまでは、当時は読み切れなかったように見える。

排気ガスや交通渋滞の問題、省エネ機運の高まりにより、移動手段として自転車が見直されている。フランスやドイツ、そしてアメリカなど、世界のあちこちで町の中心部への自動車の乗り入れを規制する動きが広がっている。それに伴い自転車を利用する人が増えていて、シェアード・サイクル（カー・シェアリングの自転車版）が普及している。また、健康志向が強い先進国では、趣味でサイクルスポーツを楽しむ人も増えている。自転車の未来はシマノが考えていたよりもだいぶ明るいものとなりそうだ。

こうした追い風を受けて、事業存続さえも危ぶまれていたシマノは業績拡大を続けている。もう一方の社会価値についても、健康に良く、環境負荷の小さい移動手段を提供していること、またサイクルスポーツとしての喜びをもたらしていることで、しっかりと創出している。

シマノのCSVストーリーを七要件から見ると、①の社会課題と②の大義については、当時を振り返って分析するのは難しい。

モータリゼーションという潮流を見極めたことは確かだが、それによってもたらされる渋滞や環境汚染といった問題を解消し、より良い社会を作ろうという明確な意識があったとまではいえないだろう。生き残る道を模索した結果、CSVにたどり着いたというほうが正確かもしれない。

③の「ならでは」のひねりを担ったのは、匠の技を持つ技術者たちだった。シマノが本拠を置く大阪府堺市は商人の町というイメージが強いが、安土桃山時代からの鉄砲の町でもある。堺商人が薩摩や種子島から持ち帰った鉄砲を参考にして職人たちが作った「堺銃」は、日本で初めて量産化に成功した銃ともいわれている。

シマノにも、そんなチャレンジスピリットを感じさせる技術者たちがいる。映画『E.T.』の空飛ぶ自転車の写真が貼ってあるので理由を聞くと、「空気抵抗を極限まで減らせば、いつかは空を飛ぶんじゃないかと思って」と言う。もちろん冗談なのだが、どこか本気で考えている節がある。日本が誇る愛すべき匠たちだ。

その品質は世界でも折り紙つきで、二〇一四年のツール・ド・フランスでは参加二二チーム中一四チームがシマノの部品を使い、年間の総合順位でも上位を独占した。ロードレーサーやスポーツとして自転車を楽しむ人の間では、プレミアム・ブランドとして認知されている。

ただし、自分たちが作るギアには絶対の自信を持つ技術者たちは、マネタイズ（④）にはまるで感心がない。そもそも、高級自転車の市場は世界的にもごく限られたものなので、これだけではボリュームが取れない。

そこで巻き込んだ（⑤）のが、買収したシンガポールの子会社だ。ここに商品化センターを置き、華僑の人材を中心にマーケティングを一手に引き受けている。イタリアメーカーのデザインや性能に対する要求、台湾メーカーが求める価格、そうした世界各地の自転車メーカーの声を聞き、堺の匠が最新の技術で作った部品の中から商品化するものを決めて、それを売り込むのが彼らの仕事である。

堺の匠と卓越したマーケティング力を持つシンガポールの華僑という、異質なものを組み合わせたクロスカップリングが、スケール（⑥）につながる。世界最大の自転車メーカーである台湾のジャイアントと組んで、中国をはじめとする新興国市場に食い込んだことで、欧米に続いて新興国で立ち上がっている中級クラスの需要もしっかりと押さえている。

シマノは日本の技能、シンガポールのマネタイズ、イタリアのデザイン、台湾のものづくり――単なる分業ではなく、それぞれの知恵を溶け合わせて一つのものにするアービトラージ（⑦）によって、シマノは成長を持続させている。

## CSV経営の落とし穴

どんな企業でもCSV経営ができること、そして、実践する方法をここまで述べてきた。

うちの会社でもすぐに始めてみようと思った読者もいるかもしれないし、それでも、まだ「やらない理由」を探している方もおられるかもしれない。

本章の最後に、ＣＳＶ経営を行ううえでのボトルネックをまとめることにする。主に後者の背中を押すことを企図しているが、実際に始めてみると悩むことが多いのがＣＳＶである。前者が途中で挫折しないことも祈って、待ち受ける隘路とその突破口を示したい。

## ①EVよりSVの自己満足経営

ＣＳＶに手をつけたものの一向に進まないという企業によく見られるのが、経済価値よりも社会価値が先行してしまっているケースだ。そこでとどまっていてはスケールもできないし、サステナブルでもないので、いつまでやってもＣＳＶには至らない。

しかし同時に、そういうところは大きな可能性を秘めているともいえる。経済価値だけで社会価値のない企業もあるからだ。これは業種にも関係していて、たとえば本質的に鞘取り（アービトラージ）で利益を得る金融業で社会価値を追求するのは一般的には難しい。マイクロクレジットやＣＳＶファンドが評価されるのは、そうした金融業が持つ宿命の裏返しでもあるだろう。

その点、事業会社の多くは社会価値を生みやすい。もっといえば普通に事業を行っていれば生まずにはいられない。あとは経済価値を伴うようにすればいいわけで、これはもともとない社会価値を見つけ出すよりも、よほど簡単だ。

## ②壁に掛かったままのCSV

志を問われて、どうかホームページや会社案内を見ないでほしい。確かにそこにはミッション・ビジョン・バリューが書かれているが、問題は腹落ちしているかどうかだ。「あなたの会社は何のためにあるのですか?」と聞くと、社長でも自分の言葉で言えない人が多いことに驚く。

形式化したミッション・ビジョン・バリューでは、何の助けにもならない。なぜこの会社はあるのか、なぜ私は仕事をするのかを、上から下まで一人ひとりが我が事として捉えて答えを持ったとき、日本発のJ-CSVは力強く回り始める。

## ③博物館入りしたCSV

立派な原点を持ちながら、博物館で保存されたままになっているケースは多い。誰も見に来ないので、うっすらと埃をかぶっている。

自社のDNAを掘り下げるセッションに、OBが登場することがある。昭和を代表する名経営者から直接薫陶を受けた最後の一人というような講師が語る創業の志は、さすがに説得力が違う。しかし、語り手がOBしかいないとすれば、それは問題だ。本当にDNA

が今の世代にも受け継がれているのであれば、現役のトップや次世代リーダーが出てきて自分の口で述べればよいはずである。

企業の存在意義である「目的（purpose）」はぶれてはいけないが、時代や企業の成長とともに読み替える必要が生じることもある。グーグルは「世界中の情報を整理し、世界中の人々がアクセスし、使えるようにする」というミッションを、今読み替えようとしている。確かに、ヒュージ・プロブレムに挑む「グーグルX」や「グーグルY」といった最近の動きは、従来の枠には収まりきらなくなっている。二〇一五年八月に発足させたホールディングカンパニー「アルファベット」では、新しいミッションが再定義されることになるはずだ。

DNAも目的もしまい込まずに、必要に応じて更新しなければならない。

## ④あすなろ経営

もう少し業績が安定したら、環境が好転したら必ずCSVをやる。でも、今はまだ無理。こうした考えは合理的な判断にも思えるが、実は全く逆だ。

厳しいときほど原点に立ち戻ることで、復活することができる。エコノミック・コインが貯まってからソーシャル・コインを集めようというところは、必ずそこに引きずられて、やがてソーシャル・コインのことを忘れてしまう。

東日本大震災で大打撃を受けた東北の企業や人々、そして日本全体に世界中から救いの手が差し伸べられたのは、これまで十分な社会価値を生み出してきたからである。リーマンショックや急激な円高で倒産の崖っぷちに立ちながら生還した企業も、あそこがなくなっては困ると社会が認めたところばかりだ。苦しいときこそ真価が問われるし、それはまた、自社の本質を取り戻すチャンスでもある。

パナソニックの中村邦夫元社長は、「創業理念以外に聖域はない」と言って大改革を断行した。松下幸之助が大事にした茶室にこもり、「今、幸之助がいたらどうするか?」と松下翁と向き合いながら「創造と破壊」の経営改革の道筋を決めた。苦しいときこそ問題を先送りせずに、原点に立ち戻る必要がある。

### ⑤貧すれば鈍する

CSVなんて高邁なものは、十分すぎるほど儲けている企業が最後の上がりの一手としてやるものだろうと考える人がいる。自分たちはまだそういう状況にはいないと言いたいのだろうが、開き直っている分だけ、先述のあすなろ経営よりも質が悪い。原点を持たずにエコノミック・コインだけを追求する企業は、一時は隆盛を極めても、幻のように消えていく。

## ⑥リーダー待望論の誤謬

カリスマリーダーやプロ経営者といわれるような豪腕のトップがCSVに必要かといえば、決してそんなことはない。むしろ、逆効果になることさえある。プロ経営者は確かに思い切った手法で大きなことをやり遂げるが、必ずしも志があるわけではない。

カリスマが牽引するCSVはカリスマなき後が心配だ。良品計画の松井忠三前会長は「カリスマ型の経営者が目立つようでは組織としてはまだまだ未熟」だと言って、社員一人ひとりが考えて判断する自律分散型の組織をめざした。今でも、その後の経営者に受け継がれている。

CSVで大切なのは強いリーダーシップではなく、現場にその魂が宿ることだ。リーダー不在は言い訳にはならない。CSVはいつでも、どこからでも始められる。

# 第7章　CSV2.0への道

## 残された課題に可能性を見つける

ＣＳＶはまだ新しい経営コンセプトなので、実証されていないことや決着のついていない議論もある。提唱したポーター教授も先駆者であるネスレも、そして、取組みを始めたばかりの日本企業も、課題を抱えながら一歩ずつ前進している点では同じだ。言い換えれば、後発組であっても、ただベストプラクティスを学ぶのではなく、日本企業らしい、そして自社ならではの「型」を創るチャンスがあるということになる。

もしかしたら近い将来、第４章で紹介した日本企業の中のどこかのＣＳＶを、名だたるグローバル企業が学ぼうとする日が来るかもしれないし、それがあなたの会社であっても何の不思議もない。そういう意味でCSVは、計り知れない可能性を秘めている。

フロンティアを拓くために、まずは今残されている課題を整理しておこう。論点は大きく四つある（図表7－1）。

### ①ガバナンスモデル

一言で言い表せば、CSVは経営の意思決定の基準になりうるかどうかという問題である。社会価値と経済価値をどのように定義して評価するか。そしてそれは企業価値の向上に結びつくのか。この答えが出なければCSVは思想に終わり、意思決定に役立てることはできない。意思決定、すなわちガバナンスのモデルに落とし込んで初めて、CSVを経営の基軸に据える

図表7-1　CSVを巡る論点

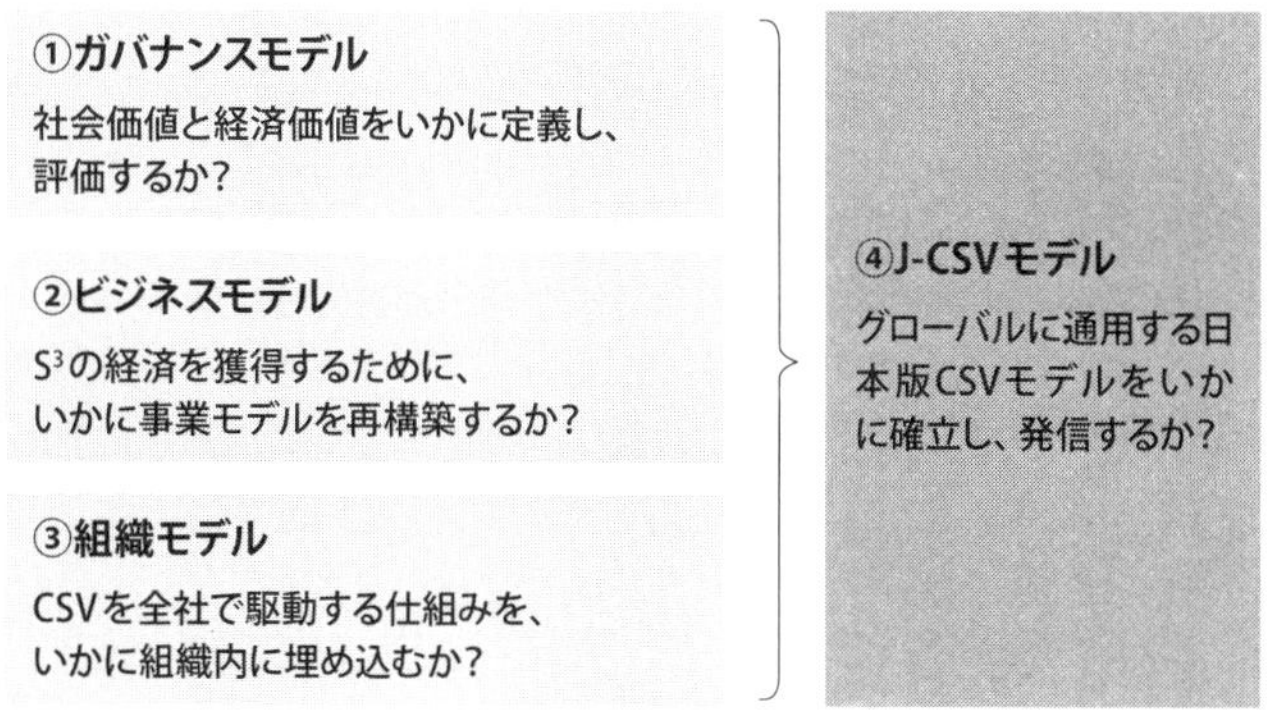

ことが可能となる。

②ビジネスモデル

持続可能なCSVを行っていくためには、ビジネスモデルの構築が不可欠となる。規模の経済（Economies of Scale）、範囲の経済（Economies of Scope）、技能の経済（Economies of Skill）からなる「$S^3$の経済」を獲得するために、いかにビジネスモデルを設計するかを考え抜き、必要であれば抜本的に組み替えることも躊躇してはならない。

③組織モデル

ポーター教授は戦略があれば、組織は自然についてくるものだと考えているので、CSVでも組織の問題については全く触れていない。しかし、これまで述べてきたように、組織の中にどこまで埋め込めるかが、CSVが絵に描いた餅で終わるのか、それとも実体化するのかを分ける。特に日本企業らしさを考えるうえでは、組織の問題はきわめて重要だ。

④J-CSVモデル

ガラパゴスでも欧米の先進企業の模倣でもない、日本発のCSVモデルはどのようなものか。それを確立し、グローバルに鮮烈に発信するにはどうすればよいのか。私たちが議論を深めるべき最大のポイントがここである。

四つのうち、ガバナンスモデル、ビジネスモデル、組織モデルについては本章で、そして最後のJ－CSVについては第8章で詳しく論じていくことにしよう。

I

# ガバナンスモデル――社会価値をどう「見える化」するか

## ポジとネガの両方のインパクトに着目する

ガバナンスモデルにおける最大の問題は、社会価値といういわば曖昧なものをどうすれば「見える化」して、さらには計量化できるかにある。企業や事業の持続性からのアプローチでは先行研究があるし、CSVを実践する企業の中にも取り組んでいるところがあるが、今のところ決定打といえるような手法はない。

見える化が難しいのは、一つには社会価値が多義的であるためだ。何が社会価値なのか、その捉え方は人それぞれ、企業それぞれで異なる。$CO_2$排出量や廃棄物発生量の削減といったわかりやすいものもあるが、それらが社会価値の中核をなすものではないことは誰もが直感的に感じるところだろう。裏を返せば、見える化しやすいものは核心から外れているともいえる。

計量化はさらに難しい。たとえば業績が向上したのがCSVの成果なのか、その他の要因によるものなのかを判断することは、今のところ不可能に近い。因果関係が明確ではないし、景気や為替や原材料費の変動や競合の動きなど、乱数はいくらでもある。社会価値を創出していても足元をすくわれることもあるし、逆に下駄を履かされることもある。

時間軸の問題もある。CSVの結果はすぐに業績に直結するようなものではなく、遅れて出てくると考えられるからだ。

では、「見える化」を諦めるのかといえば、そうではない。計量化をいったん横において考えると、他にも方法があることに気がつく。その一つが、ネガティブ・インパクトの軽減と、ポジティブ・インパクトの増大に着目することだ（図表7-2）。

社会にネガティブな影響を与えているとされるものがある。たとえば、ガソリン車の排気ガスを例に取ろう。これを燃料電池車に置き換えることができれば、少なくとも走行時には$CO_2$は一切排出されない。代替の他にも、生産性を向上させて省資源を実現すること、予防措置を講じて事故や環境被害を回避することなどが、ネガティブな影響をゼロに近づける例として挙げられる。

これに加えてポジティブな影響を生み出せるようになれば、社会価値が経済価値によりつながりやすくなる。トヨタ自動車の渡辺捷昭前社長は、走るほどに空気をきれいにする空気清浄機のような車をいつか作りたいと言っていた。夢のような話だが、実現したら間違いなくネガからポジへの大転換だろう。

もう少し現実的なところで言えば、生態系（エコシステム）やネットワーク効果によって、ポジティブ・インパクトを増幅するパターンが考えら

図表7−2　**社会価値をどうやって経済価値に変換するか**

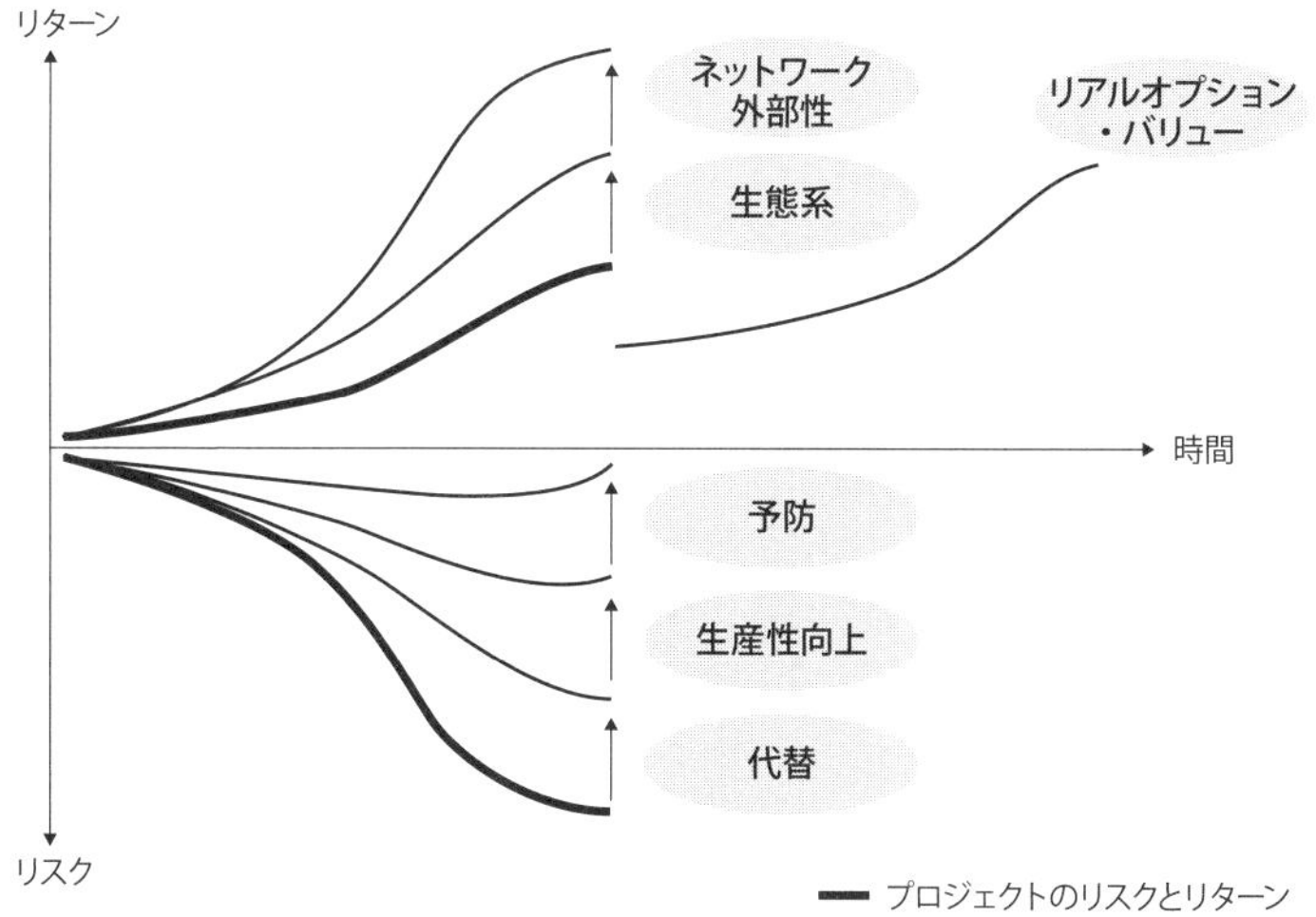

れる。生態系では自社だけで部分最適を追求するのではなく、システム内のプレーヤー全体で価値を最大化させることで波及効果が得られる。ネットワーク効果は、ＳＮＳや電話などのネットワーク型サービスや製品において、加入者や利用者が増えれば増えるほど効用が高まり、幾何級数的に価値が高まるので、さらにインパクトが大きい。

## リアルオプション・バリューがもたらす将来価値

長期的に社会価値を測るためには、リアルオプション・バリューに着目する必要がある。リアルオプションとは、不確実な状況の中で意思決定をする際の選択肢（オプション）のことで、選択肢が多く柔軟性の高い事業や資産を、そうでないものに比べて高く評価するのがリアルオプション・バリューの考え方だ。

リアルオプション・バリューを無視すると、大きな社会価値を生むはずの事業が立ち上がらなかったり、すぐに結果が出ない事業からは早々に撤退するというような投資の意思決定が行われる可能性が高まる。栄養豊富なミドリムシ（学名：ユーグレナ）で世界の食糧問題を解決するために起業した株式会社ユーグレナを例に、リアルオプション・バリューについて考えてみよう。

ミドリムシの栄養価の高さは古くから知られていたが、大量培養できなかったために活用が広がることはなかった。その難題を世界で初めて解決したのが同社である。屋外での大量培養に成功するまでには多額の資金が投じられ、成功後もビジネスが軌道に乗るまでにはさらに二年以上の時間を要した。しかし、現在では機能性食品の枠を超えて、肥料やバイオジェット燃料にまで事業を拡大している。不確実性がある中で事業を開始したことで次のオプションが広がり、ジェット燃料という当初は予定していなかった事業も立ち上げることができたのである。

もしもユーグレナの事業をＮＰＶ（正味現在価値法）で評価していたら、間違いなく立ち上がっていなかっただろう。ＮＰＶは事業やプロジェクトが将来に生み出すキャッシュフローを、そのリスクの大きさに見合った割引率で現在価値に戻して求める。大量培養にかかるリスクと機能性食品だけの市場を考えれば、ＮＰＶはゼロ以下と評価されたはずだ。

そもそも現在価値に割り引くこと自体が刹那的と言わざるをえない。そこにあるのは、今この瞬間の価値だけで、二〇年後、三〇年後に生まれる価値に対する想像力も敬意も欠落している。企業が将来にわたって継続していくというゴーイング・コンサーンの前提に立てば、ＮＰＶで評価するのはよいが、それだけで意思決定するのはあまりにも短絡的である。

たとえユーグレナが大量培養や市場の立上げに何回か失敗していたとしても、そこから得た学びは無駄ではなく、次につながる。まずは実践してフィードバックを得て、その結果を踏まえて次の手を打つ。このサイクルを繰り返して「学習優位」を確立することで、リアルオプション・バリューが高まることを軽視してはならない。

少し高度になるが、システム・ダイナミクスの考え方を用いて、社会価値から経済価値への転換に関係する各要素の関係を解き明かして計量化する方法も考えられる。システム・ダイナミクスはマサチューセッツ工科大学（ＭＩＴ）のジェイ・フォレスター教授が開発したもので、表出する出来事や結果の背景には、それを生み出す構造があるという基本認識に立つ。

経済価値に影響する要素の中には企業の内部のものと外部のもの、企業自身でコントロールできるもの、できないものがある。そうしたさまざまな要素やそれによって生じる事象を個別に見るのではなく、全体を一つのシステムとして捉えてシミュレーションする。

以上のように、社会価値の見える化にはさまざまな方法が考えられるが、たとえどんなに高度で複雑な手法を用いても将来を確実に予測することはできない。時間軸の異なる社会価値と経済価値の関係を明らかにしてＣＳＶを計量化するのは容易ではない。ポーター教授も今のところ計量化には懐疑的で、「それができればノーベル賞ものだ」と言っているほどだ。

なかには、ＫＰＩへの落とし込みさえ疑問視する向きもある。しかしＫＰＩ化すら諦めると、ＣＳＶの進化は止まってしまうだろう。

たとえば、見る人が見れば、ネスレのＫＰＩの中には首をかしげたくなるようなものがいくつか含まれているかもしれない。しかし、設計して公表していることの意義は大きい。公表しているからこそ、本質的でないとか表層的だといった評価も受けるが、そのフィードバックを受けてどんどん進化していける。こうしている間にも、もっと確かなものができてからＫＰＩを導入しようと慎重姿勢を貫いている企業と、ネスレとの差は広がるばかりだ。

悩みながらもやれるところからやる。おかしなところがあれば修正して、どんどん核心に近づけていく。この努力を行うこと自体が学習プロセスであり、正しい判断のための基準につながっていく。

## 投資判断の基準とする

ガバナンスモデルの二つ目の論点は、投資判断にＣＳＶをどう入れ込むかという問題である。企業が持つ経営資源は有限なので、優先順位をつけて効率的に配分する必要がある。そのためにボストン コンサルティング グループによって開発されたのが、プロダクト・ポートフォリオ・マネジメント（ＰＰＰ）だ。市場の魅力度と自社のポジションの二つの軸で事業を評価してウエイト付けを行う。ＧＥとマッキンゼーが開発した九セル・マトリックスはこれを発展させたもので、市場の魅力度と自社のポジションをそれぞれ高・中・低の三段階に分けて事業を評価する。

しかし、CSVを経営の中核に置き、意思決定に役立てようとするのであれば、市場の魅力度と自社のポジションという評価軸そのものを見直さなければならない。図表7–3では、業界の魅力度と自社のポジションを経済価値にまとめて、社会価値をもう一方の軸に取っている。

ここで二つの考え方が生まれる。一つは図の色の濃い部分、つまり社会価値と経済価値双方が高い事業しか行わないという考え方で、もう一つは企業全体で社会価値が高くなる

図表7–3　PPPからCSVへのパラダイムシフト

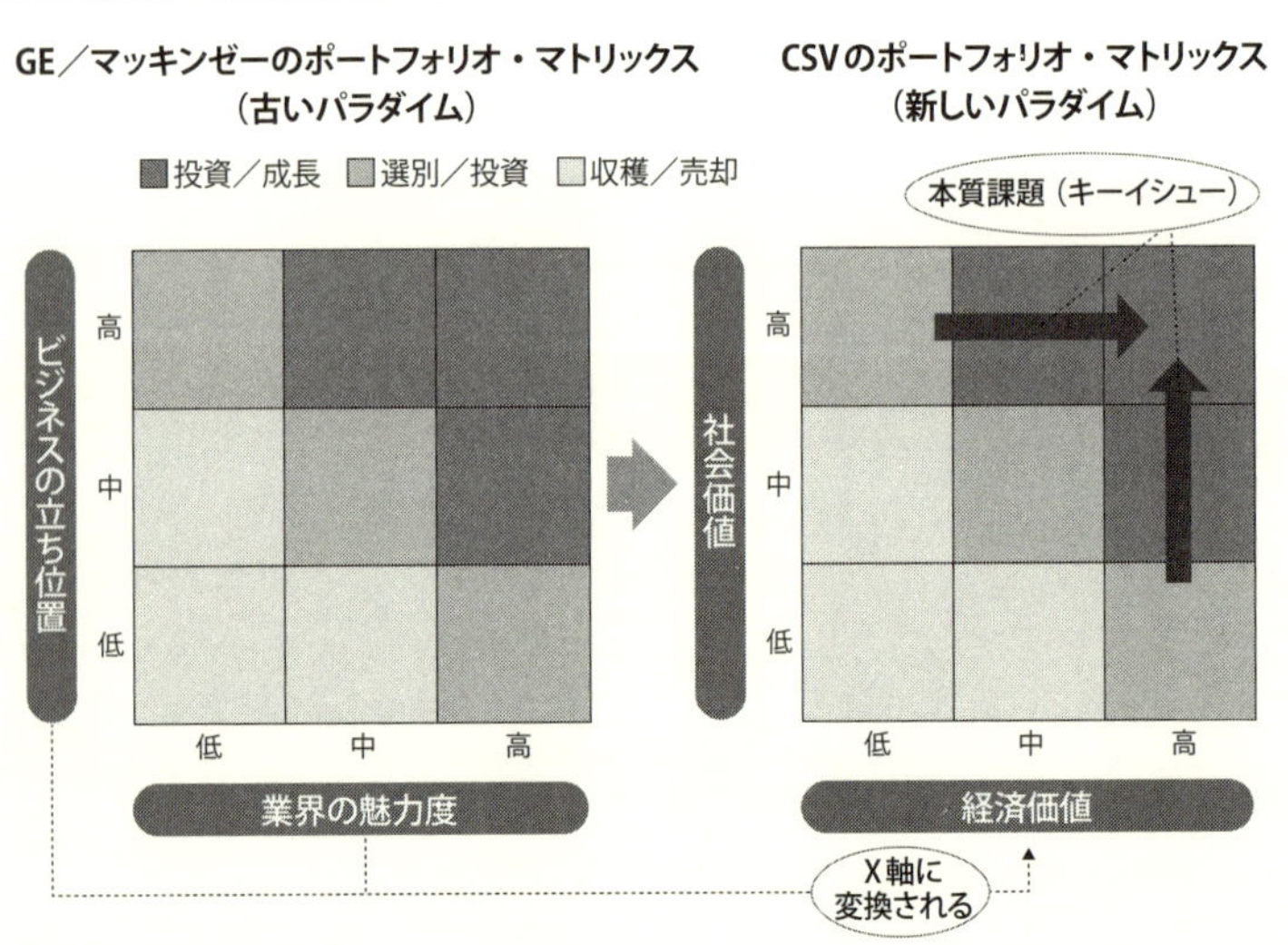

ポートフォリオが組まれていれば良しとする考え方だ。いくつもある事業の中には、経済価値は高いが社会価値が低い右下のような事業があってもよいと判断する。

ポーター教授はこの点については柔軟で、相対的にCSVが高い事業とそうでない事業があっても、全体としてCSVを高める方向で経営を行っていくことが重要だと言っている。いまひとつ歯切れが悪い。ポーター教授と対照的なのが、「良い仕事」を標榜する三井物産である。

図表7-4を見ていただきたい。経済価値は高いけれど社会価値は低いaと、その逆のbの価値の積は同じである。ポーター教授ならば迷いなくaを選ぶところだが、三井物産の飯島彰己会長は当然bを選ぶと迷わず語る。

ポーター教授の心は、チャンスがあるならとりあえずaを取り、利益を蓄積しておけばいい。そ

図表7-4　**意思決定のあり方**

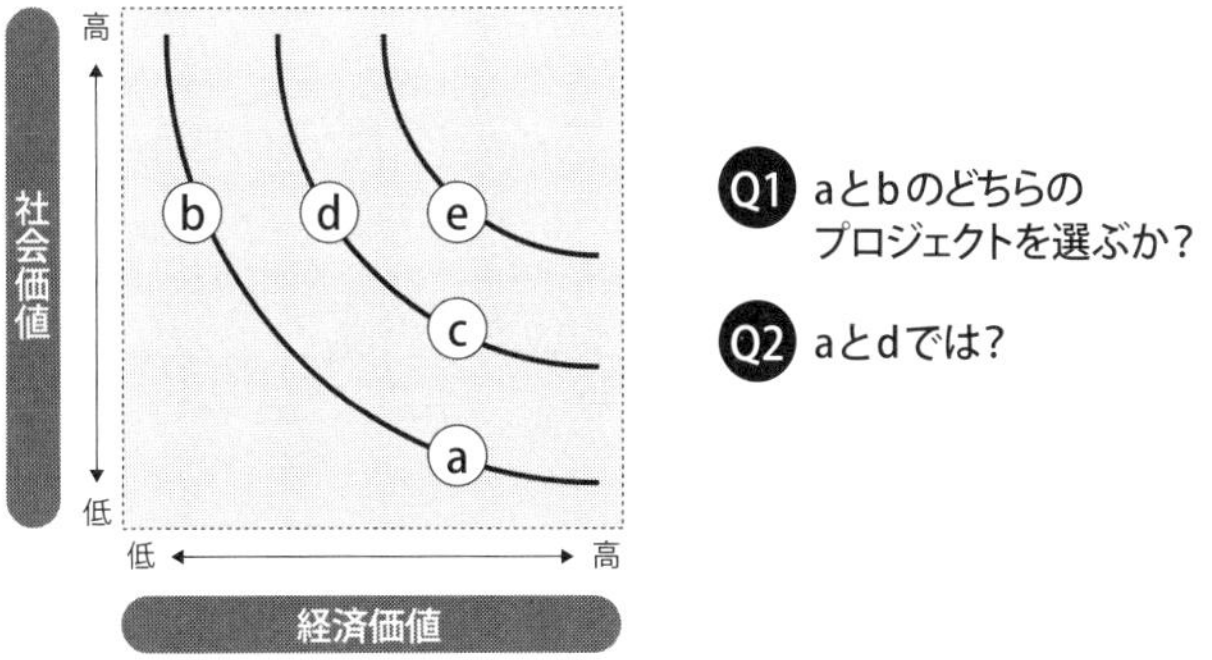

うすれば、またbを手掛ける機会も巡ってくるというところだろう。しかし、飯島会長はaを選んだ瞬間に「社会価値よりも儲けを優先する会社だ」というレッテルを貼られてしまうと指摘する。逆にbを選べば、後からdやeのような事業が出てくるというのだ。

たとえば新興国の開発で、中国企業はおいしいところを独り占めして、現地の企業や地域には結局何も残らないというようなビジネスのやり方をする。しかし日本の商社は、地域社会を一緒になって発展させていく地道な方法を選ぶ。時間はかかるし、短期的には利益も伸びないかもしれないが、結局それが信頼関係の構築につながり、相手国の経済発展に伴う長い付き合いに発展する。だから、目先のことだけを考えてaを選んではいけないということだ。

この判断は組織内にも影響を及ぼす。いったんaを選択すると、そこから社会価値を引き上げてcに持っていこうとはなかなかならない。しかし、bを選べばもっと経済価値を上げなければダメだとみんなが考えて、何とかdに近づけようとする。こうした力が働くことも、aではなくbを選ぶ理由だという。

ただし、誤解がないように説明すると、bもあらかじめ決められたハードルレート（投資をするうえで求められる利回りの下限）を上回ることが大前提で、それ以下のものは、たとえ社会価値が高くても、社会貢献ならともかく事業としては行わないという。商社らしい合理的な投資戦略といえるだろう。

ハードルレートそのものが低すぎるとポーター教授は言うかもしれないが、短期主義に偏りすぎないのは日本的経営の一つの特徴である。矜持をもってbを選び、そして経済価値の高い事業にもつなげる道を、迷いなく進むべきだろう。

## 企業価値を高めるには

それでは、どの時点でソーシャル・コインがエコノミック・コインに変換されるのか。ポーター教授や短期投資の株主ならずとも気になるところだが、今のところ答えは出ていない。それどころかCSVが企業価値を向上させたという明確な証拠も現時点ではない。ごく率直に言えば、同じポーター教授の競争優位の戦略とCSVを比べれば、短期的な企業価値では明らかに前者に軍配が上がる。

たとえば、武田薬品工業は日本の製薬業界を牽引し、新薬の開発などを通じて社会に貢献してきたが、このところ主力製品の特許切れなどで苦境が続いている。それに伴い株価も伸び悩んでいる。しかし、もし仮に、認知症に効く画期的な新薬開発に成功したと発表すれば、株価はとたんに跳ね上がるはずだ。CSVは、少なくとも短期的にはポジティブ・インパクトにはなりづらいということだろう。

一方で、CSV企業ほど困難な状況に強いという見方もある。リーマンショックや東日本大震災の後に社会価値の高い企業ほど支援を集めたのは顕著な例だ。デンマーク出身のソーシャル・デザイナーで日本に長く在住しているピーター・ピーダーセン氏も、著書『レジリエント・カンパニー』（東洋経済新報社）の中で、社会から共感を集めている企業ほど危機に強く、回復力に優れていると述べている。つまり、ＣＳＶ企業は厳しい状況をしなやかに克服する力があるというのだ。

地震と津波で甚大な被害を被った東北の中小企業でも、ギリギリの状況下で自社だけでなく地域全体の復興をめざしたところほど、早期に再建を果たしている。陸前高田で本社も工場もすべて津波に流された醤油製造会社・八木澤商店の河野通洋社長は被災直後に、次の二つのことを決意したという。

一つは社員を解雇せずに営業を再開すること、そして、もう一つは地元の中小企業の力を集結して一〇年後に世界中から羨ましがられるような美しい町に立て直すことだ。最初は出来もしないことを、と批判されたらしいが、地元の食品メーカーを集めてスープのブランドを立ち上げたり、スイーツ事業を新たに手掛けるなどして、わずか一年半後には工場を再建。売上も震災前の七〇％程度まで回復させた。地元の経営者たちと新たに立ち上げた事業応援会社「なつかしい未来創造」では、地域の資源を生かした新事業を開発して活性化に取り組んでいる。

逆境においてＣＳＶが一定の耐性を持つことを物語っているが、その関係はニワトリとタマゴの関係にも似ている。CSV企業だから逆境に強いのか、逆境のときこそ社会価値が問われるのか。おそらくその両方なのだろう。苦しいときほど、社会価値と経済価値を両立させるCSV経営をめざす必要がある。

## コーポレートブランドを確立する

CSVと企業価値の関係を議論してきたが、ここで改めて企業価値とは何かを整理をしておきたい。ファイナンスの世界でいう企業価値は、株主価値から有利子負債を除いたものと定義される。上場企業であれば「株式価値＝株式時価総額」と考えても、おおむね問題はない。

これが狭義の企業価値だとすれば、広義の定義には経済産業省の企業価値研究会による、「会社の財産、収益力、安定性、効率性、成長力等株主の利益に資する会社の属性又はその程度」がある。株価や財務諸表にはまだ表れていない無形の資産――人材、組織力、企業文化、ブランド力、顧客基盤など――を評価して、本源的な価値に迫ろうというものだ。言い換えれば、業績や株価に反映されていない企業価値があることになる。

特にCSVでは経済価値は遅れて表出するので、狭義と広義の間のギャップを知る必要がある。その中核をなすのがコーポレートブランドである。コーポレートブランドは読んで字のごとく企業のブランドのことで、企業が持つ究極の無形資産といえる。

残念ながらグローバルで通用する日本のコーポレートブランドは、決して多くはない。ブランドコンサルティング会社のインターブランドが毎年発表するグローバル・ブランドランキングによると、二〇一四年は前年に引き続き、一位がアップル、二位がグーグルとなった。一〇位以内に入っている日本企業は八位のトヨタだけで、あとはようやく二〇位にホンダが顔を出す程度で、いささか寂しい結果になっている。

詳しい評価方法は明らかにされていないが、将来どれくらい収益を上げるかという視点でブランドの価値を分析しているのがユニークな点だ。インターブランドジャパンの和田千弘社長によれば、認知度の高さや製品の人気の高さなどの要素に加えて、企業としてどれだけ社会に受け入れられ、尊敬されているかも評価するという。後者の要素を別の言葉に置き換えれば、「社格」ということになるだろう。

では、何をもって社格があるというのかといえば、これは難しい。一朝一夕で作られるものではなく、トップのメッセージから現場の社員の考え方や振る舞いに至るまでの、企業としてのあらゆる言説と行動の集積が作り上げるものである。日常的に表出するものでもあるが、困難な状況や危機的な状況に置かれたときほど、社格の有無、優劣はくっきりと浮かび上がる。

東日本大震災のとき、東京ディズニーリゾート（オリエンタルランド）のキャストと呼ばれる従業員たちが取った行動が称賛を呼んだ。余震が続く中、七万人の来園者の安全を確保すると同時に、少しでも不安と苦痛を軽減しようと速やかに行動した。防災頭巾の代わりに売り物のぬいぐるみを配る者、寒さをしのいでもらおうと、日頃は絶対に人目に触れてはいけないとされている段ボールを大量に持ち出す者。

ゲストのためにできることは何でもする、という思いでそれぞれが自主的に判断したことで、約二万人が園内で一夜を明かすという異常事態にもかかわらず、混乱はほとんど起きなかった。もちろんオリエンタルランドでは、日頃からマニュアルを整備し、防災訓練も行っている。しかし、あの日キャストを動かしたのは、SCSEという行動基準だった。安全（Safety）が第一で、第二に礼儀（Courtesy）。第三がショー（Show）で、効率（Efficiency）は最後。どんな状況でもゲストを思い、ゲストの視点で行動するという判断の軸が、非正社員が多くを占めるキャストにまで深く浸透していなければ、マニュアルも防災訓練も役に立たなかったはずだ。

現場力がカギとなったオリエンタルランドに対して、トップの決断と行動力が会社を救うことになったのが、古い例で恐縮だが、一九八二年のジョンソン・エンド・ジョンソン（J&J）のタイレノール事件だ。主力製品の解熱鎮痛剤タイレノールへの異物混入で死者が出ると、ジェームズ・バーク会長をはじめとする当時の経営陣は直ちに全品回収を決定。テレビCMや新聞広告で使用中止を訴えて、被害を最小限に食い止めることに成功した。

回収にかかった費用は一億ドルを下らなかったという。

このように、ひとたび事が起きると真価が問われるのが社格である。現場とトップという主役の違いはあるが、オリエンタルランドもJ&Jも、CSVを基軸にした経営を日頃から行っていたことが危機対応を成功に導いた。

ただし、危機が訪れるのを待っているわけにはいかない。CSV経営を実践することでコーポレートブランド価値を高めて、グローバルにも発信していく必要がある。

## 短期志向への異議申立て

最近、日本の経営者は資本市場におもねりすぎているのではないかと感じる。

欧米で大きな問題となっている投資家の短期志向が、日本にも影響を及ぼしている。特に国内外の機関投資家や証券会社などに所属するセルサイドのアナリストほどその傾向が強く、四半期や、ひどくすれば月次の短期実績を求める傾向が見られる。しかし、声が大きい、近くにいるという理由から、彼らのその時々の要求に応えるばかりで、中長期的な企業価値の向上に努めなければ、経営者として怠慢だと批判されても仕方がないだろう。

投資家の判断基準は本来もっと多様なものだ。しかも、企業を応援し、結果としてより良い社会を実現したいと考える投資家層は着実に存在感を増している。その代表例が、経営を理解して、長期的な企業価値の向上に貢献することをめざすみさき投資や、三〇年という時間軸で投資先を選別するコモンズ投信などだ。目先の業績ではなく、どんな未来を作ろうとしているのか、なぜその会社が世の中に必要なのかといった社会価値に重きを置いて投資対象を選別している。第4章で紹介した日興アセットマネジメントのCSVファンドも同様の趣旨を持つ。

こうした動きは、日本だけのものではない。特にヨーロッパではリーマンショック後、ESG（Environment, Social, Governance）投資の動きが広がっている。企業活動の結果を表す財務情報だけでは企業の持続性は評価できず、環境、社会、統治といった非財務情報を含む、より広い視点で投資判断を行うことがリスク軽減につながるという考え方に基づく。さらにESGを考慮することで、もともとリスクの高い企業や業種を排除する狙いもある。

短期志向と株主資本主義のメッカであるアメリカにさえ、それらに毅然とした姿勢で対峙する企業経営者はいる。たとえば、スターバックスのハワード・シュルツCEOである。

スターバックスにはかつて、成長を急ぐ株主の期待に応えようとするあまり効率化を重視し、「家庭と職場に次ぐ第三の場所」というコンセプトをおろそかにしてしまった時期がある。二〇〇〇年代に入って無理な出店や商品開発が仇となって業績は低迷。従業員のモチベーション・ダウンがサービスの低下につながり、業績をさらに悪化させるという負のスパイラルに陥っていた。

この危機に、経営の第一線から退いていたシュルツ氏が二〇〇八年、CEOに復帰。すると彼は、従業員の再教育のために全米の店舗で営業を一時停止するという思い切った手段に出る。そうでなくても低迷する株価に苛立ちを募らせていた投資家にとっては受け入れ難いことだったが、危機のときこそ、自分たちの存在意義を守らなければならない、というシュルツ氏の決心が揺らぐことはなかった。それは同時に、短期志向の投資家には株主になってもらわなくても構わないという、スターバックスの意思表明でもあった。

グーグルは株式をナスダックに上場するときから、株式を一種の金融商品のように見なすウォール街の投資家とは一線を画す姿勢を取り続けている。議決権に一〇倍の差をつけた二つの株式（デュアル・クラス・ストック）を発行し、一〇分の一の議決権しか持たないクラスAを上場し、もう一方のクラスBはラリー・ペイジ氏やセルゲイ・ブリン氏らの経営陣のみが保有する。

さらに、二〇一四年には議決権の全くないクラスCも発行していて、将来的にはこちらが主に市場で取引されることになると見込まれている。経営陣の狙いは本来ならば相反するはずの、株式市場からの資金調達と支配権の維持を両立することにある。今後どれだけクラスCの無議決権株を発行しても、経営陣が持つクラスBの議決権比率が今以上に希釈される心配はない。

多様なステークホルダーの声を聞く、という教科書的なコーポレートガバナンスに真っ向から挑戦しているような資本政策だが、二〇〇四年の初上場以来、グーグルの株価の伸びはナスダックの平均を上回っている。言い換えれば、多くの一般株主は経営陣を信頼して任せることで、長期的には高いリターンを得ているということになる。

しかし、スターバックスにしてもグーグルにしても、投資家に対して何の説明もせずに「黙って俺についてこい」と言っているわけではない。たとえばグーグルは、株主総会の招集通知などを通じて、小口投資家にも資本政策の狙いをできる限りわかりやすく説明しようとしている。

日本企業にはこの姿勢が足りない。なぜ短期ではなく長期主義なのか、どんな社会価値を生み出していて、それは将来どのように経済価値に転換されるのか。これらを成長ストーリーにして投資家に伝えることが重要だ。対話を通じて互いに理解を深め、投資家の共感や信頼を得る努力を怠ってはならない。

## 「XR」で対話を深める

ESGなどの非財務情報への関心が高まるのに伴い、企業内での情報の「出し手」の分離が問題になっている。財務情報はIRや経営企画、経理財務部門で、ESGはCSRや環境、広報部門の管轄としている企業が多く、連携不足が目立つ。企業とのミーティングでヨーロッパの機関投資家がＥＳＧについて質問する場面が増えているが、経営者はもとより帯同しているＩＲ担当者もＥＳＧについては理解が不十分で、少し突っ込んだ質問をされると答えられないケースも少なくないようだ。

こうした中で、財務情報だけでは伝え切れない自社の成長につながる取組みを、財務情報と併せて包括的に開示しようとする統合報告の動きが広がっている。これまでさまざまな媒体や機会を通じて報告してきた財務、環境、コーポレートガバナンスなどの情報のうち、中長期的な企業価値や健全性にかかわるものを統合して報告するもので、自社の成長ストーリーを一貫性を持って伝えることを目的とする。

法令で発行が義務づけられているわけではないし、開示要件が定められているわけではないが、二〇一三年に国際統合報告評議会（ＩＩＲＣ）がフレームワークを公表したことで、ヨーロッパを中心に発行する企業が増えている。ＥＳＧコミュニケーションフォーラムによれば、日本では二〇一四年現在で一四二社が統合報告書を発行している。まだ数は少ないが、二〇一一年には三四社だったので、この三年で四倍以上に増えていることになる。

ただし、その内容はまちまちで、中味は、アニュアルレポートとサステナビリティレポートを単に貼り合わせただけのものがほとんどだ。ＩＩＲＣのフレームワークに準拠または参照していると記載しているのも、全体の四分の一強にとどまっていて、フレームワークに準拠すべきかどうかも含めて、まだ試行錯誤の段階にある。

ＣＳＶの先駆者でいち早くＫＰＩを設定したネスレも、統合報告書ではなく、財務報告とサステナビリティレポートを発行し続けている。サステナビリティレポートには本業に関連した記述が多く、いわゆるＣＳＲレポートとは趣が違うが、ＫＰＩの向上が利益や株価にどうつながるかまでは説明しきれていない。

根本的な問題はやはり、社会価値と経済価値の因果関係が見えないところにある。非財務情報が企業成長につながることを報告するのが統合報告書の役割なので、この点が解決しないと、報告そのものが曖昧になってしまうおそれもある。このように統合報告を巡る課題は小さくはないが、だからと言って諦めたり、標準モデルが確立されてから始めようとは考えるべきではないだろう。

さらに言えば、対話の相手は投資家だけではない。私は「ＸＲ」と呼んでいるが、Ｒはリレーションシップ（Relationship）で、Ｘには、パブリック（Public）、従業員（Employee）、コミュニティ（Community）、サプライチェーン（Supply Chain）などさまざまなものが入る。

たとえばＳＲ（Supply Chain Relationship）であれば単に効率化を図るのではなく、サプライチェーンの上流下流に対して自社の事業に対する姿勢やめざすところを知ってもらい、信頼関係の構築に寄与するようなものでなければならない。人権、環境、労働などへの配慮をサプライヤーに求めるＣＳＲ調達もＳＲの一つで、これを怠ると発注元として社会的責任を問われることもある。

多様な対象に対して、自分たちの言葉でそれぞれに訴えかけ、また相手の声を聞くことを通じて相互理解を深めることが社会的評価につながる。それは同時に、企業内でCSVを根づかせるうえでも有効だ。

Ⅱ

# ビジネスモデル——経済価値に転嫁させる

## X経営のすすめ

本章ではここまで、残された課題のうちの一つ目のガバナンスモデルについて見てきた。その中には、社会価値をどう見える化するか、また、経済価値への転換をステークホルダーにどのように伝えるのかという問題があった。しかし、より本質的かつ難易度の高い課題は、経済価値そのものをいかに高めていくか、ということだろう。

日本企業の多くが高い社会価値を生みながら、「儲ける力」ではグローバルで後れを取っている。この状況を許容すれば、社会価値と経済価値は両立するというCSVコンセプト自体が説得力を失うことになりかねない。

　しかし私たちは、社会価値だけの企業、あるいは経済価値だけの企業が持続しないことを経験上知っている。日本発ＣＳＶをめざすためには、世界が認める経済価値の創出力を身につけなければならない。

　この難題を解くためのカギは「Ｘ経営モデル」にある。このＸは掛け算の記号から取っていて、日本のお家芸ともいえる「オペレーション力」を基礎に、「事業モデル構築力」と「市場開拓力」という二つの成長エンジンを掛け合わせるので、Ｘ経営と呼んでいる（図表7-5）。詳細は、拙著『「失われた二〇年の勝ち組企業」一〇〇社の成功法則――Ｘ経営の時代』（ＰＨＰ研究所）を参照いただきたい。以下では、そのエッセンスを紹介しよう。

　土台となるオペレーション力は、技術力、製造力、販売力などのそれぞれの現場力のことで、たゆまないカイゼンによって日本企業が磨き上げてきたものだ。経済成長によって日本の市場が広がっていった時代は、これだけで業績を伸ばすことができたが、今日では等身大のビジネスを続けることはできてもスケールはしない。なぜならば、オペレーション力は日本国内で研ぎ澄まされた能力で、そのままでは他国に移転することはできないからだ。

　それぞれの国に合ったバリューチェーンや事業の仕組みそのものを再構築するためには、さらに二つの力が求められる。儲ける仕組みを作る「事業モデル構築力」と、マーケットを作る「市場開拓力」の二つだ。儲ける仕組みがあっても市場がなければ成長はできないし、市場があっても儲かる仕組みができていなければ、売上が膨らむだけに終わってしまう。両方が揃って同時に動くことで初めて、成長のエンジンは回りだすことになる。

そのうえでさらに必要となるのが、経営変革力だ。その企業の自助努力による有機的な成長と、M&Aに代表される無機的な成長を組み合わせることで、角度と速度を上げたダイナミックな成長が可能になる。

図表7-5　**X経営モデルの基本構造**

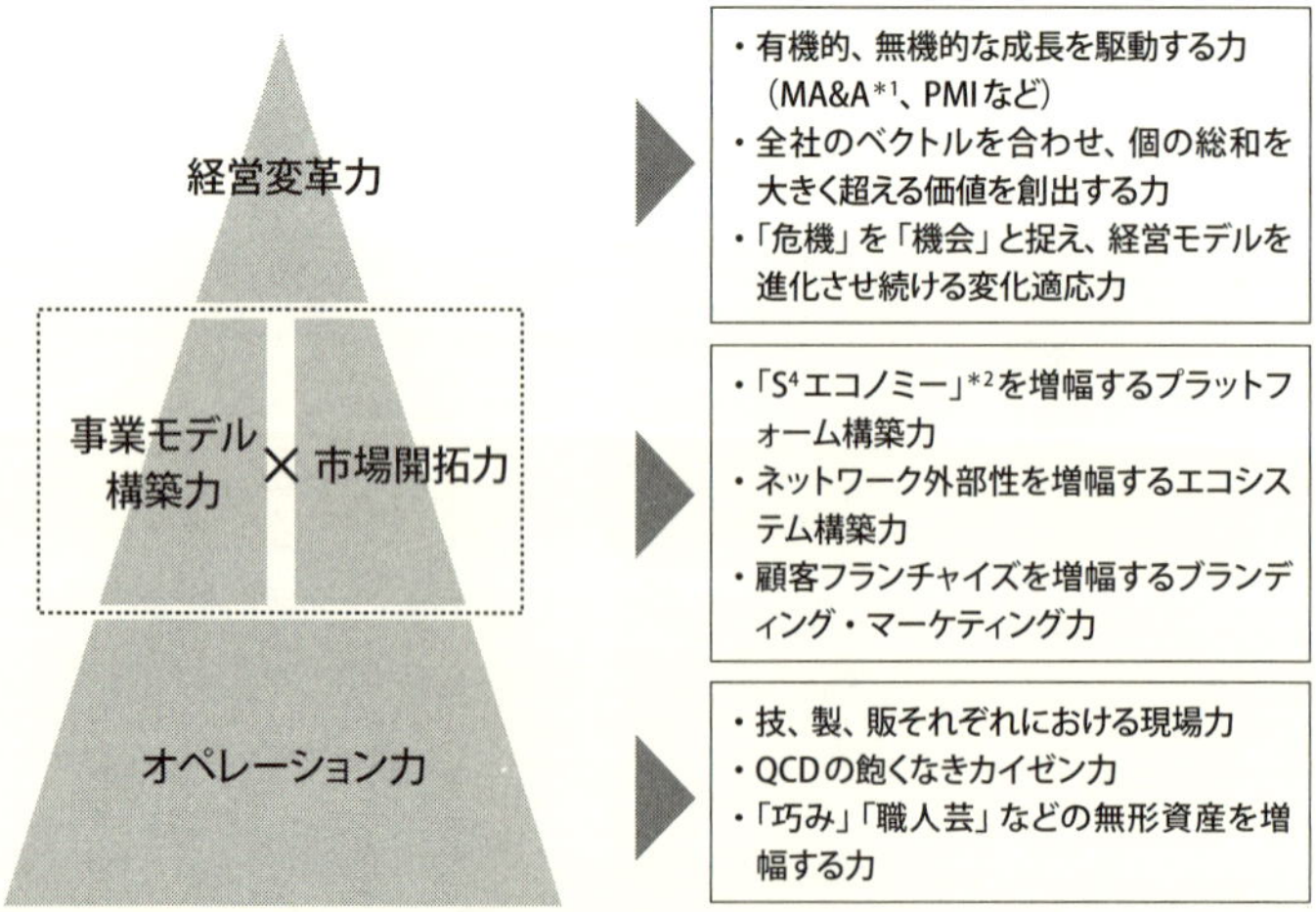


（注）＊1　Merger Acquisition & Alliance
＊2　Economics of Scale, Scope, Skill, and Speed
（出所）名和高司『「失われた20年の勝ち組企業」100社の成功法則』p.26。

## 資産の三層構造化で三つの経済を獲得する

しかし、本質的に問われるのは、やはり中央の事業モデル構築力と市場開拓力である。この二つを高めていくために有効なのが、資産を「共層」「協創」「競争」の三つに分けて捉え直す方法だ。

図表7−6の一番下の「共層」は、他の事業者と共有するのが望ましい資産である。多くの半導体メーカーがファウンドリと呼ばれる生産会社に製造委託しているように、規模の経済（Economies of Scale）が決め手となる領域では、有形資産の多くがこの層に属する。仮にこの層を自前で持つのであれば、徹底的にスケールを取りに行く必要がある。

図表7−6　**外部性を梃子とした「$S^3$の経済」の獲得**

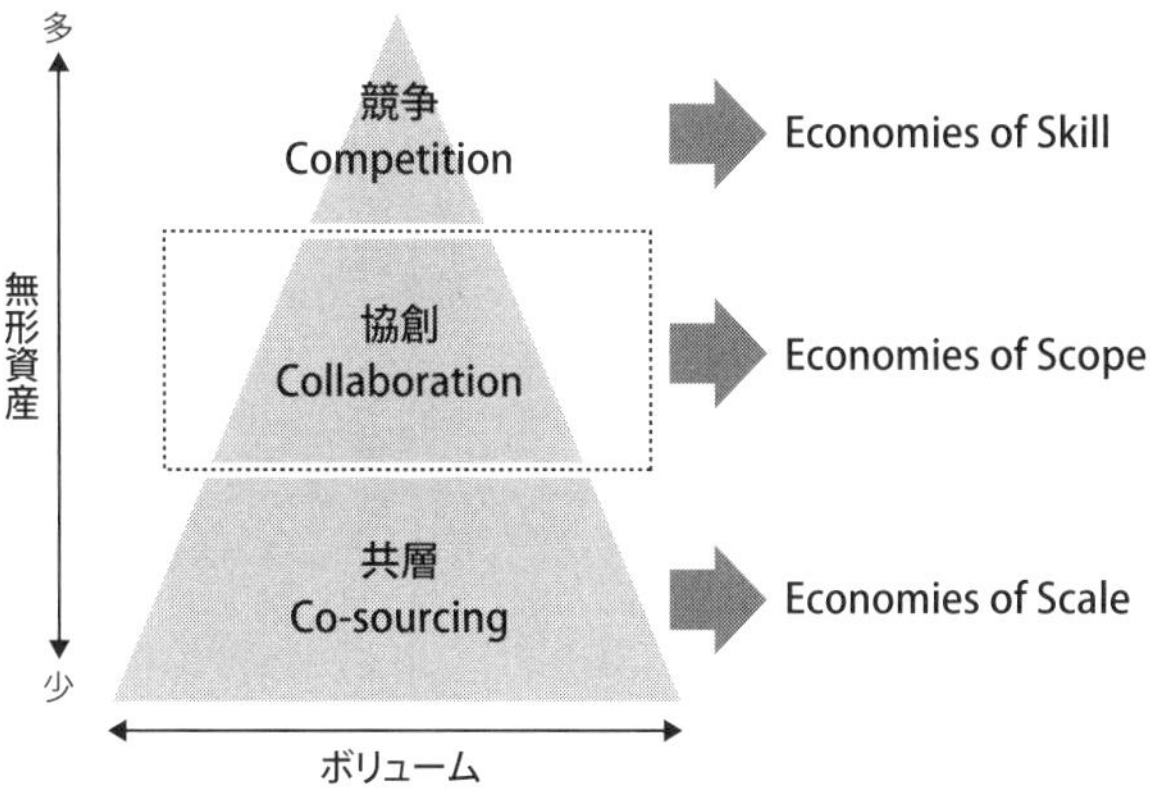

一番上の「競争」は本格的な戦いを展開する領域で、武器になるのは自社ならではの資産だ。技能の経済（Economies of Skill）が決め手となる無形資産の多くは、この層に属する。ファブレス半導体メーカーでいえば、最先端の開発や設計などを自前で行っている部分が相当する。

真ん中の「協創」は、自社の資産と他社の資産を組み合わせて新しい価値を生み出す「領域」である。異質なプレーヤーが持つ有形、無形の資産を掛け合わせる（クロス・カプリング：異結合）ことにより「拡業」型のイノベーションが生まれて、範囲の経済（Economies of Scope）につながる。

インでもなくアウトでもなく、内と外が有機的につながって染み出たり浸透したりする「協創」は、非常に不安定な性質を持つ。最近はオープン・イノベーション流行りだが、成功例が少ないことは、このコンセプトの提唱者であるヘンリー・チェスブロウ教授自身も認めている。それほど簡単ではないということだ。

オープン・イノベーションを成功させるためには一番上の競争、すなわち、自社ならではの資産や強みを確立していなければならない。強みのない企業と組みたいとは誰も思わないからだ。ただし、強みと強みのぶつかり合いには非常な緊張感を伴うので、これをコントロールする必要がある。

相手を縛りすぎても、利己主義に走って自社の利益だけを追求しても、良い成果は得られない。なあなあの関係に陥らずに、良い緊張感を維持しながらイノベーションを生み出すのは決して簡単なことではない。

ファーストリテイリングの柳井正会長兼社長は、同社と東レとのパートナーシップをバーチャルカンパニーと呼んでいる。「オープンイノベーションのベストプラクティスですね」と持ち上げようした私は、例によって柳井社長から「そんないい加減なものではありません」と厳しく言い返された。オープンイノベーションというのは、いわば自由恋愛。一目惚れしても、うまくいかなければさようならだ。それに対して、バーチャルカンパニーというのは、いわば結婚。がっぷり四つに組んだ関係とそこから生まれる信頼と挑戦がなければ、協創を成功させることは難しい。

もう一つ注意しなければならないのは、安易な三層構造化が成長力を損なう結果につながりかねないことだ。P&Gが、C&D（Connect and Develop）という協創モデルに頼りすぎて、自社の技能（競争）の蓄積を怠ってしまったことは、第6章で紹介したとおりである。

その一方で、有形資産（共層）を絞り込みすぎて無形資産（競争）ばかりになると、技能にもマイナスの影響を与える可能性がある。生産拠点を海外にシフトする一方でマザー工場を日本に残すメーカーが少なくないことを見てもわかるように、現場をもって現場に学ぶことが日本企業の源泉にあることを軽視してはならない。

第6章でゲマワット教授の「トリプルA戦略」について述べたが、共層によって標準化が進むと、三つのAのうちの一つであるアービトラージの機会を失うことになりかねない。新しい可能性を見つけて実験して、その成果を組織の中に落とし込む。このクリエイティブとルーティンの繰り返しそのものが、事業モデルを作るモデルになるのである。

## 持続可能な競争優位を求めて

社会価値の見える化のところでネットワーク効果について触れたが、改めてこれを共層、協創、競争との関係で捉え直してみよう。

ネットワーク経済では、加入者や利用者が増えれば増えるほど効用が高まるため、独り勝ち現象（Winner-Takes-All）が発生する。市場を独占する企業は、さらに勢力を拡大しようと帝国主義に走り、勝者ゆえのイノベーションのジレンマに陥る。マイクロソフトやアマゾンが近年イノベーションを生み出せていない最大の理由もここにある。

独占企業の高圧的な姿勢は反対勢力を生み出すので、やがてアンチ・マイクロソフトやアンチ・アマゾンが、イノベーションのジレンマに陥ったマイクロソフトやアマゾンを凌駕する日が訪れる。これが、ネットワーク経済は安定しないとされる理由だ。

しかしCSVにおいては、ネットワーク経済が持つこうした限界を超えるモデルが形成される可能性がある。独り勝ちではなく、プラットフォーム内のプレーヤーや同業他社も含めてウィン・ウィンをめざさなければ、社会価値も経済価値も持続性を持たないからだ。

オープン型のプラットフォームではないが、トヨタ自動車の系列はウィン・ウィンの関係が築かれた好例である。トヨタの厳しい要求に応える中でサプライヤー各社は力をつけ、デンソーのように海外市場や他の完成車メーカーとのビジネスで独自の進化を遂げたところも多い。

系列は内に閉じたクローズド型のエコシステムだが、これを外に開いてプラットフォームとして提供すれば、最も低いレイヤーでの無意味な競争を減らすことができ、共層が実現する。そうするとプレーヤー間の競争は一つ上の協創のレイヤーに移り、異質な知恵がぶつかり合う（クロス・カプリング）より高度なものとなって、結果として創出される社会価値も高まる。

このようなネガティブな影響の小さいネットワーク経済が実現されるかどうかは、プラットフォームの中核をなす企業によって大きく左右される。中核企業がその立場にふさわしい振る舞いを行い、協創の仕掛けを作ることができれば、エコシステムは外部性を取り込んで幾何級数的に拡大する。グーグルが今力を入れているグーグルXやグーグルYは、まさにこれを狙ったもので、自分たちがインフラを作り、そのうえに多様なプレーヤーを呼び込もうとしている。

コロンビア大学ビジネススクールのリタ・マグレイス教授は著書『競争優位の終焉』（日

本経済新聞出版社）の中で、持続する競争優位などないと述べている。たとえ短期間は優位性を保つことができても、競合に追随されてやがて打ち負かされるというその主張は、競争優位がポジショニングという静的なものに依拠すると考えれば、そのとおりだろう。

しかし、競争優位をより動的に捉えて、絶え間なく競争優位の状況を作り続けていく能力であると考えれば、答えは違ってくる。変化する環境に適応し、新しい事業モデルを作って実験し、評価して、また実験する。そうすることで思わぬ発見や可能性を見つけて進化する。これを私は学習優位（Familiarity Advantage）と呼んでいる（詳細は、拙著『学習優位の経営』ダイヤモンド社、を参照願いたい）。

こうしたことを可能にする能力は、ポジションとは違ってまねをするのが難しく、同じことができるようになるまでには時間とコストがかかる。言い換えれば、持続可能な競争優位といえる。

以上、ＣＳＶ経営を実現するためのビジネスモデルを見てきた。しかし、当然のことながら正解はどこにもない。各企業がそれぞれの志と大義に照らし合わせ、変化に適応して学習し続けることで、社会価値と経済価値の両立は初めて実現するのである。

Ⅲ

# 組織モデル――CSVをいかに埋め込むか

## 日本の現場はまだ強いのか

組織モデルは日本企業が日本らしいCSVを基軸に、世界で競争優位を築くために重要な武器となる。日本の組織と現場にはそれを実現する底力があるが、今のままでは足りない要素があるし、失われた二〇年で弱体化が進んでいることも事実だ。CSV経営を実践するためにいま一度、組織モデルを再構築する必要がある。

CSVの視点から日本企業の組織を見たとき、欧米企業と比べて決定的に弱いのは経営者のパワーだ。組織にCSVを埋め込むためには経営者のメッセージが欠かせない。何をもって社会に価値を生み、そして利益も追求するのか。社員に対して同じことを何度も繰り返し伝え続けるのは、経営者の重要な仕事の一つである。

昔の日本の経営者は、意識せずともそうしたことを言っていた。口を開けば志を語り、自社の存在目的を説いた。それがめっきり減ってしまったのは、いつの頃からだろうか。

ホームページの経営者メッセージには社会貢献が謳われているし、入社式では新入社員を前に社会課題の解決にこそ事業機会があると話すが、残念ながら枕詞にしか聞こえない。それはおそらく、魂がこもっていないせいだろう。

それに対して、第2章や第3章で紹介した外国企業では、経営の言葉として常にCSVが語られている。その内容はもちろん、しつこさや持続性に経営のパワーを感じる。ただし、それが本当に現場に届いて腹落ちしているかといえば、それはまた別の問題だ。形而上的なものにとどまっている気もする。GEが「バリュー」ではなく「ビリーフ」と言いだしたのも、社員の信念にまで落とし込めていないことの裏返しと見ることができる。

そういう点では、日本のほうがよほど先を行っている。ヤマト運輸の社訓「ヤマトは我なり」はその象徴だが、自社の本質的な存在目的が上滑りせず、社員一人ひとりに内在化させている企業は多い。製造でも開発でも販売でも、さまざまな現場に経営のメッセージを噛み締めて実行する社員がいることが、希有な日本の現場力につながっている。そうした現場で共有化されているのは、価値観というよりは、やはり信念であり、もっと言えば宗教に近い。ヤマト運輸の木川眞会長も、社員教育の秘訣を「いわば『洗脳』に近い」と語る。信者にとって教えはバイブルの中にあるわけではなく、個々人の心の中に内在化しているのと似ている。

こういう組織を作ろうと思えば、欧米型のトップダウンだけではダメだ。だからといって、ボトムアップで作れるようなものでもない。上から落とし込み、下から積み上げて、経営トップから現場の一人まで切れ目なくつながっていることが重要になる。

## リーン・スタートアップで経験値を獲得する

日本企業の強さを支えていた組織力は、なぜ弱体化してしまったのか。その理由は、得意としてきたはずのPDCAに隠れている。

一つはP（Plan）、プランのところだ。先が見通しやすい右肩上がりの時代には有効だったこのマネジメントサイクルの弱点は、プランが硬直化しやすいという点にある。一度立てた計画に縛られて、状況が変化しても修正が利かなかったり遅れたりする。不確実性の高まった今日では、計画すること自体にも限界がある。

プランと現状にズレが生じるので、D（Do）の実行も不完全なものになる。これが二つ目の問題だ。その結果、高い目標をやり切る業務遂行力が日本の現場からどんどん失われてしまっている。やり切れないので、またPに戻って計画を立て直す。いつまで経ってもPより先に進めずに足踏みしているケースは多い。

そういう企業に私がアドバイスしているのは、完全な計画を立てようとせず、まずは試してみましょうということだ。やってみてダメだったら、何がいけなかったのか分析し、修正したうえでもう一度試してみる。トライ・アンド・エラーではなくトライ・アンド・ラーンだ。これを可能な限り早いサイクルで何度も繰り返すことで、机上の計画では得られない経験値を獲得することできる。これこそ、「学習優位」経営の本質である。

シリコンバレーのベンチャーから広まったリーン・スタートアップも、経験値を蓄積する手法の一つだ。直訳すれば「無駄のない起業」となるリーン・スタートアップは、一％以下とされるベンチャーの成功確率を引き上げる目的で考え出された。あれこれテストや調査をやっても新規事業や製品が成功するかどうかわからないのならば、プロトタイプでもいいから、とりあえず市場に出してその反応を見ようというものだ。

製品に重大なバグが見つかったり、見込みがないとわかれば、早期に回収したり撤退する。小さく始めるので傷も浅くて済む。最近ではこの小さな失敗を重ねることで成功確率を高める手法を、大組織も取り入れるようになった。ＧＥでは「ファスト・ワークス」と呼んで、製品やサービスを顧客に使ってもらい、フィードバックを受けて改善する仕組みを導入している。

こうした動きが意味するところは、ＧＥが手掛けるようなきわめて高い信頼性を要求される分野においても、じっくり時間をかけて製品やサービスを完璧に作り込む従来のようなやり方が通用しなくなっていることだ。むしろいかに早くＭＶＰを市場に投入するかがカギとなる。

リーン・スタートアップ・モデルになじみのない読者に断っておくが、ＭＶＰといっても Most Valuable Player（最優秀選手）ではなく、Minimum Viable Product（検証に必要な最低限の機能を持った製品）である。すさまじい速度で進化する技術や、移り変わる顧客のニーズに応えるためには、ＭＶＰベースでの実験をあらゆるところで同時多発的に反復して行う必要がある。

実験結果から現状と市場の要求との差異を読み取り、修正して、組織の中で共有する。アダプト（適応）、アグリゲーション（集約）、アービトラージ（差異を活用）を繰り返すこうしたやり方は、卓越した先見性を持つリーダーの掛け声に従い、一丸となって同じ方向に突き進む二〇世紀的な組織のあり方とは対照的だ。

## 「つなぎ」と「ずらし」で変化に適応する

カリスマ的なリーダーに代わって必要とされているのが学習センサーである。リーン・スタートアップで顧客や市場の反応を見るように、あらゆる現場にセンサーを設置して、より良い学習を行う必要がある。サービス業の顧客接点、製造業の生産ライン、サプライヤーとの交渉、場合によってはライバルメーカーの販売動向さえセンサーとなりうる。

学習センサーはできるだけ多く、それも多様な環境に設置するのが望ましいが、数だけあっても感度が良くなければ意味がない。たとえば小売業であれば、顧客とのやり取りや売り場の状態から何を発見するか、より良くするための知恵が生まれるかが、良いセンサーとそうでないセンサーを分ける。

しかしこれは、マニュアルや教育で教えられるようなものではなく、言ってみれば「勘」に左右される。五感を研ぎ澄まし、今ある現状と理想との乖離や矛盾に気づき、それを解消するための知恵を絞って行動に移す。目の前の状況や環境変化に対応して自ら変革する「自己組織化」が今、現場には求められている。

さらに、学習センサーが収集したデータや知恵を組織として共有するためには、解析力と「つなぎ」が必要となる。「つなぎ」はセンサーを起点とした現場の情報や学びを組織全体につなぐことで、スケールさせる役割を担う。第5章で紹介したファーストリテイリングのスーパーバイザーが、まさにこれにあたる。個店で自主的に行われている創意工夫や顧客とのコミュニケーションのあり方の中から共有すべきアイディアや取組みを発見し、それを全店に広げる「クリエイティブ・ルーティン」機能だ。

まるで布教者のようだが、教祖の教えを広めるのではなく、現場にいる八百万の神々から教えを得て、それを編集して伝えるという点ではジャーナリストにも似ている。個々の現場の活動を活動のままで終わらせずに組織の力に転換するという働きは、ミドルが本質的に果たすべき役割といえる。

変化への適応力を高めるうえで、「つなぎ」とともに欠かせないのが「ずらし」の作業である。「ずらし」は、学びの場を広げたり、自社にはない異質な視点やアイディアを取り入れること（異結合）で進化を図るものだ。ただつないでいるだけだと、どうしても同質的になり、気づいたら同じところをグルグル回っていたということになりがちだ。「ずらし」のプロセスを加えることで、異次元にワープし、新たな発見に遭遇する（脱学習）ことが可能になる。

多量で多様な高感度の学習センサーと解析力、そして、学習の成果を組織へ落とし込むための「つなぎ」と「ずらし」。これらの自己組織化能力が、激動の今日を生き延びるための変化への適応力を生む。

## 二つのDNAを覚醒させる

しかし、そもそもたゆまない変革努力はどこから生まれてくるのだろうか。

チェンジマネジメントの大家であるジョン・コッター教授（ハーバード・ビジネススクール）は、企業変革の八ステップの第一に「危機感の醸成」を挙げている。確かに、会社の存続が危ぶまれるような状況であれば変わらざるをえないので、放っておいても組織は変わる。しかし、そうした危機感は一過性のものにすぎず、喉元すぎれば熱さを忘れる、で少し良くなればすぐに緩みが生じる。

良い状況の中で危機感を維持するのは簡単なことではない。飛ぶ鳥を落とす勢いで成長を続けていても、そこに立ち止まればすぐに競合に追いつかれ、追い抜かれるのは時間の問題だ。しかし、そうした成長企業の社員が真の意味で危機感を抱くことが本当にできるだろうか。

そういう企業であっても、経営者、それもオーナー経営者であればなおさら、会社が潰れる夢にうなされて飛び起きることがあるはずだ。しかし、同じことを社員にも期待するのは無理な話だろう。

持続可能な変革力を生み出せるのは、危機感のように外部要因によって引き起こされる感情ではなく、信念やミッションのような個々人の内側から湧き出るものだけだと私は考える。良い仕事を通じて社会に価値を生むという信念や、それができるのは自分たちだけだという使命感は、どんな状況にあっても枯れることはない。

この節の冒頭で、日本らしいCSVで競争優位を築くうえで組織モデルが武器になると述べたのは、まさしくここに起因する。すべての企業とは言わないが、現場の社員一人ひとりにまで信念、ミッションを深く浸透させる素地が日本にはまだ残っている。GEビリーフがアメリカを代表するあの大組織で本当に根づくのかは、注意深く見守りたいが、日本企業にとっても残された時間はそれほど多くはない。

多様な人材、多様な働き方が広がる中で、組織としての核（コア）をいかに見失わずに社会価値と経済価値を両立させていくか。そのためには、繰り返しになるが、やはりDNAを覚醒させるしか方法はない。

生細胞中のDNAと同じく、組織のDNAも二重らせん構造を持つ。一つは社会価値を生むソーシャルDNA、もう一つは経済価値を生むエコノミックDNAだ（図表7−7）。

ソーシャルDNAのない企業はない。ないように見えるのは、埃をかぶっていたり希釈化しているだけなので、歴史を振り返って創業の志を思い出したり、現場に足を運んで「あなたはこの会社で何をしたいの

図表7−7　**DNAの二重らせん構造**

| | 社会的DNA | 経済的DNA |
|---|---|---|
| ファーストリテイリング | 服を変え、常識を変え、世界を変えていく | 世界でナンバーワンになる |
| 三井物産 | 「良い仕事」 | 絶え間ない進化を通じて、世界のビジネスの実現者をめざす |
| リクルート | 情報の流れの触媒になる | 小さいプロフィットセンターの集団 |
| 味の素 | Eat well, live well | 世界のトップ10に入る |
| | ↓ | ↓ |
| | 多くの日本企業のコアバリュー | 日本企業には希薄？ |

か?」と尋ねることで必ず再発見できる。

問題は、もう一方のエコノミックDNAだ。なぜか日本では、これを口にするのが卑しいことだと思われがちだ。しかし、あの松下幸之助も企業は社会に貢献しなければならないと言っているが、儲けてはならないとは一言も言っていない。

利益追求を最大命題とする一方で、社会に貢献するという使命を遂行し、その報酬として社会から与えられるものが利益だと位置づけている。利益を生み出せない経営は、社会に何ら貢献していない証しで、「赤字は罪悪」とまで述べているのが興味深い。耳の痛い経営者も多いはずだ。日本企業の中では飛び抜けた収益力を誇るキーエンスが、利益は「お役立ち度」であると言っているのも同様の考え方といえる。

エコノミックDNAを磨くことと利益至上主義に陥ることは全く違う。利益は社会にどれだけ価値を創出したかを測る結果指標だと考えれば、これを否定することは、自らの存在意義を否定するのに等しい。ビジネスモデルと同様に組織モデルにおいても、経済価値を高める視点を忘れてはならない。

第8章

# J-CSVが実現するグローバル成長

## 日本的経営の本質的な強み

本章ではCSVに残された課題の四つ目、日本発のCSV（J-CSV）をどのようにしてグローバルに発信していくかについて考察する。これまでに述べてきたようにJ-CSVは、かつてTQCがそうだったように、世界に通用するスタンダードに成長する可能性を秘めている。これが実現すれば、異次元の成長が可能となりとなり、日本経済の再興を牽引することも期待できる。

なぜJ-CSVが世界標準になりうるのか、改めて整理してみよう。

第一に、日本的経営とCSVは本質的に近似していることが挙げられる。日本的経営の根っこにあるのは、武士道と商人道の二つの「道」だ。CSVに置き換えれば、武士道が社会価値、商人道が経済価値となる。

日本企業は時に矛盾するこの二つの価値を、共に極めようとしてきた。景気や業績の変動があっても人員調整は最小限に抑え、売り手と買い手が満足し、社会にも貢献する「三方良し」をあえて謳わずとも常に意識してきた。その経営システムは、欧米企業のそれとは明らかに質を異にする。

「道」は価値基準であり、思想でもあるが、これを極めると「作法」に体現される。つまり、毎日の仕事や生活の中に「道」が落とし込まれ、いちいち意識しなくても作法に則った判断や行動がなされる。ただし、その域に到達するまでには、長い時間とエネルギーを必要とする。宮本武蔵の研究をしている友人に言わせると、日本人の「極める」までの執拗さ、そこで発揮される精神的な強さは、アメリカ人の彼からすると驚嘆に値するものらしい。

社会価値も経済価値も諦めずにしつこく追求して、当たり前に両立させようとする。日本企業には「CSV道」を極めていく素地がある。

第二が、日本企業らしい奥行きの深さである。一点目と重なる部分もあるが、安易な選択と集中などは行わず、対立しがちな二軸を並び立たせる。石倉洋子氏（一橋大学名誉教授）

はその著書『戦略シフト』（東洋経済新報社）で、A「か」Bか（or）ではなく、A「と」B（and）の経営へのシフトを唱えている。

また、ソーシャル・デザイナーのピーター・ピーダーセン氏も、その著書『レジリエント・カンパニー』の中で、トレードオフではなく「トレードオン」の思想の重要性を説いている。いずれも欧米型の二律背反を超える経営モデルのあり方をめざしたものだ。ファーストリテイリングの柳井正会長兼社長は、「二律背反こそイノベーションの宝庫」とまで言っている。

戦略論では、経営とは何かを諦めることだとされるし、マーケティングではセグメンテーションが定石だとされる。こうした考え方からすると、「と」の経営は曖昧で、弱いように見える。しかし、その曖昧さは、強みにも転じる。一枚岩は頑強だが、均質であるがゆえに衝撃が加わってひとたび亀裂が入ると、あっけなく崩壊するもろさがある。

これに対して日本的経営には、二枚腰の粘り強さが備わっている。選択と集中の欧米型企業のような瞬発力はないが、持続力では勝る。簡単に切り捨てずに残しておいた事業や技術が「つなぎ」や「ずらし」につながり、環境変化に適応してしぶとく生き残ることもできる。CSVはまさにトレードオン、社会価値と経済価値を両立させるものなので、日本的経営の曖昧さが有利に働く可能性が高い。

第三に、明治時代から今も続く和魂洋才の系譜がある。西洋の知識や技術を受け入れるだけではなく、日本の文化や価値観をもってそれらを解釈し直して、もう一段磨き上げる。そして、オリジナルを超える、より深いものにしてしまう。この咀嚼力が、アメリカで生まれたCSVを凌駕するJ-CSVの誕生には欠かせない（図表8-1）。

四つ目が、知恵を生み出す現場の力である。「神は細部に宿る（God is in the details）」は欧米の格言だが、好んで使うのは日本の経営者のほうだ。経営における細部とは、すなわち現場である。経営者やコンサルタントが会議室で描き上げた戦略からは、予想どおりの結果しか出ない（もっとも、私の二〇年間のコンサルタント経験の中では、それさえかなわないことも少なくなかった

図表8-1　**J-CSVモデル**

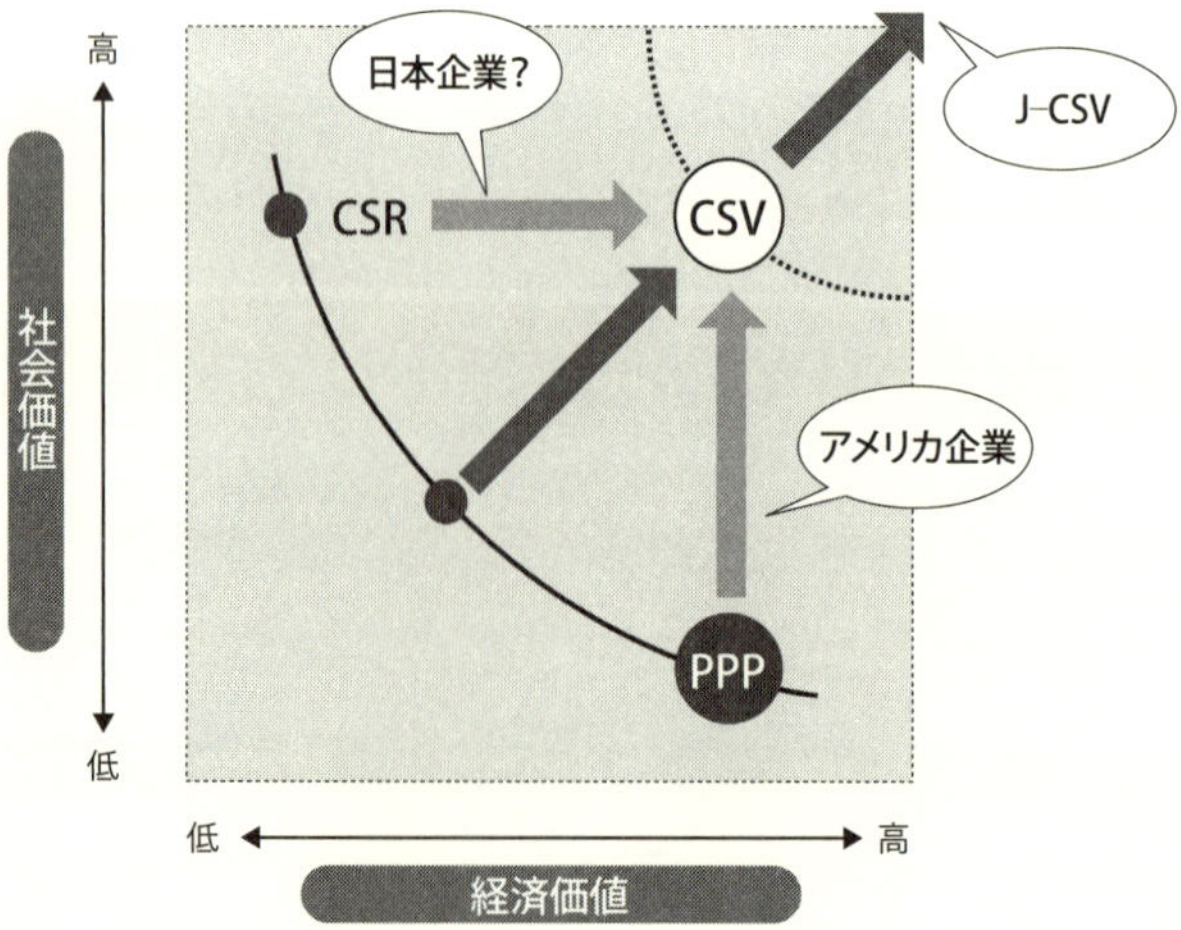

が）。しかし、研ぎ澄まされた現場の学習センサーは、思いもつかないイノベーションを生むことがある。日本の経営者はその価値を知っているので、現場に重きを置く。

社会に価値を提供しながら持続的に成長するというCSV経営の高い壁を越えるためには、現場を起点とする学習と進化のサイクルが欠かせない。この重要な役割を担うのに、日本の現場よりふさわしいところはないはずだ。

## QoXのすすめ

その現場に、創造性という新しい力を与えるうえでカギとなるのが、クオリティに対する従来とは違うアプローチである。クオリティというと製品品質（quality of product）やサービス品質（quality of service）、設計品質（quality of design）などがすぐに思い浮かぶが、これをもう一段掘り下げると、本当に追求すべきポイントが浮かび上がってくる。

自分たちは何の品質を追求するのか、クオリティ・オブ・Xの「X」の部分にさまざまなものを当てはめて考えてみる。たとえば、クオリティ・オブ・ライフと一口に言っても、「ライフ」をダブルクリックすると、さまざまな言葉が当てはまることがわかる。

ユニクロならクオリティ・オブ・ライフウェア、食にかかわる会社ならクオリティ・オブ・イーティング、住宅関連ならクオリティ・オブ・リビングとなる。自動車メーカーの中には最近、クオリティ・オブ・モビリティといって、移動の快適性を追求しようとしているところもある。

安全で機能性や耐久性に優れているという、いわば当たり前の品質はもちろんのこと、その先の快適性という数値化しにくいものにさえ品質を求めるのは日本人ならではだろう。デジタル技術だけでは決して実現できないこうした点にこだわり、極めていくと、世界に通用する新しい品質が生まれるはずだ。

そして、これを担うのは現場である。ただし、同じことをただこなしているだけでは、何かを発見したり、新しい品質を生み出すことはできない。創造力のある現場を作るために有効なのがマルチタスク（多能工）制の導入である。一つの仕事だけでなく、隣接するいくつもの仕事を同時に受け持つマルチタスクは、創造の喜びや向上心といった、人間が働くうえでの本質的な欲求を満たすものだ。

キヤノンやソニーのセル生産方式で知られるように、製造業では二〇年以上前から多能工制が採用されてきた。流れ作業の中で決められたことだけを黙々とやるのではなく、自分の持つ能力をフルに生かしてある段階までを責任を持って完成させる。労働者一人ひとりのあらゆる可能性を引き出すこうした働き方はきわめて人間的なものだ。

小売業では西友がこれで成果をあげている。親会社であるウォルマート流の徹底的な効率化と標準化を進めた結果、一時はどの店も同じような殺風景な売り場となっていた。これを改善する大きな力となったのが、マルチタスクで働くパート社員だった。
一人の社員が品出し、陳列、レジ、清掃などの多くの仕事を同時に担当するフロアマネジメントを導入すると、パート社員の意識が変わった。自らも毎日のようにスーパーで買い物をする主婦の目線で陳列や接客を見直し、口出しするようになったことで店に活気が戻った。

リゾートホテルや高級旅館を展開する星野リゾートでも、マルチタスク制を導入している。星野佳路社長は、旅館・ホテル業の生産性の低さの最大の原因が分業制にあると考え、一人のスタッフがフロント係、調理、清掃と、何役もこなすマルチタスク制を採用した。

業務のない手待ち時間が大幅に減った結果、生産性は大幅にアップした。しかし、成果はそれだけではなかった。サービスの質がそれまでとは変わったのだ。一人のスタッフがリゾート内のあらゆる仕事を通じて顧客と接することで、顧客情報が分断されずに漏れなく汲み上げられるようになり、きめ細かなサービスにつながった。

スタッフは、顧客がどんな体験をして、何を気持ち良く、あるいは不満に感じるのかを自分の目で見て感じるので、真に顧客視点に立ったサービスが提供できるようになる。決められたことを間違いなく遂行するだけのロボット的な働き方から、創意工夫や発見を通じて達成感や喜びを感じる、より人間的な働き方へとシフトしたのである。星野リゾートは、このJ-CSVともいうべきビジネスモデルによって、二〇一四年にポーター賞を受賞している。

創造力を身につけた現場が当たり前の品質を超える、多様でより深い品質を極めようと自律的に動きだすとき、CSVはかつてのTQCのように、日本発世界標準への道を力強く進むことになる。

## 致命的な弱点を直視する

日本発のJ-CSVをグローバルに発信していくうえでの最大の弱点は、これまで繰り返し述べてきたように経済価値の創出、つまり「儲ける力」にある。この弱点が克服できない限り、J-CSVは辺境の地に咲く徒花に終わってしまう。

東レの日覺昭廣社長が、海外向けのIRで「化学の力で社会に貢献することがわれわれのミッションだ」と言ったら、投資家から「あなたの会社はNPOなのか?」と切り返されたそうだ(『日経ビジネス』二〇一四年一〇月二七日号)。世界の目は、マネタイズに対する意識が低いと日本企業を見ている。

なぜ弱いのか、その理由を読み解くと、次の四つのSに突き当たる。うちの会社はそんなことはないという反論もあるかもしれない。しかし、程度の差はあってもほとんどの日本企業が、この四つのSが足りないために成長を拡大させられずにいるのは紛れもない事実だろう。

### ①システムシンキング（System Thinking）

システムシンキングは、分析する対象全体を包括的に捉える思考方法のことである。システム内部の各構成要素間の依存性や関連性に着目し、複雑な問題や事象を理解するのに役立たせる。

日本人はこの、つながりを意識して物事の全体像を捉えるというのがどうも苦手だ。系列やグループ会社のような閉ざされたエコシステムの中でプレーヤー間の調整を行ったりするのは得意なのだが、仲間内の関係を一歩超えると、全体像を持ってシステムを編集し、関係を築いていくことができない。

しかも相手が、自分たちの常識が通用しない新興国の企業だったり、これまで付き合ったことのない異分野のプレーヤーだったりすると、その中でビジネスモデルをデザインしていくのは、従来の事業ドメインに固執しがちな日本企業にとってはきわめて難易度が高い。つまり、儲ける仕組みを作れないのだ。

### ②スタンダリゼーション（Standardization）

二つ目の「S」はスタンダリゼーション、標準化である。匠の技術に基づくオンリーワン製品の作り込みという日本の強みは、裏を返せば標準化しにくいという弱みにつながる。これでは広がりがなく、スケールも取れない。

現場で次々と新しいものを生み、それを標準に落とし込み、また新しいイノベーションを生む。このクリエイティブ・ルーティンの循環を作ることによって、品質にこだわる匠の世界を拡大再生産することが可能となる。逆にこれができないと、次に論じるスケールアウトを紡ぎ出すことができなくなる。

### ③スケールアウト（Scale Out）

そもそもスケールアウトという発想自体が欠けている。スケールアウトは日本語にすれば横展開（水平展開）で、良い製品や成功モデルを拡大、拡散することを指す。匠の技のようにスケールアウトを意識せずに作ったものを、後から展開しようとしても難しい。最初から標準化やモジュール化を意識して作り込むことが重要となる。

自分たちだけの力でやり抜こうとする自前主義が災いしている側面もある。グローバル標準（プラットフォーム）の座を獲得するためには、いかに他社に使わせ、他社の資産を活用するかが勝負となる。日本企業がプラットフォーム戦略を苦手とするのは、このスケールアウトの知恵が足りないからだ。

④スピード（Speed）

ベンチャー企業どころか、あのGEでさえリーン・スタートアップを導入し、ウイーク1、ウイーク2と毎週のようにモックアップやプロトタイプを作り、市場からのフィードバックを集めている。先進の技術や優れた製品が、必ずしもビジネスで成功するとは限らないからだ。

しかし日本企業に目を転じると、品質や完成度にこだわるあまり、やっとマーケットに出したら時すでに遅く、もうそこに顧客はいなかったというケースが多い。コストの面ではリーン（無駄がない）であっても、スピードの面ではリーンさのかけらもないのだ。

自分たちだけの力で完全なものを作ろうとする自前主義が災いしている側面もある。まずはスタートして、顧客や関係者のフィードバックを集めて、朝令暮改も恐れずに迅速に修正する。このサイクルをどれだけ速いスピードで回せるかが、事業が持続するかどうかを大きく左右する。

## JITで克服する

マネタイズを考えようとすると、必ず出てくるのがビジネスモデルの話だ。コア・コンピタンス、ブルーオーシャン、フリーミアム、リバース・イノベーション……。いっとき注目されて忘れられてしまうものもあれば、定着するものもある。書店に行くと、こうしたビジネスモデルに関連した本がたくさん並んでいる。

もちろん、こういう知識を得るのは悪いことではない。実際に経営を行ううえでヒントになることもある。しかし、どんなビジネスモデルも成功したケースを後から解析して得られたものでしかない。悪く言えば後づけだし、本や論文を読んで同じことをやっても、それは物まねにしかならない。物まねが本家を超えて成功するケースはなく、そもそも空しい。自分たちにしかできない、自分たちらしい地に足の着いたやり方で挑戦するところに経営の醍醐味があるはずだ。

それでは、システムシンキング、スタンダリゼーション、スケールアウト、スピードという四つの弱点を補い、経済価値につなげる方法とは何か。私は「JIT《ジット》」がキーワードになると考える。とはいっても、Just In Timeではない。「実装」「位相」「梃子」の頭文字を取っていて、いずれも日本企業の強みに着目して、弱点を克服しようというものだ。

①実装（Embed）

華麗なビジネスモデルで世界を席巻するアップルやグーグルを羨む日本企業は少なくない。何とか同じようなインパクトのあるモデルを作れないかと頭をひねる経営者もいる。しかし、ほとんどの日本企業は、どれだけ試行錯誤を重ねても世界がひっくり返るようなビジネスモデルを生むことはできない。世界のビジネスのルールを変えてしまうほどの影響力を持つことは、それ以上に難しい。これが、コンサルタントとして日米欧の多くの企業を見てきた私の実感だ。

では、日本企業が劣っているのかといえば、決してそんなことはない。どんなに洗練されたビジネスモデルがあっても、それは設計図にすぎない。設計者の意図を汲み、時に臨機応変に修正を加えながら、精緻に作り上げる人がいて初めて事業は走り出して価値を生む。この実行する力では、日本は本来どこにも負けないはずだ。

ビジネスモデルという設計図を描くのが不得手なら、そのアイディアをモノやサービスに入れ込んでしまえばよいというのが「実装」の考え方だ。ロボットをイメージしていただきたい。

ロボットそのものはハードの塊だが、裏にあるのは無数の技術とアイディアである。ロボットに何をさせて、どう役立てるのか。そのためにはどのような体（機械）、神経（電気、電子）、反射（制御）、知能（情報）が必要なのかを決めて、それらを躯体に埋め込む。これが実装である。このようにしてモノやサービスに実装してしまえば、知恵や技術の価値を余すところなく伝えられる。

実装が優れているのは再現性の高さにもある。人に依存しないので場所や働き手にかかわらず、どんな環境でも同じ価値が発揮される。あるいはモノやサービスの完成形の一つ手前の段階で、ユニットとして横展開することも考えられる。ユニットがさまざまな企業、製品の中に組み込まれれば、スケールを取ることも可能だ。

モノに埋め込むと、いくらブラックボックス化してもリバース・エンジニアリングによって模倣されてしまうという懸念もあるだろう。しかし、簡単にまねできるようなものは、そもそも実装する価値がない。

ダイキン工業は、中国の格力電器にインバータを供与することで、中国市場でのシェアを大きく伸ばした。虎の子のインバータ技術を提供することについては社内でも意見が分かれたが、インバータを世界標準にするという大戦略の下に提携は実行された。

その結果、インバータは目論見どおりに省エネ分野の世界標準を取ることができた。その一方で、格力がダイキンと同じインバータ技術を持つようになったかといえば、今もってそうはなっていない。精密なインバータを作るためには、高度な擦り合わせの実装技能が必要となるからだ。そして、たとえキャッチアップされたとしても、ダイキンは次世代のインバータを生み落とすことで、技術リーダーシップを死守し続けている。

アイディアやデザインをそのままで終わらせずに、実際に動くものに仕掛けていくというところに日本の強みはある。口先であれこれ言わずに、形にしてみせる。これならプレゼンテーションに自信のない日本企業でもできるし、そのブラックボックス化されたものに価値があれば、使いたいと手を挙げるところはいくらでも現れる。

## ②位相（Topos）

位相はもともと数学の用語だが、ここでは周囲との関係において、自社を相対的にどう位置づけるかという意味で用いている。

たとえば製造業であれば、上の実装のように完成形のところまで自前で手掛けるか、あるいはその前の段階でユニットとして展開するか、それともあるパーツのみを提供するか。バリューチェーンの中のどの層を狙うのかを明らかにするのが位相だ。

インテルやシマノのインサイド・モデルでわかるように、ある特定のレイヤーをがっちりと押さえて支配的地位を築いてしまうと、さまざまなプレーヤーが寄ってきて自然とスケールする。ボストン コンサルティング グループが唱えるレイヤーマスター戦略だ。マイクロソフトのウィンドウズは、その最も華々しい成功ケースといえるだろう。

ただし、マイクロソフトのようにプラットフォームを形成して独り勝ちしようなどと意気込む必要はない。そもそも、日本企業にはそういう帝国主義的なやり方は似つかわしくない。また、国としても国際標準化競争では常に欧米に後れを取っているので、現実味があまりない。

そうであるならば、あえて全部を押さえずに、組合せの中の一部分だけを担うことで、結果としてより多くのパートナーを獲得する。本来のプラットフォームと比べれば弱いかもしれないが、こうした民主的な方法は持続的な成長につながる最も堅実な道でもある。自分たちにしか提供できない価値があれば、立ち位置を見つけることは難しいことではない。

## ③梃子（Leverage）

身の丈に合った着実な成長といえば聞こえはいいが、今の日本でそれをしていれば確実にグローバル競争からは脱落してしまう。CSV経営で世界にインパクトを与えようとするならば、投入した価値の何十倍、何百倍ものリターンを狙うレバレッジ（梃子）を利かせた経営をめざす必要がある。

レバレッジの語源は、物理学における梃子（レバー）の原理だ。金融分野では、他人の資本を活用して、投資するという意味に使われている。ただし、実体経済を伴わない過度なレバレッジに基づく投機が破たんに向かうことは、リーマンショックで露呈したとおりだ。やみくもなレバレッジは、劇毒だ。一方、何もかも自前でやろうとすると、自らの資産の大きさが成長の限界となる。では、賢いレバレッジをいかに行うか。

そのためにはまず、資産を組み替えなければならない。あれもこれも自前で持つリーンとはほど遠い資産構造や、あるいは逆に何も持たない経営では、レバレッジは利かせることはできない。何を自前で持つか、どの部分で外部の技術や資産を活用するかを決め込むことが重要となる。

位相が自分の立ち位置を決めることなのに対して、梃子は誰をどのように自分のビジネスに巻き込んでスケールアウトさせるかを決めることといえる。ここがピタリとはまれば、身の丈を大きく超えた成長が可能になる。

実装で技術やアイディアをブラックボックス化し、位相でどのレイヤーを押さえるかという立ち位置を決めて、梃子で他者を巻き込んでスケールさせる。この三つが揃えば、日本の弱点は克服できる。第7章で述べた「X経営」を成功させるポイントもここにある。オペレーションの中に実装させた技術やアイディアを、位相と梃子でスケールアウトさせることで、日本企業は日本企業らしい方法でグローバルに成長することができる。

## 「共通価値」から「共創価値」へ

さて、ここで日本発のJ-CSVがポーター教授の本家CSVを超えるほどのモデルになりうるのかどうかを考えてみたい。結論から言えば、その可能性はきわめて高いと私は思う。なぜならば、本家にはない優れた要素や日本ならではのアドバンテージがあるからだ。

本当にそんなことができるのかと訝る読者もいるかもしれないが、無理もない。この二〇年で多くの日本企業はすっかり自信を喪失してしまった。しかし私から言わせれば、それはあまりにも自分たちを過小評価しているように見える。

日本には宝物のような企業、人材、技能、理念がまだ数多く残っている。世界的な投資家のウォーレン・バフェットが福島県いわき市にある超硬工具大手のタンガロイを、ダイヤモンドに負けない価値を持つと評したことは第2章で紹介した。同じような会社は他にもたくさんあるはずだ。

しかし、自分たちの価値を見失ってしまった日本人には、それが見えなくなっている。眠っている宝を覚醒させて、もう一度その価値を磨き上げることから始めなければならない。

ファスナー界の巨人ＹＫＫが掲げる経営哲学「善の循環」も、そうしたものの一つだ。地球上のファスナーの約半分を一社で担うＹＫＫのことを知らない日本人はいないだろう。そして世界中の人が、意識しているかどうかは別にして、ＹＫＫのファスナーの世話になっている。間違いなく、この世から消えてしまっては困る企業の一社だ。同社も二〇一四年にポーター賞を受賞している。

図抜けた品質と業績を支えているのは、「善の循環」という背骨だ。創意工夫を凝らして常に新しい価値を生み、それを社会、顧客、取引企業と分かち合うことが事業の発展につながるというこの理念は、仕事に取り組むときの基本的な考え方として現場の社員に深く浸透している。

顧客は自動車メーカー、ルイ・ヴィトンなどの一流ブランドからファストファッションに至るまで、実にさまざまだ。当然、求められる機能や品質、価格も違う。これらの多様なニーズに応えるためにＹＫＫは世界七一カ国に拠点を置き、日本、アメリカ、イタリア、台湾、インドネシアに計五つのＲ＆Ｄセンターを有する。拠点ごとにワン・トゥ・ワンで顧客の声を聞き、顧客のそばで作って売るためだ。

その一方で、コアな要素技術の開発や品質改善は、富山県黒部市にある拠点が一手に引き受けている。この部分を完全にブラックボックス化して、技術流出を防ぐ狙いがある。まさに東京大学の藤本隆宏教授のいう「外モジュラー・中インテグラル」だ。なぜ富山なのかというと、都会では競争が激しく、採るのが難しい優秀な人材を確保して、目移りする心配のない静かな場所で一心不乱に開発に打ち込んでもらうためだという。

腰を据えて仕事に向き合うのは、黒部の技術者だけではない。海外でマーケティングとセールスを担う赴任者は、一〇年、一五年は当たり前、人によっては二〇年も行ったきりになる。地元に深く根を下ろし、「土地っ子」になって、現地と顧客のニーズを頭だけではなく体でも理解するためだ。

見ようによっては、酷烈な人材マネジメントでもある。それなのになぜ彼らは挫けず、それどころか生き生きと仕事にあたって成果を出しているのか？　そう考えると、あの経営哲学に突き当たる。「善の循環」の一翼を担い、社会と顧客に貢献しているという確かな手応えがあるから、文字どおり現地に骨を埋める覚悟もできるのだろう。

経営と社員の信頼に基づく一体感は、いわば日本的経営の世界遺産だ。海外企業がどれだけ願っても簡単に手に入れられるものではない。社員一人ひとり、そして組織全体を動かしている、こういう飾り物ではない理念があることを、われわれはもっと知り、誇らなければならない。

北陸新幹線の開通にあわせてＹＫＫは、本社機能の一部を黒部に移転した。巨大地震のリスクを避けて、自然や住環境に恵まれた場所で社員にさらに力を発揮してもらうためだ。これにあわせて、社宅を含む集合住宅と商業施設の建設も行っていて、地域の活性化につながると期待されている。

新幹線の開通という特殊要因はあるものの、地域の力やその土地ならではの「こだわり」に光を当てるこうした取組みは、日本全国で展開することができる。工業だけでなく、農業や水産業にも同様の可能性がある。そうした宝の原石を磨き上げて、実装、位相させて梃子を利かせることができれば、地域創生の決め手ともなるだろう。

共に価値を創造すべきパートナーは地域企業だけではない。良品計画は「Found MUJI」で世界中から良いものを発見し、再編集して世界に発信し始めている。日本企業がかかわることで、そのものが持つ価値が格段に高まる可能性のある対象は限りなくあるはずだ。

「Found MUJI」がディスカバード・バイ・ジャパンとするなら、相手の企業や製品にピタリと寄り添って一緒に作り込むＹＫＫやシマノは、さしずめメイド・ウィズ・ジャパンということだろう。

メイド・イン・ジャパンの再興を待ち望む声もあるが、それで「陽はまた昇る」ことはない。自社だけでなく、バリューチェーンだけでなく、日本だけでもない。縦横無尽に共創パートナーを見つけて価値の総和を最大化する。この柔靭さを身につけたとき、J-CSVは本家を超えて世界標準の座に就くだろう。

## 課題先進国という幸運

J-CSVだけが持つもう一つのアドバンテージが、課題先進国としての側面である。少子高齢化、エネルギー問題、インフラ老朽化といった世界の先進国が直面している課題の多くに、日本は真っ先に対峙することとなった。そしてそれは、ほどなく中進国が、そしてやがて新興国も向き合うことになる問題でもある。

課題には大きく二つのタイプがある。一つは解決済みの課題で、インフラ整備、公害問題の克服、食の安全など、日本が戦後七〇年の間に向き合ってきたものたちだ。そこで獲得した経験や技術は、今同じ問題を抱える中進国や新興国に移転することで、その国の成長に役立てることができる。

もう一つは、まだ解決できていない課題だ。たとえば少子高齢化に伴う社会保障費の膨張や労働人口の減少に、まだ日本はこれといった解決策を示せずにいる。しかし、この未解決の課題にこそ宝の山が隠れている。課題があるから、それを解決しようとしてイノベーションが生まれるからだ。そういう意味で今の日本ほど、イノベーションの機会に恵まれた国はない。

課題先進国あるいは課題解決先進国という言葉自体は、一〇年ほど前から耳にするようになった。日本政府も意識してさまざまな政策に反映させているが、肝心の企業はというと、必ずしも動きが良いわけではない。

前者の解決済みの課題については、インフラや環境ビジネスの輸出を通じて世界で貢献していて、ビジネスにもなっている。しかし、後者の未解決課題に対して果敢に挑戦し、成果をあげているところは多くはない。むしろ海外企業の中に、日本を絶好の実験場と見る動きがある。

たとえばＧＥは、ヘルスケア分野における日本の開発・生産拠点を強化している。高齢者向け医療のニーズを先取りし、医療機関とも連携しながら製品・サービスの実績を積み上げる狙いがある。同じ医療分野では、スリーエム・ヘルスケアやバクスターでも、日本国内に新たに研究開発拠点を設ける動きがある。いずれも日本からアジアへ、そして世界への展開を見通している。

この千載一遇のチャンスを海外企業にばかり生かさせておく手はない。最先端のものから身近な問題まで課題はそこここにあるのだから、これを解決してJ-CSVの武器にするべきである。

## MOP市場に目を向けよ

課題先進国で蓄積した知恵を持ってまず進むべき市場は新興国だろう。ただし、ターゲットとするのはMOPである。CSVというと、どうしてもBOPに目が向けられがちだが、日本企業が力を入れるべき市場は、年間所得三〇〇〇ドル以上二万ドル未満のMOPのほうだ（図表8-2）。

BOPには貧困、衛生、教育などの待ったなしの課題が山のようにあり、日本の知恵や技術が必要とされている。そこで貢献して存在感を示すことは確かに重要だが、ビジネス

図表8-2　市場の三層構造

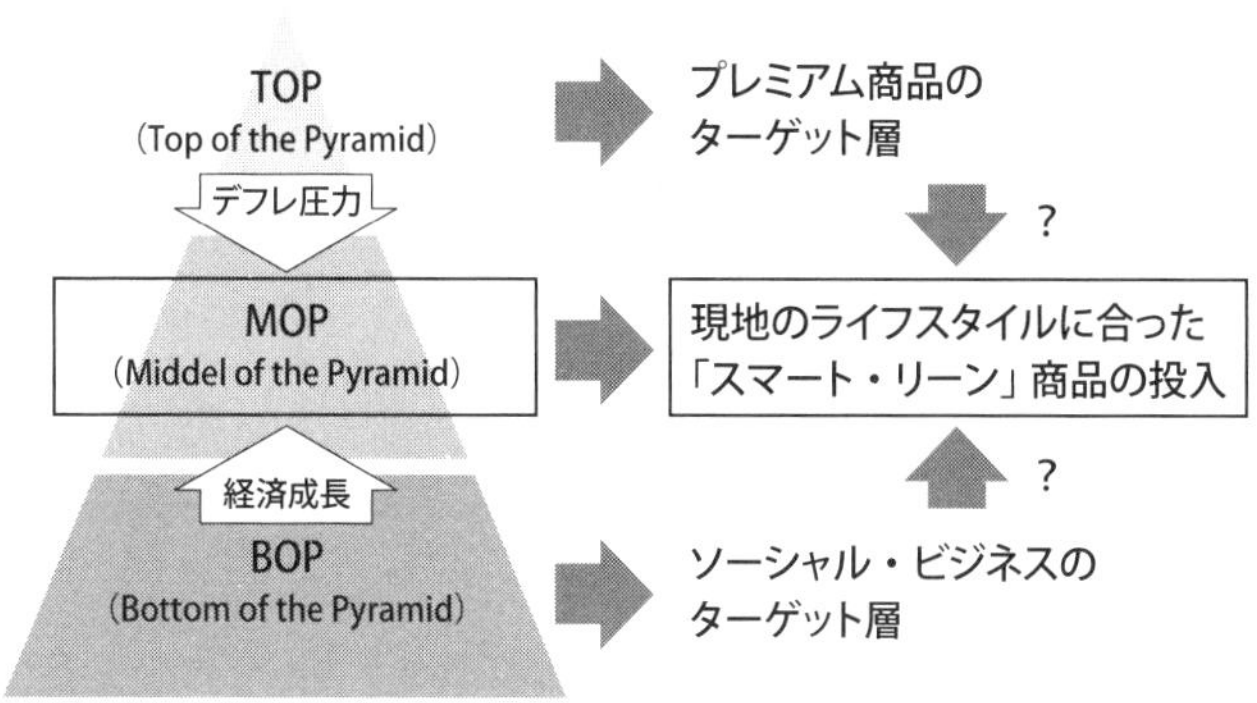

として考えたときにより潜在力があるのはＭＯＰである。二〇〇五年を起点とした三〇年までの二五年間で、三五・二億人がＢＯＰからＭＯＰへと移行し、三〇年時点でのＭＯＰは約五五億人、家計支出総額は七一・六兆ドルに達すると予測されている。

そのため、将来のＭＯＰビジネスへの布石としてＢＯＰビジネスに取り組むべきだという意見がある。ＢＯＰ層に食い込んで継続的にアプローチしておけば、彼らがＭＯＰ層に移行した後も、有利にビジネス展開ができるという狙いだ。

しかし、生きていくのがやっとというＢＯＰと、そこから抜け出してより人間らしく生きたいと願うＭＯＰでは、求めるものが根本的に違う。マズローの欲求階層でいえば、ＢＯＰが下から二つ目までの生理的欲求と安全欲求を主軸とするのに対して、ＭＯＰでは他者との関係で帰属や尊敬を求める社会的欲求や尊厳欲求など上位の階層が主体となる。たとえ同じ人がＢＯＰからＭＯＰに移行したとしても、ここまでニーズの違う層に継続的にアプローチすることが本当に有効なのか、疑問が残る。

ついこの前まで一億総中流社会にあった日本人は、最低限の衣食が足りた庶民が次に何を望むのかを熟知している。新しい経験、日常に加わるちょっとした楽しみや潤い、大きな買い物や子どもを進学させることで得られる達成感。こうした豊かさの階段を上った記憶が、日本にはまだ色濃く残っているからだ。

ただし、昔の日本のものをそのまま持っていくのは論外だ。また最先端の機能をいくつか省いたりする安直なアダプテーション（適用）が通用するわけもない。どんなに貧しくても、ＢＯＰ層の人もＭＯＰ層の人も、私たちと同じ時代を生きているのである。彼らが何を今必要としているのか、本質的なニーズはどこにあるのかを知るには、現地に入り込んでそこから学び取るしか方法はない。

これを徹底的に行うと、先進国でも展開できるイノベーションが生まれる可能性がある。何もない白地であるがゆえに制約が少なく、新しいシステムやサービスが育ちやすいからである。

日本でも最近広がっているカーシェアリングだが、利用できるのは都市部にほぼ限定される。地方では人口密度が低い、車を借りられるステーションまでの公共交通網の足がない、といった問題もある。しかし、サービスが広がらない最大の理由は、マイカーを所有している人の割合が多いからだ。同じ状況は欧米でも見られる。

これに対して新興国では、すでに所有する財（アセット）がないので、一気にシェアリングが広がる可能性がある。車は持つものではなく共有するものだと最初からみんなが考えれば、サービスの効用はさらに高まり、いつでもどこでも安い料金で利用できるようになる。そうなれば、わざわざ高いお金を出してマイカーを持とうと考える人は、少数派になるはずだ。排気ガス問題や交通渋滞も回避され、まさに理想的なＣＳＶ事業となりうる。

ＭＯＰ層を対象としたビジネスを展開しながら、ＢＯＰから上がってくる層も待ちぶせる。これが社会価値だけでなく経済価値も追求するうえで、最も合理的な選択だろう。

## 逆タイムマシン経営のすすめ

逆に制約がイノベーションを生むこともある。ユニ・チャームの「マミーポコ」はその好例だろう。インドネシアで生まれたこのパンツ型紙おむつは、中国、タイ、ベトナム、インドなどの他の新興国でも大ヒットして、日本でも低価格帯の商品として人気を集めている。

開発当時、伸び悩んでいたインドネシア市場をテコ入れするため、マーケティングと商品開発の担当者は二〇〇戸以上の現地の一般家庭を訪問し、母親たちにインタビューした。すると、赤ん坊を安心して寝かせられる清潔な場所が少ない環境でパンツ型紙おむつが必要とされていること、しかし、価格がネックになって手を出せずにいることがわかった。

広げて使うテープ型紙おむつに比べて複雑な構造のパンツ型を、どうすれば大幅に値下げできるのか。基本設計から見直し、尿漏れしないという基本機能に焦点を絞って試行錯誤を重ねた。そしてついに、それまでの約半値という低価格を実現させると、一気に人気に火がついた。

ユニ・チャームが市場シェアを拡大したのと同時に、インドネシアの紙おむつ使用率も大きく伸びた。日に何度も布おむつを交換、洗濯していた母親たちの負担が軽減されたのである。

外から頭で考えるのではなく、中に入り込んで知恵を回せば、どこにもなかった新しいものが生まれる可能性がある。欧米で成功したモデルをいち早くそのまま日本に輸入するタイムマシン経営は、ソフトバンクの孫正義社長が命名し、実践した経営モデルだ。しかし、それだけではしょせん物まねでしかない。CSV企業であれば、遅れてきた市場で白紙の状態からイノベーションを起こして、それを先進国にも展開する「逆タイムマシン経営をめざすべきだろう。

逆タイムマシン経営を実践するうえで欠かせないのが脱自前主義である。強い企業ほど、自社や自国で生まれたもの以外は認めない「NIH症候群（Not Invented Here Syndrome）」に陥りがちで、その傲慢さが進化を邪魔していることに気がつかない。

ホンダは、多極型イノベーションでこれを克服しようとしている。実用的なオートバイのほとんどを、タイ、ベトナム、インドで開発、生産することで、日本にはない新しいアイディアや技術を生み出そうとしているのだ。

ただし、こういうことをやる場合には、自社のDNAを見失わないように気をつけなければならない。各極がそれぞれ自由に発想して挑戦するのはよいが、根っこのところではつながっていないと、単にバラバラな組織の寄せ集めになってしまうからだ。

ホンダであれば、ホンダイズムが根っことなるＤＮＡに相当する。戦後の焼け野原に小さな工場を建てた本田宗一郎がもし今、新興国の地に立ったら、何を思い、どう行動するのか。ここに立ち返れば、どこの国にいてもホンダらしい車づくりができるはずだ。あちらでもこちらでもホンダイズムが回りだして、同時多発的にイノベーションが起きるようになれば、ＮＩＨにわずらわされることはもうない。

## グローバルスタンダードの罠

Ｊ－ＣＳＶが新興国を起点とするグローバルでの成長につながることを見てきた。ここで、グローバルと言ったとたんに出てくる二つの勘違いに釘を刺しておきたいと思う。一つは、グローバルスタンダードの罠だ。

安倍内閣はコーポレートガバナンス改革を成長戦略の一つに位置づけていて、「国際競争に勝てる体質」へ変革を急いでいる。二〇一四年にはスチュワードシップ・コードが、二〇一五年にはコーポレートガバナンス・コードが策定され、経営のあり方を変えようとしている。

では、これで日本企業がグローバル競争に勝てるようになるのかといえば、答えはノーだ。むしろ全く逆の結果につながることも懸念される。グローバルスタンダードに則って、大成功を収めている企業など、どこにも存在しないからだ。

グーグルにしてもアップルにしても、教科書的なコーポレートガバナンスからは大きく外れる。グーグルのトリプルクラス・ストックやアップルの情報開示に対する消極的な姿勢は、いわゆるグローバルスタンダードからすれば完全に失格だろう。彼らが依拠しているのは自社の独自コードだ。

スチュワードシップ・コードで機関投資家が「物言う株主」化すると、ROE（当期利益を自己資本で割って求める）の向上を求められるようになる。とはいっても、リターンを大きくするのは難しいので、経営側は手っ取り早く分母となる株主資本を小さくしようと、自社株買いや配当を増やすなどの株主還元を行う。確かにROEは上がるが、これでは成長が止まってしまうおそれがある。

グローバルスタンダードの罠に陥れば、日本の経営の良さは失われてしまう。安易に標準に寄ることなく、その先を行く日本ならではは、自社ならではのスタンダードを確立すべきだろう。

先述したYKKは、非上場企業としての立場を貫いている。同社の猿丸雅之社長に、「非上場だからこそ善の循環モデルを貫きやすいのでは？」と尋ねたところ、次のようなコメントが返ってきた。

「すべてのステークホルダーの期待に応えるためには、経営も現場も規律と緊張感をいっときも忘れられない。われわれの大株主であるＯＢの目は、ある意味で機関投資家より本質的に厳しいのではないか」

スウェーデンのイケア、デンマークのレゴなど、北欧を代表するＣＳＶ型企業が同じく非上場企業であることも、偶然ではないはずだ。

もちろん、上場が必ずしもＣＳＶ経営を難しくするわけではない。同じくデンマークのノボ ノルディスク ファーマを例に取ろう。

第2章でも紹介したとおり、同社は糖尿病患者用インシュリン・ビジネスの世界トップ企業だ。先進国だけでなく、近代化に伴って糖尿病が急上昇している中国やインドでも、糖尿病の予防や治療のための仕組みづくりに奔走している。同社はトリプル・ボトム・ライン（財務、社会、環境）の価値最大化を標榜しており、ＣＳＶ企業のベストプラクティスの一つである。

同社はデンマークを代表する上場企業だが、同社の株はＡ株とＢ株で構成されている。そしてＡ株は、ノボ ノルディスク財団が一〇〇％所有しており、Ｂ株の持ち株分と合わせると、四分の一強の株を所有して、四分の三に近い議決権を保有している。その結果、先に紹介したグーグル同様、経営側が機関投資家におもねることなく、自社独自の理念と規律を貫くことができている。

日本でも、二〇一五年にトヨタが「ＡＡ型種類株式」という新型の種類株を発行すると発表した。五年間は売却できない仕組みにすることで、長期保有の個人株主を増やすことが狙いだ。新型株で調達した資金は研究開発に使うという。事故の被害を減らす安全技術の開発には、長い期間と安定した資金が必要だ。種類株主との対話を通じて長期投資家の意見を経営に反映させ、コーポレートガバナンスの向上にもつなげる試みとして注目される。

もう一つの勘違いは、カリスマ経営者の待望論である。どうやらグローバルで成長するためには、欧米の経営者と互角に渡り合える強いリーダーが必要だというイメージがあるようだ。しかし当然ながら、欧米でもカリスマ経営者ばかりが活躍しているわけではない。それどころかピーター・ドラッカーが説くように、カリスマ的なリーダーシップは有害無益だという意見もある。

なぜカリスマ経営者がダメかと言えば、人間は間違うからだ。全知全能の神のような経営者がいればよいが、そんな人間はいない。道を誤ったカリスマ経営者が暴走するとどうなるかは、古今東西いくつものケースが教えてくれる。

そもそも、たとえどんなに経営者が優秀でも、一のものを一〇〇にできるのは現場の力だけである。一人の人間でしかないトップが組織を動かそうとするときに必要なのは、強力なリーダーシップではなく、みんなの力を引き出して、一つの方向に向かわせることだろう。いわゆるエンパワーメント・リーダーである。日本の元気な企業の経営者にはこのタイプが多い。その代表が良品計画で、松井忠三氏、金井政明氏、松崎曉氏という歴代社長三人はタイプは違うが、エンパワーメント・リーダーである点は共通している。

グローバルに成長することと、日本的経営の良さを守ることは矛盾しない。特にJ－CSVを世界の標準に押し上げようというのであれば、自らの強みを簡単に手放してはならない。

## ポーターを変節させた日本的CSV経営

もしかしたら、ポーター教授も経済価値が足りないとは言いながら、日本企業がCSVの本流になることを予期しているのかもしれない。ICSが運営し、イノベーション企業を表彰するポーター賞を、CSV賞に宗旨替えしてもいいのではないかと彼のほうから提案があったのだ。

結局そうはならなかったが、実際に受賞している企業を見ると、CSV経営を実践する企業ばかりが目立つ。本書で取り上げた、シマノ、ファーストリテイリング、良品計画、キリンビール、リクルート（旅行営業事業のリクルートライフスタイルが受賞）、味の素、伊藤園、星野リゾート、YKKは、いずれも受賞企業である。CSV企業とイノベーション企業は重なることが多いということだろう。

そもそもポーター教授がCSVを考えついたのは、ポーター賞があったからだという大胆な見方をする人もいる。ポーター教授とも親交の深い竹内弘高教授（ハーバード・ビジネススクール）だ。賞の選考のために一〇年にわたって日本の企業を見てきて、競争戦略ではどうしても説明のつかないものがあったというのだ。

企業や、そこで働く社員を突き動かしているのは、他を打ち負かして少しでも多くの利益を得ようという営利主義ではなく、いかに世の中に価値を生み出すかということだった。この世界の常識とは食い違う、社会に対する強いこだわりに関心を持ったことが、ＣＳＶを考えるきっかけになったと竹内教授は言っている。

ポーター教授本人に確認したわけではないが、当たらずも遠からずではないだろうか。星野リゾートのゲストの経験価値を高めるための一本芯の通ったサービスや、ＹＫＫの善の循環といった、曖昧性は残るが奥深いものに対してポーター教授は懐疑的だが、それらを完全に否定することはない。自分にはよくわからないし、受け入れがたい部分はあるが、一目置いているというところだろう。

## 飛び出せ、CSV人材

ここまでは企業と組織に焦点を合わせて話を進めてきたが、最後に本書を読まれている皆さん一人ひとりに、メッセージを送りたいと思う。

どんな企業においてもCSVの実践を担うのは社員であり、社会価値と経済価値の両立という難しい挑戦を成功させられるかどうかは、結局のところは各人の意識の高さと思いの強さに大きく左右されるからだ。

CSVを担う人材に必要な能力、特性はどのようなものかを一言でいえば、胆力、人間力ということになる。ビジネススクールで学ぶような知識や、実践を積んで得た経験はもちろんあるに越したことはない。しかし、土台になる一人の人間としての総合力がなければ、それらを生かすことはできない。

CSVの担い手として世界を今よりも良くして、そして日本のグローバル成長に貢献することを望む読者、特に若い人に、次の五つのメッセージを送りたい。

### ①「知識」よりも「教養」を

特に身につけてほしいのは知識ではなく、教養である。豊かな教養は単純思考を排して、より深みのある人生を送るうえで欠かせない。哲学、歴史、文学、芸術、自然科学などのリベラルアーツ（一般教養）は、直接ビジネスには役立たないように思えるが、思考の軸となってどんなときにもその人間を支える。

ビジネスで起きるさまざまな事象や環境の変化などを、単に認識して評価するのには知識があれば事足りる。しかし、それらの間にある関係性やその原因を理解するには、もう一つ深いところ、あるいは遠いところから全体を捉えなければならない。そのときに必要となるのが、目の前の出来事と世の中の真理を結ぶ思考の軸となる教養である。

CSVの本質は、何が「真善美」であるかという価値判断にある。実践者である個々人の中にそのための基準がなく、判断がぶれるようでは、どのような価値も創造することはできない。エリートの若者が新興宗教にかぶれるのも、無思慮に海外のテロ組織に参加しようとするのも、真善美の基準がないからで、それは結局薄っぺらい教養に帰着する。

一見すると遠回りなようだが、多様な視点や視座を得ることは、CSVはもちろん、どんなビジネスにおいても力となる。

## ②フィールドスタディから学ぶ

ケーススタディを基本としてきたビジネススクールが、フィールドスタディを積極的に導入し始めている。

ハーバード・ビジネススクールでは、二〇一一年から始まった。二年次にキャンパスを離れて地域やビジネスリーダーと直接かかわり、それまで学んできたことを実践の場で確認して、新たな学びを得るプログラムが加わった。二〇一四年と一五年には竹内弘高教授が学生を連れて福島を訪れた。インドやアフリカも学習の場となっている。

私の所属するICSでも、以前からフィールドスタディを取り入れていて、二〇一四年には私も学生と一緒にバングラデシュのグラミンユニクロを訪ねた。現地視察や地元の人にインタビューした情報をもとに、ソーシャル・ビジネスとしてきっちり利益をあげる方法をディスカッションした。

ケーススタディが疑似体験に基づく学習であるのに対して、フィールドスタディは短期間ではあるが実体験を伴う。福島やインドやバングラデシュを訪れた学生は、ボストンや東京では感じることのできなかった熱気や混沌や可能性を肌で感じることができたはずだ。

言うまでもなく、ビジネススクールに行かなくとも、フィールドスタディの現場はいくらでもある。一〜二週間の休暇が取れたならば、バックパック一つで新興国の生活を実体験してみよう。あるいは、課題先進国日本の中でも、社会課題とその解決の糸口を実体験できる場がいくらでも存在している。たとえば、東北の復興のシンボルとされている石巻工房（コラム参照）や気仙沼ニッティングのヘッドショップ「メモリーズ」を訪ねてみてはどうか。

不足しているとしたら、場ではなく、自分自身の関心のレベルである。もちろん、本書の読者の皆さんは、問題意識が高いはずだ。であればぜひ、本書を案内の一助として、ぜひ自ら現場を訪れ、学習センサーにスイッチを入れていただきたい。

### ③ダブルバインドを超える

これまでも繰り返し述べてきたように、ＣＳＶ経営への道は厳しい。かつて人類学者のグレゴリー・ベイトソンは、「ダブルバインド（二重拘束）」というコンセプトで統合失調症を説明しようとした。ＣＳＶを追求する道は、社会価値と経済価値といういわばダブルバインドの中に突き進むようなものだ。統合失調症に陥らずにトライ・アンド・ラーンを続けて、本来ならば並び立たないはずのものを同時両立させる。何よりも儲けを優先する営利主義や、社会貢献できればそれで良しとするＮＰＯは、言ってみればシングルバインドなので、ＣＳＶよりよほどたやすい。

ＣＳＶという厳しい道を選ぶ人に伝えたいのは、安易に答えを出さないでほしいということだ。この事業は社会価値は大きいけれど経済価値が伸びないので撤退する、利益貢献が高いから社会価値は考慮せずに事業を拡大する――こうした歯切れの良い、だが安直な判断は誰にでもできる。難しいのは、伸びない利益をどう拡大するか、社会価値をどう高めるかを、往生際悪く考え続けて、答えを探すほうだ。悩みまくったあげくに答えが見つからないこともあるかもしれないが、悩んだ先にしか、イノベーションは生まれない。

安直を避けるのは、自身の進む方向においても同様である。専門分野を絞り込んでスペシャリストになるのもよいが、より豊かな人生を生きるのであれば、あらゆる分野の本を読み、人に会って話をして、貪欲に吸収してほしい。知的なたくましさは人生の宝になる。

### ④アンガージュマンの呼びかけ

哲学者ジャン＝ポール・サルトルは「アンガージュマン」という言葉を用いて、知識人や文化人に社会活動への参加を促した。もともとは主体的に何かにかかわるという意味のフランス語で、今の日本では英語訳のエンゲージメントのほうがなじみ深い。しかし、一九六〇〜七〇年代の学生運動が盛んだった時代には、サルトルの実在主義を信奉する若者たちが、「あのデモにはアンガージュマンしなければ」などと言ってよく使っていたと聞く。

実存主義の基本的な主張は、口先だけの議論や頭の中だけの思考で終わらせず、行動せよということにある。実践することで初めて、自らの主張が実のあるものになる。だから、アンガージュマン（エンゲージメント）せよと説く。

私が一〇年来主張し続けてきた「学習優位」も同じ考えに立つ。その場に身を置き、自分の手を動かすことで、学びも教訓も得られる。失敗したらとことん悩んで、それを乗り越えていくところに、最大の発見がある。

柳井氏流に言えば、「一勝九敗」ということになる。どんなに負けてもやり続ける、挑戦をやめないということを、どこまで本気で自分の行動指針にできるかは、人間として成長するうえできわめて大事な要件となる。

アンガージュマンを実践する一つの方法が、未知のところに自分を置くということだ。たとえば、誰も知っている人のいない海外で生きてみる。

私がマッキンゼー時代に学生を面接するときに必ず聞いていたのが、「あなたの原体験は何ですか?」という問いだ。失恋や人生最悪のつまずきでもよいし、不可能だと思われた壁を越えたことでもよい。重要なのはその内容ではなく、生涯忘れられないことや瞬間があること、そして、それを自分の言葉で語れることだった。率直に言えば、原体験のない人には人間としての興味が持てないし、魂のこもった仕事ができるとも思えない。

原体験を聞かれてすぐに答えられる学生には、帰国子女が多かった。生まれた国を離れて疎外感を味わいながら日本人としての自分を見つめる作業は、たとえ子どもでも強烈な原体験となるからだろう。否応なしに親に付いていったとはいえ、アンファミリア(なじみのない)なところで生きた時間は糧になる。

たとえば、気仙沼ニッティングを創業した御手洗瑞子社長は、私がマッキンゼーで新卒採用した一人だ。東京生まれで東京育ちの彼女は、マッキンゼーを二年で辞め、ブータン政府の首相フェローに就任した。高校生時代にフィリピンでの国際コンファレンスに参加したときから国際協力を夢見るようになったと聞く。その彼女がブータンで東北の被災の報に触れ、「東北に新しい事業を作りたい」という一心で気仙沼にやって来たという。そもそも、この事業の仕掛け人は「ほぼ日刊イトイ新聞」の糸井重里社長だ。同社が二〇一二年にポーター賞を受賞していることも偶然ではあるまい。

それにしても、物心ついてから、自分の意思でアンファミリアな環境に行くのは、それだけで勇気のいることだ。しかし、だからこそ意味がある。知らないところ、苦手な領域にあえて出て行って、そこに身を置けば、そこはもうアンファミリアな場所ではない。未知は既知に変わる。坂の先にどんな風景が広がっているのか、下でいくら考えを巡らせても答えは出ない。上ってみる。ただそれだけで世界は広がる。アンガージュマンを勧めたい。

## ⑤「なぜ」五回で本質に迫る

トヨタ生産方式の祖、大野耐一は、現場で問題が発生したときは「なぜ（Why）を五回繰り返せ」と説いた。表面的な問題の裏に隠れた真因を、「なぜ」を繰り返して粘り強く探ることの大事さを示している。

問題追求以外の場面でも「なぜ五回」は有効だ。何を（What）や誰が（Who）といった各論を詰めるのは得意なのに、「なぜそれをやるのか？」という根本的な問いには答えられないということがままある。なぜならばこの質問は、「それ」の存在理由そのものを聞いているのと同じだからだ。突き詰めていくと、もう「それ」はいらないということにもなりかねない。

ＣＳＶの担い手をめざす人にも、ＮＰＯを選ぼうとしている人にも、「なぜ五回」を勧めたい。なぜそのビジネスをやるのか、なぜＮＰＯでなければダメなのか、しつこく掘り下げて考えてみてほしい。

そうすると最後には、自分はどこにこだわっていて、何ができるのかという、自身の大義と本質に向き合うことになる。ここでいう「何ができるか?」はスキルや技術といったものではない。たとえ今その部分がゼロでも、情熱さえあれば埋めていくのは難しくないからだ。逆に言えば、こだわりや信念がなければ始まらない。

このように考えを進めていくと、どの会社に入るかとか、何の職業を選ぶかといったことは、些末な問題であることがわかる。それらは通過儀礼の一つにすぎず、その先には人生の長い旅が待ち受けている。

立ち止まって考えるのでもなく、居心地のいいファミリアな場所にとどまるのでもない。未知の場所に飛び込み、仮説を持って行動して、何度も失敗したり、小さな成功を重ねたりしながら学習する。そんな豊かな旅を歩んでほしい。

## 「和僑」が拓く第三の開国

二〇二〇年の東京オリンピックに向けて、インバウンド効果への期待は高まる一方だが、「おもてなし」で迎えるだけでは日本の経済成長は描けない。今こそ、明治維新と戦後の復興に次ぐ第三の開国を実現するために、日本人一人ひとりが内向きにならずに、どんどん外に飛び出していくべきだろう。そしてその手には、日本発のJ-CSVを握りしめて。

「島国根性」という言葉があるが、歴史的に日本社会が閉鎖的だったという指摘は当たらない。江戸時代などの限られた期間を除けば、日本は海外との間に活発な交流を持つ開かれた国だった。私たちの祖先は他国の文化を貪欲に受け入れてきたし、国土をぐるりと囲む海の向こうに無限の可能性を発見して、果敢に外洋に漕ぎ出していった。

世界の国々に行き着いた日本人は、農耕民族らしい粘り強さを持って自分たちの居場所を築いていった。一六世紀にはタイのアユタヤをはじめ、ベトナム、カンボジアなどに日本人町が作られたが、鎖国時代を経て、現地に同化する形で消滅したとされている。

中国大陸出身の華僑は、どこの国に行ってもチャイナタウンを中心にコミュニティを形成して、自分たちの文化や習慣を守ろうとする。これとは対照的に日本から渡った「和僑」は現地に交わり、しっかりと根を下ろした。その一方で、「和して同ぜず」の精神も忘れず、日本人の良さを持ち続けた。勤勉な働きぶりや困難に屈しない粘り強さで、現地の人々の尊敬を勝ち得て、それぞれの社会で重要な役割を担うようになっていったのである。

真心のこもった仕事で、世界の人々のために良質なもの、役立つものを作って貢献する。この日本人の基本的な姿勢は現代でも変わらずに生き続けている。自動車や繊維、そして電子部品でも、日本製に対する一定のリスペクトが依然としてあるのはそのせいだろう。

他国を制服して略奪することも、異国の中で自国流にこだわって異質な文化を固持することもしない。だからといって現地に融合しすぎず、日本の良さや強さを周りに認めさせていく。日本を飛び出した先達から受け継いだこのDNAを覚醒させれば、J-CSVは必ず世界に根づくはずだ。

NPOで社会貢献をしたいと考える若者に改めて伝えたいのは、民間か官僚か、企業かノンプロフィットかといったことは、実はちっぽけな問題でしかないということだ。大切なのは、その場や組織を使って自分自身が社会にどんな良いインパクトを与えられるか、そしてその結果、自我にとらわれた自己実現の段階を超えて、自己超越の段階に到達できるかどうかだろう。

ただし、公共部門やNPOは、自らは何ら富を生まずに、それを再分配するだけであることは指摘しておきたい。価値を生み出せるのは企業だけなのである。だからこそ企業は、影響力のある社会価値を継続的に生み出すために経済価値にこだわらなければならない。この簡単には両立しない二つの価値を追い求める苦難の路を選び、J-CSVを世界に広める伝道者となる勇気をぜひ奮い起こしてほしい。

COLUMN

## 石巻工房

東日本大震災で甚大な被害を受けた宮城県石巻市。そこにある石巻工房は、復興のシンボルの一つとして注目されている。

石巻工房は二〇一一年、震災直後にスタートした。東京のデザイナーを中心とした有志の人々が、修理道具や木材を集めて提供し、復旧・復興のために自由に使える公共のDIY施設づくりをめざした。アメリカの家具メーカーであるハーマンミラーも、当初は復興支援を目的に、同工房の立ち上げにかかわった。

ところが石巻工房は、NPO活動として続けようとする人たちと、ビジネス展開しようとする人たちに分裂してしまう。私のマッキンゼー時代の同僚でハーマンミラージャパンの松崎勉社長は、NPO側のメンバーから「あなたたちは初めから営利目的だったのか？」と詰め寄られ、心を痛めたという。しかし結局、時間が経つにつれ、「被災地復興」への世間の関心は薄れ、NPO側は消滅することになった。

一方、ビジネスとしての展開をめざした人たちは、「手づくり」にデザインの付加価値を与えた「石巻工房ブランド」を立ち上げた。洒落たデザインでありながら、天然素材の温かみや素朴さを感じられる製品が口コミでどんどん広がり、今やプレミアがつくほどの人気になっている。創立翌年の二〇一二年にはグッドデザイン賞を獲得。その後、ミラノサローネにも出展、イギリスの情報誌『モノクル』、海外インテリア雑誌『エル・デコ』にも掲載され、ドイツ・ケルン家具フェアにおいては「DAS HAUS 2014」に選定された。今では、パリやロンドンの有名家具ショップで販売されている。たとえば、パリで人気のライフスタイルショップ「メルシー」では、展示什器としても使用される。

石巻工房のように、小規模かつ希少価値が高いほどブランドは立つ。しかも、石巻で起業したという稀有なブランドストーリーもある。何よりも、NPOから営利事業へと舵を切ったことが成功のカギになった。アマチュアからスタートしても、本気で価値を突き詰めていけば、プロの品質となり、ビジネスになるということを実証した事例だ。「同情」だけに頼っていては、長続きしない。市場性があることが、人間の創造力を掻き立てるのだ。

# おわりに

## 「徳」はどこにあるのか

マッキンゼーでトヨタ自動車を担当していた頃、バランス・スコアカードで有名なハーバード・ビジネススクールのロバート・キャプラン教授と一緒に、当時の張富士夫副社長（現・名誉会長）を訪ねたことがある。日本の経営者に会いたいというキャプラン教授のリクエストに応えて、バランス・スコアカード（ＢＳＣ）に興味を持っていたトヨタとの面談をアレンジしたのだ。

ＢＳＣがいかに優れているか、得々と自説を展開するキャプラン教授の話に耳を傾けていた張氏が最後に、「ところで『徳』は、ＢＳＣのどこに入っているのですか?」と聞いた。「徳」をどう英訳するかを一瞬考えたが、virtueと訳したと思う。教科書どおりの英訳だが、聞かれたキャプラン教授は質問の意味がわからなかったようで、口をポカンと開けたままだ。財務、顧客、業務プロセス、学習と成長の四つの視点で業績評価するＢＳＣと「徳」をなぜ関連づけようとするのか、全く理解できないようだった。しまいには「virtue なんてものはＢＳＣのどこにもない。そんなことを言っているようではトヨタもダメだ」と、強い口調で言い始めた。

この様子を見て、張氏も唖然としてしまった。物腰の柔らかいことで知られた人なので正面切って反論することはなかったが、ＢＳＣは相当に出来の悪いものだと感じたようだ。もちろん、その後トヨタが導入することもなかった。

当時コンサルタントとして、いかに企業を儲けさせるか、他社を退けるかということを四六時中考えていた私が、そのとき張氏の発言の本意をどこまで理解していたかは疑問だ。ただ、二人の議論がまるで噛み合わなかったことだけが強く印象に残った。

それから一〇年以上の時間が過ぎ、マッキンゼーを辞めて大学で教えるようになった今、張氏が投げかけた質問を折に触れて投げかけている自分に気づく。「そこに徳はありますか?」と。

## 永続するエクセレント・カンパニーの条件

「優れた会社」にはいろいろな定義がある。第7章で触れたコーポレートブランドのグローバル・ブランドランキングもその一つだ。過去には『エクセレント・カンパニー』（トム・ピーターズ、ロバート・ウォータマン著）や『ビジョナリー・カンパニー』（ジェームズ・コリンズ、ジェリー・ポラス著、ともに日経BP社）などの、優良企業の秘密を解く本もベストセラーになっている。

しかし、三〇年以上前に書かれた『エクセレント・カンパニー』はもとより、永続の法則を発見したはずの『ビジョナリー・カンパニー』（原書の初版は一九九四年）でさえ、紹介された企業のいくつかはすでに消滅したり、業績低迷にあえいでいたりしている。時代を超えて優良企業であり続けるのはいかに難しいことかがわかる。

実際に長く生き続けている企業の間に、何らかの共通点を見つけることはできないか。創業二〇〇年以上の超長寿企業には、たとえばグローバルではデュポン、日本では武田薬品工業がある。一〇〇年以上の企業には、ネスレ、GE、タタ、三井物産、日立製作所、味の素などが名を連ねる。

こうした顔触れを見て感じるのは、自分たちの原点に対する強いこだわりだ。何をもって社会にインパクトを与えるのか、世の中をどう変えたいのかという、最も基本となる点にぶれがない。事業や組織のあり方の変遷はあっても、企業としての思想や信条のようなものが、経営者や社員という立場の別なく深く染み込み、時代を超えて受け継がれている。

もしその思想・信条が本当に正しいものであるならば、いつの時代でも世の中に求められ続けるはずだ。これが張氏の言っていた社徳なのではないかと、今の私は思い至る。

営利主義に走る企業が、次から次へと登場しては消える。そんな中で長期にわたって利益をあげ続けるのは、結局は社徳のある企業たちであることをトヨタは証明している。リーマンショック後の赤字転落にも、大規模リコールにも負けずに力強く立ち上がり、二〇一五年三月期には二兆七〇〇〇億円という巨額の営業利益をたたき出している。

しかし、トヨタの社徳を物語るのはむしろ、それだけの利益を出していながら、悪く言われないという点にある。儲かりすぎれば憎まれるのが普通なのに、トヨタにはそれがない。

燃料電池車関連の五〇〇〇件を超す特許を無償提供するといった、グローバルトップ企業にふさわしい振る舞いによるところもある。しかし、オープン戦略の意味を理解して評価しているのは、社会全体で見れば一握りの人にすぎない。

それよりも大きいのは、一般顧客のトヨタの車づくりに対する信頼のほうだろう。長年にわたって本業を通じて積み重ねてきた社徳が、儲けすぎても憎まれない大きな背景にある。これを見失わない限り、トヨタも長寿企業の仲間入りをするはずだ。

## 安全よりも安心という選択

経済評論家の堺屋太一氏が面白いことを言っている。安全だけを望むのならば刑務所で暮らせばいい、と言うのだ。なるほど、刑務所にいれば事故や事件にあうことはないし、衣食住も医療も保障される。しかし、それで本当によいのか、というのが堺屋氏の問いだ。

自由な生活、明日何が起きるかわからないわくわくする気持ち、未知の人や物との出会い。刑務所にいるよりは安全ではないかもしれないが、いくばくかのリスク（不確実性）と引き換えに私たちは「生きている」実態と実感を得ることができる。逆に塀の中のような生き方をしていれば、物理的には安全だが、心の平安は得られない。つまり、安全ではあっても、安心ではないということである。

これは企業でも同じだろう。実績のある事業や市場にとどまっていたり、ほどほどの成長目標で良しとすれば、致命的な失敗は避けられるので当面は安全といえる。しかしそれでは、わずか五年後の将来を考えただけでも、とても安心してはいられないはずだ。

自社の将来の安心のために、製品でも安心を徹底的に追求しようとしているのがデンソーだ。安全な自動車といえば、衝突防止や被害軽減のための技術が思い浮かぶ。しかし、自動運転が究極の安全技術とされるように、安全をとことん追求していくと最後には人間が排除されてしまう。

自動運転が実用化されて広がれば、事故や交通渋滞が減って環境負荷も軽減できる。そういう意味では夢の技術だし、自動車メーカーやデンソーをはじめとする部品メーカーが開発競争を繰り広げるのも当然だろう。

しかし、ここで疑問が生じる。自分で運転する喜びを、完全に手放してしまっても本当にいいのだろうか。たとえ移動や輸送の手段として優れていても、それは、もはや自動車とは呼べないのではないのだろうか。

こうした自動車部品メーカーとしての存在意義を問われかねない問題に対して、デンソーは安全はもちろん、ドライバーに安心を提供することで答えを見つけようとしている。デンソーが運転に伴うあらゆるリスクを考慮して、取りうるすべての策を取っているから、ドライバーは何の不安も感じずにスピードが出せるし、コーナリングも楽しめる。各自の目的や乗り方を考慮して、最適な乗り物を提供してくれている。こうした信頼に基づく安心を、ドライバーに提供しようというのである。

もちろん、これを実現するのは並大抵のことではない。とことん考え抜いて、目配り、気配りを徹底する。このへんでいいだろうという気持ちがあれば、何かの形でそれは顧客の知るところとなり、一瞬にして信頼は崩れ去る。妥協も手抜きも許されないきわめて厳しい世界に、あえて自ら飛び込もうというのだ。

しかし、この苦難の道はまっすぐと世界に通じている。とりわけ厳しいことで知られる日本の顧客の真の信頼を勝ちられれば、世界に通用しないわけがない。先進国も新興国も、富裕層も貧困層も、安心が欲しくないという人はいないからだ。過剰品質はあっても、過剰安心はないのである。

こうした妥協を許さない厳しさがもたらす安心は、デンソーだけでなく、多くの日本企業にとって世界で戦うための強みになるだろう。ただし、自らの安全だけを考えてコンフォートゾーンにとどまっていてはダメだ。

ICSの同僚でもある楠木建教授は、利益の源泉から見て企業には二つのタイプがあると述べている。一つが、外部環境の機会をうまく捉えて成長するオポチュニティ企業（O企業）。もう一つが、立ち位置をはっきりさせて自ら価値を創り出すクオリティ企業（Q企業）で、こちらが日本企業がこれからめざすべきモデルだとしている。

第8章で述べたように、私もクオリティ・オブ・X、すなわち、さまざまな意味での質の追求こそが日本企業の強みだと考えているので、Q企業には大賛成だ。ただし、ニッチだけれどピカリと光るQ企業がいっぱいあるだけでは、国としての存在感も、各企業が世の中に与えるインパクトも、たかが知れている。

本当に誇るべき質や価値があるなら、居心地の良いところにとどまっているのではなく、どんどん世界に出て行ってそれを広めるべきだろう。それは機に乗じて儲けるだけのO企業とは違う、本質的な成長であり、スケールである。

しかも、右を見ても左を見ても社会課題だらけの今の日本は、これ以上はない好機に恵まれている。絶対的なクオリティを持ちながらオポチュニティにも恵まれているのに、なぜまだ踏み出す勇気が持てないのか。私には不思議でならない。今こそ、ＣＳＶを櫂に大海に漕ぎ出すときである。

＊　＊　＊

大学を卒業して三菱商事にいた一〇年間は、東京とニューヨークを拠点に、いかに新しい儲かる仕組みを作るかを考え、実践し続けてきた。マッキンゼーでの二〇年間は、ソウルと東京を拠点に、クライアントの企業価値を高めるべく、あれやこれやと知恵を絞ってきた。がむしゃらに走り抜けながら、どこかで「何かが足りない」という欠落感を払拭することができないでいた。

ＩＣＳに移って五年、東京を拠点としながら、アジアやアフリカの新興国を頻繁に訪れる生活が続いている。その中で、ようやくその「足りない何か」の実態がおぼろげながら見え始めてきたような気がする。

そのきっかけの一つは、教壇に立つという経験そのものだった。といっても、人に何かを教えるという偉そうな立場が心地良かったわけではない。実際の企業のケースを材料に授業をしていると、これが正しい答えというものはないことに、改めて気づかされる。企業人として結果を求められ、コンサルタントとして答えが求められたときのような歯切れの良さを実感できない。

むしろ、答えは無数にありうるようにも、また、そのどれもが本当の答えではないようにも思えてくる。ソクラテス風にいえば、まさに「無知を知る」心境だ。そこでやれることといえば、それこそソクラテスのように答えではなく、問いを発し続けることだけである。どれだけ本質に迫る問いを発せられるか、それによって、相手がどこまで深く考えるきっかけを作れるか、が自分の役割だということに気づかされる。

では、その本質とは何か？　深遠な問題だが、「真善美」でいうと、理性で解く真でも、感性に導かれる美でもなく、実践知としての「善（＝志の実践）」が最も近いもののように思えてくる。そういえば、NHKの大河ドラマ『花燃ゆ』でも描かれていたように、松下村塾で教えていたときの吉田松陰の口癖は、「君の志は何ですか？」だったという。私が教壇で発するギリギリの問いかけも、「そもそもあなたの志は何か？」に尽きる。そしてそれは、本書を通じて読者の皆さんに投げかけようとしている切実な問いかけでもある。答えを出すのは、もちろん皆さん一人ひとりだ。

もう一つのきっかけは、グラミングループの創始者ムハマド・ユヌス博士との出会いだった。私が教鞭を執っている場所はビジネススクール。しょせん、ビジネスにまつわるスキルやノウハウを磨く場所だと考えられがちである。やや偽悪的にいえば、資本主義の体のいい手先というわけだ。しかし、儲かることが資本主義のすべてではないと、ユヌス博士は語る。

「すべての人間には利己的な面と、無私で献身的な面がある。私たちは利己的な部分だけに基づいて、ビジネスの世界を作った。無私の部分も市場に持ち込めば、資本主義は完成する」

ここでも、「無私」が紡ぎ出す善を追求し続けることが、より本質にたどり着く道筋であることに気づかされる。そして、それが「足りない何か」に近づく旅路であるという気がしてくる。

経済学の教授だったユヌス氏は、貧困にあえぐ自国民を救えないことに無力感を覚え、教壇を降りて、マイクロファイナンス実践の前線に立った。私はまだアカデミアに片足を突っ込んだままで、本質への道を手探りで探り当てようとしている。その手掛かりがつかめたら、ユヌス氏のように自ら求道者としての第一歩を踏み出すかもしれない。

しかし、ひょっとすると、教育という布教活動は、意外と善への近道かもしれないとも思う。CSV的にいえば、社会価値を創造しうるとしても、経済価値については、いささか怪しいが。むしろこれも、ユヌス氏のソーシャル・ビジネスに近いのかもしれない。

CSVかソーシャル・ビジネスか。私としては、当面、その両者を昇華（アウフヘーベン）させるCSV2・0の世界を見極める努力を続けたいと思う。

読者の皆さんも、本書を一助に、CSVやソーシャル・ビジネスの本質を見据えつつ、それぞれの志の実現に向けて、大きく第一歩を踏み出していただければと願っている。

【著者紹介】

**名和高司**（なわ　たかし）

一橋大学大学院国際企業戦略研究科教授。

1957年生まれ。80年東京大学法学部卒業、三菱商事に入社。90年ハーバード・ビジネススクールにてMBA取得。日本人として2人目のベーカー・スカラーを授与される。その後、約20年間、マッキンゼーのディレクターとして、コンサルティングに従事。自動車・製造業分野におけるアジア地域ヘッド、ハイテク・通信分野における日本支社ヘッドを歴任。2010年より現職。14年より日本を代表する約30社の次世代リーダーが参加する「CSVフォーラム」を主催。

また、企業における次世代リーダーの育成と実践を支援する組織として、ジェネシスパートナーズとネクスト・スマート・リーンの2社を設立し、代表取締役に就任。

現在、ファーストリテイリング、NECキャピタルソリューション、デンソー、味の素の社外取締役のほか、ボストン コンサルティング グループなどのシニアアドバイザーを兼任。

主な著作に『学習優位の経営』（ダイヤモンド社）、『「失われた20年の勝ち組企業」100社の成功法則』『日本企業をグローバル勝者にする経営戦略の授業』（ともにPHP研究所）、『マッキンゼー　戦略の進化』『高業績メーカーはサービスを売る』（ダイヤモンド社）、『ハーバードへの挑戦』（プレジデント社）などがある。

CSV経営戦略

2015年10月29日発行

著　者――名和高司
発行者――山縣裕一郎
発行所――東洋経済新報社
〒103-8345　東京都中央区日本橋本石町1-2-1
電話＝東洋経済コールセンター　03(5605)7021
http://toyokeizai.net/

装　丁…………竹内雄二
本文レイアウト……アイランドコレクション
印　刷…………東港出版印刷
製　本…………積信堂
編集協力………相澤　摂
編集担当………佐藤　敬
　ISBN 978-4-492-53369-7